DE LA
DÉMOCRATIE
EN AMÉRIQUE.

PARIS. — IMPRIMERIE CLAYE ET TAILLEFER
RUE SAINT-BENOÎT, 7.

DE LA
DÉMOCRATIE
EN AMÉRIQUE

PAR

ALEXIS DE TOCQUEVILLE

Membre de l'Institut.

DOUZIÈME ÉDITION

REVUE, CORRIGÉE

et augmentée d'un Avertissement et d'un Examen comparatif de la Démocratie aux États-Unis et en Suisse.

TOME PREMIER.

PARIS

PAGNERRE, ÉDITEUR

AVERTISSEMENT

DE LA DIXIÈME ÉDITION.

Quelque grands et soudains que soient les événements qui viennent de s'accomplir en un moment sous nos yeux, l'auteur du présent ouvrage a le droit de dire qu'il n'a point été surpris par eux. Ce livre a été écrit il y a quinze ans, sous la préoccupation constante d'une seule pensée : l'avénement prochain, irrésistible, universel de la Démocratie dans le monde. Qu'on le relise : on y rencontrera à chaque page un avertissement solennel qui rappelle aux hommes que la société change de formes, l'humanité de condition, et que de nouvelles destinées s'approchent.

En tête étaient tracés ces mots :

1.

Le développement graduel de l'égalité est un fait providentiel. Il en a les principaux caractères : il est universel, il est durable, il échappe chaque jour à la puissance humaine ; tous les événements comme tous les hommes ont servi à son développement. Serait-il sage de croire qu'un mouvement social qui vient de si loin puisse être suspendu par une génération ? Pense-t-on qu'après avoir détruit la féodalité et vaincu les rois, la Démocratie reculera devant les bourgeois et les riches? S'arrêtera-t-elle maintenant qu'elle est devenue si forte et ses adversaires si faibles ?

L'homme qui en présence d'une monarchie, raffermie plutôt qu'ébranlée par la révolution de juillet, a tracé ces lignes, que l'événement a rendu prophétiques, peut aujourd'hui sans crainte appeler de nouveau sur son œuvre l'attention du public.

On doit lui permettre également d'ajouter que les circonstances actuelles donnent à son livre un intérêt du moment et une utilité pratique qu'il n'avait point quand il a paru pour la première fois.

La royauté existait alors. Aujourd'hui elle est détruite. Les institutions de l'Amérique, qui n'étaient qu'un sujet de curiosité pour la France monarchique, doivent être un sujet d'étude pour la France républicaine. Ce n'est pas la force seule qui asseoit un gouvernement nouveau ; ce sont de bonnes lois. Après le combattant, le législateur. L'un a détruit, l'autre fonde. A chacun son œuvre. Il ne s'agit plus, il est vrai, de savoir si nous aurons en France la royauté ou la république ; mais il nous reste à apprendre si nous aurons une république agitée ou une république tranquille, une république régulière ou une république irrégulière, une république pacifique ou une république guerroyante, une république libérale ou une république oppressive, une république qui menace les droits sacrés de la propriété et de la famille ou une république qui les reconnaisse et les consacre. Terrible problème, dont la solution n'importe pas seulement à la France, mais à tout l'univers civilisé. Si nous nous sauvons nous-mêmes, nous sauvons en même temps nous les peuples qui nous environnent. Si nous nous perdons, nous les perdons tous avec nous. Suivant que nous aurons la liberté démocratique ou la tyrannie démocratique, la destinée du monde sera différente, et l'on peut dire qu'il dépend aujourd'hui de nous que la république finisse par être établie partout ou abolie partout.

Or, ce problème que nous venons seulement de poser, l'Amérique l'a résolu il y a plus de soixante ans. Depuis soixante ans le principe de la souveraineté du peuple que nous avons intronisé hier parmi nous règne là sans partage. Il y est mis en pratique de la manière la plus directe, la plus illimitée, la plus absolue. Depuis soixante ans, le peuple qui en a fait la source commune de toutes ses lois grandit sans cesse en population, en territoire, en richesse; et remarquez-le bien, il se trouve avoir été durant cette période non-seulement le plus prospère, mais le plus stable de tous les peuples de la terre. Tandis que toutes les nations de l'Europe étaient ravagées par la guerre ou déchirées par les discordes civiles, le peuple américain seul dans le monde civilisé restait paisible. Presque toute l'Europe était bouleversée par des révolutions; l'Amérique n'avait pas même d'émeutes : la république n'y était pas perturbatrice, mais conservatrice de tous les droits; la propriété individuelle y avait plus de garanties que dans aucun pays du monde; l'anarchie y restait aussi inconnue que le despotisme.

Où pourrions-nous trouver ailleurs de plus grandes espérances et de plus grandes leçons! Tournons donc nos regards vers l'Amérique, non pour copier servilement les institutions qu'elle s'est données, mais pour mieux comprendre celles qui nous conviennent; moins pour y puiser des exemples que des enseignements, pour lui emprunter les principes plutôt que les détails de ses lois. Les lois de la République française peuvent et doivent, en bien des cas, être différentes de celles qui régissent les États-Unis, mais les principes sur lesquels les constitutions américaines reposent, ces principes d'ordre, de pondération des pouvoirs, de liberté vraie, de respect sincère et profond du droit, sont indispensables à toutes les républiques; ils doivent être communs à toutes, et l'on peut dire à l'avance que là où ils ne se rencontreront pas, la République aura bientôt cessé d'exister.

INTRODUCTION.

Parmi les objets nouveaux qui, pendant mon séjour aux États-Unis, ont attiré mon attention, aucun n'a plus vivement frappé mes regards que l'égalité des conditions. Je découvris sans peine l'influence prodigieuse qu'exerce ce premier fait sur la marche de la société; il donne à l'esprit public une certaine direction, un certain tour aux lois; aux gouvernants des maximes nouvelles, et des habitudes particulières aux gouvernés.

Bientôt je reconnus que ce même fait étend son influence fort au-delà des mœurs politiques et des lois, et qu'il n'obtient pas moins d'empire sur la société civile que sur le gouvernement : il crée des opinions, fait naître des sentiments, suggère des usages et modifie tout ce qu'il ne produit pas.

Ainsi donc, à mesure que j'étudiais la société américaine, je voyais de plus en plus, dans l'égalité des conditions, le fait générateur dont chaque fait particulier semblait descendre, et je le retrouvais sans cesse devant moi comme un point central où toutes mes observations venaient aboutir.

Alors je reportai ma pensée vers notre hémisphère, et il me sembla que j'y distinguais quelque chose d'analogue au spectacle que m'offrait le Nouveau-Monde. Je vis l'égalité des conditions qui, sans y avoir atteint comme aux États-Unis ses limites extrêmes, s'en rapprochait chaque jour davantage; et cette même démocratie, qui régnait sur les sociétés américaines, me parut en Europe s'avancer rapidement vers le pouvoir.

De ce moment j'ai conçu l'idée du livre qu'on va lire.

Une grande révolution démocratique s'opère parmi nous, tous la voient; mais tous ne la jugent point de la même manière. Les uns la considèrent comme une chose nouvelle, et, la prenant pour un accident, ils espèrent pouvoir encore l'arrêter; tandis que d'autres la jugent irrésistible, parce qu'elle leur semble le fait le plus continu, le plus ancien et le plus permanent que l'on connaisse dans l'histoire.

Je me reporte pour un moment à ce qu'était la France il y a sept cents ans : je la trouve partagée entre un petit nombre de familles qui possèdent la terre et gouvernent les habitants; le droit de commander descend alors de générations en générations avec les héritages; les hommes n'ont qu'un seul moyen d'agir les uns sur les autres, la force; on ne découvre qu'une seule origine de la puissance, la propriété foncière.

Mais voici le pouvoir politique du clergé qui vient à se fonder et bientôt à s'étendre. Le clergé ouvre ses rangs à tous, au pauvre et au riche, au roturier et au seigneur; l'égalité commence à pénétrer par l'Église au sein du gouvernement, et celui qui eût végété comme serf dans un éternel esclavage, se place comme prêtre au milieu des nobles, et va souvent s'asseoir au-dessus des rois.

La société devenant avec le temps plus civilisée et plus stable, les différents rapports entre les hommes deviennent plus compliqués et plus nombreux. Le besoin des lois civiles se fait vivement sentir. Alors naissent les légistes; ils sortent de l'enceinte obscure des tribunaux et du réduit poudreux des greffes, et ils vont siéger dans la cour du prince, à côté des barons féodaux couverts d'hermine et de fer.

Les rois se ruinent dans les grandes entreprises; les nobles s'épuisent dans les guerres privées; les roturiers s'enrichissent dans le commerce. L'influence de l'argent commence à se faire sentir sur les affaires de l'État. Le négoce est une source nouvelle qui s'ouvre à la puissance, et les financiers deviennent un pouvoir politique qu'on méprise et qu'on flatte.

Peu à peu, les lumières se répandent; on voit se réveiller le goût de la littérature et des arts; l'esprit devient alors un élément de succès; la science est un moyen de gouvernement, l'intelligence une force sociale; les lettrés arrivent aux affaires.

A mesure cependant qu'il se découvre des routes nouvelles pour parvenir au pouvoir, on voit baisser la valeur de la naissance. Au XIe siècle, la noblesse était d'un prix inestimable; on l'achète au XIIIe; le premier anoblissement a lieu en 1270, et l'égalité s'introduit enfin dans le gouvernement par l'aristocratie elle-même.

Durant les sept cents ans qui viennent de s'écouler, il est arrivé quelquefois que, pour lutter contre l'autorité royale ou pour enlever le pouvoir à leurs rivaux, les nobles ont donné une puissance politique au peuple.

Plus souvent encore, on a vu les rois faire participer au gouvernement les classes inférieures de l'État, afin d'abaisser l'aristocratie.

En France, les rois se sont montrés les plus actifs et les plus constants des niveleurs. Quand ils ont été ambitieux et forts, ils ont travaillé à élever le peuple au niveau des nobles; et quand ils ont été modérés et faibles, ils ont permis que le peuple se plaçât au-dessus d'eux-mêmes. Les uns ont aidé la démocratie par leurs talents, les autres par leurs vices. Louis XI et Louis XIV ont pris soin de tout égaliser au-dessous du trône, et Louis XV est enfin descendu lui-même avec sa cour dans la poussière.

Dès que les citoyens commencèrent à posséder la terre autrement que suivant la tenure féodale, et que la richesse mobilière, étant connue, put à son tour créer l'influence et donner le pouvoir, on ne fit point de découvertes dans les arts, on n'introduisit plus de perfectionnements dans le commerce et l'industrie, sans créer comme autant de nouveaux éléments d'égalité parmi les hommes. A partir de ce moment, tous les procédés qui se découvrent, tous les besoins qui viennent à naître, tous les désirs qui demandent à se satisfaire, sont des progrès vers le nivellement universel. Le goût du luxe, l'amour de la guerre, l'empire de la mode, les passions les plus superficielles du cœur humain comme les plus profondes, semblent travailler de concert à appauvrir les riches et à enrichir les pauvres.

Depuis que les travaux de l'intelligence furent devenus des sources de force et de richesses, on dut considérer chaque développement de la science, chaque connaissance nouvelle, chaque idée neuve, comme un germe de puissance mis à la portée du peuple. La poésie, l'éloquence, la mémoire, les grâces de l'esprit, les feux de l'imagination, la profondeur de la pensée, tous ces dons que le ciel répartit au hasard, profitèrent à la démocratie, et lors même qu'ils se trouvèrent dans la possession de ses adversaires, ils servirent encore sa cause en mettant en relief la grandeur naturelle de l'homme ; ses conquêtes s'étendirent donc avec celles de la civilisation et des lumières, et la littérature fut un arsenal ouvert à tous, où les faibles et les pauvres vinrent chaque jour chercher des armes.

Lorsqu'on parcourt les pages de notre histoire, on ne rencontre pour ainsi dire pas de grands événements qui depuis sept cents ans n'aient tourné au profit de l'égalité.

Les croisades et les guerres des Anglais déciment les nobles et divisent leurs terres; l'institution des communes introduit la liberté démocratique au sein de la monarchie féodale; la découverte des armes à feu égalise le vilain et le noble sur le champ de bataille; l'imprimerie offre d'égales ressources à leur intelligence; la poste vient déposer la lumière sur le seuil de la cabane du pauvre comme à la porte des palais; le protestantisme soutient que tous les hommes sont également en état de trouver le chemin du ciel. L'Amérique, qui se découvre, présente à la fortune mille routes nouvelles, et délivre à l'obscur aventurier les richesses et le pouvoir.

Si, à partir du xie siècle, vous examinez ce qui se passe en France de cinquante en cinquante années, au bout de chacune de ces périodes, vous ne manquerez point d'apercevoir qu'une double révolution s'est opérée dans l'état de la société. Le noble aura baissé dans l'échelle sociale, le roturier s'y sera élevé; l'un descend, l'autre monte. Chaque demi-siècle les rapproche, et bientôt ils vont se toucher.

Et ceci n'est pas seulement particulier à la France. De quelque côté que nous jetions nos regards, nous apercevons la même révolution qui se continue dans tout l'univers chrétien.

Partout on a vu les divers incidents de la vie des peuples tourner au profit de la démocratie ; tous les hommes l'ont aidée de leurs efforts : ceux qui avaient en vue de concourir à ses succès et ceux qui ne songeaient point à la servir ; ceux qui ont combattu pour elle, et ceux mêmes qui se sont déclarés ses ennemis ; tous ont été poussés pêle-mêle dans la même voie, et tous ont travaillé en commun, les uns malgré eux, les autres à leur insu, aveugles instruments dans les mains de Dieu.

Le développement graduel de l'égalité des conditions est donc un fait providentiel, il en a les principaux caractères : il est universel, il est durable, il échappe chaque jour à la puissance humaine ; tous les événements, comme tous les hommes, servent à son développement.

Serait-il sage de croire qu'un mouvement social qui vient de si loin, pourra être suspendu par les efforts d'une génération ? Pense-t-on qu'après avoir détruit la féodalité et vaincu les rois, la démocratie reculera devant les bourgeois et les riches ? S'arrêtera-t-elle maintenant qu'elle est devenue si forte et ses adversaires si faibles ?

Où allons-nous donc? Nul ne saurait le dire; car déjà les termes de comparaison nous manquent : les conditions sont plus égales de nos jours parmi les chrétiens, qu'elles ne l'ont jamais été dans aucun temps ni dans aucun pays du monde; ainsi la grandeur de ce qui est déjà fait empêche de prévoir ce qui peut se faire encore.

Le livre entier qu'on va lire a été écrit sous l'impression d'une sorte de terreur religieuse produite dans l'âme de l'auteur par la vue de cette révolution irrésistible qui marche depuis tant de siècles à travers tous les obstacles, et qu'on voit encore aujourd'hui s'avancer au milieu des ruines qu'elles a faites.

Il n'est pas nécessaire que Dieu parle lui-même pour que nous découvrions des signes certains de sa volonté; il suffit d'examiner quelle est la marche habituelle de la nature et la tendance continue des événements; je sais, sans que le Créateur élève la voix, que les astres suivent dans l'espace les courbes que son doigt a tracées.

Si de longues observations et des méditations sincères amenaient les hommes de nos jours à reconnaître que le développement graduel et progressif de l'égalité est à la fois le passé et l'avenir de leur histoire, cette seule découverte donnerait à ce développement le caractère sacré de la volonté du souverain maître. Vouloir arrêter la démocratie paraîtrait alors lutter contre Dieu même, et il ne resterait aux nations qu'à s'accommoder à l'état social que leur impose la Providence.

Les peuples chrétiens me paraissent offrir de nos jours un effrayant spectacle; le mouvement qui les emporte est déjà assez fort pour qu'on ne puisse le suspendre, et il n'est pas encore assez rapide pour qu'on désespère de le diriger : leur sort est entre leurs mains; mais bientôt il leur échappe.

Instruire la démocratie, ranimer s'il se peut ses croyances, purifier ses mœurs, régler ses mouvements, substituer peu à peu la science des affaires à son inexpérience, la connaissance de ses vrais intérêts à ses aveugles instincts; adapter son gouvernement aux temps et aux lieux; le modifier suivant les circonstances et les hommes : tel est le premier des devoirs imposé de nos jours à ceux qui dirigent la société.

Il faut une science politique nouvelle à un monde tout nouveau.

Mais c'est à quoi nous ne songeons guère : placés au milieu d'un fleuve rapide, nous fixons obstinément les yeux vers quelques débris qu'on aperçoit encore sur le rivage, tandis que le courant nous entraîne et nous pousse à reculons vers des abîmes.

Il n'y a pas de peuples de l'Europe chez lesquels la grande révolution sociale que je viens de décrire ait fait de plus rapides progrès que parmi nous; mais elle y a toujours marché au hasard.

Jamais les chefs de l'État n'ont pensé à rien préparer d'avance pour elle; elle s'est faite malgré eux ou à leur insu. Les classes les plus puissantes, les plus intelligentes et les plus morales de la nation n'ont point cherché à s'emparer d'elle, afin de la diriger. La démocratie a donc été abandonnée à ses instincts sauvages; elle a grandi comme ces enfants, privés des soins paternels, qui s'élèvent d'eux-mêmes dans les rues de nos villes, et qui ne connaissent de la société que ses vices et ses misères. On semblait encore ignorer son existence, quand elle s'est emparée à l'improviste du pouvoir. Chacun alors s'est soumis avec servilité à ses moindres désirs; on l'a adorée comme l'image de la force; quand ensuite elle se fut affaiblie par ses propres excès, les législateurs conçurent le projet imprudent de la détruire au lieu de chercher à l'instruire et à la corriger, et sans vouloir lui apprendre à gouverner, ils ne songèrent qu'à la repousser du gouvernement.

Il en est résulté que la révolution démocratique s'est opérée dans le matériel de la société, sans qu'il se fît, dans les lois, les idées, les habitudes et les mœurs, le changement qui eût été nécessaire pour rendre cette révolution utile. Ainsi nous avons la démocratie, moins ce qui doit atténuer ses vices et faire ressortir ses avantages naturels; et voyant déjà les maux qu'elle entraîne, nous ignorons encore les biens qu'elle peut donner.

Quand le pouvoir royal, appuyé sur l'aristocratie, gouvernait paisiblement les peuples de l'Europe, la société, au milieu de ses misères, jouissait de plusieurs genres de bonheur, qu'on peut difficilement concevoir et apprécier de nos jours.

La puissance de quelques sujets élevait des barrières insurmontables à la tyrannie du prince ; et les rois, se sentant d'ailleurs revêtus aux yeux de la foule d'un caractère presque divin, puisaient, dans le respect même qu'ils faisaient naître, la volonté de ne point abuser de leur pouvoir.

Placés à une distance immense du peuple, les nobles prenaient cependant au sort du peuple cette espèce d'intérêt bienveillant et tranquille que le pasteur accorde à son troupeau ; et, sans voir dans le pauvre leur égal, ils veillaient sur sa destinée, comme sur un dépôt remis par la Providence entre leurs mains.

N'ayant point conçu l'idée d'un autre état social que le sien, n'imaginant pas qu'il pût jamais s'égaler à ses chefs, le peuple recevait leurs bienfaits, et ne discutait point leurs droits. Il les aimait lorsqu'ils étaient cléments et justes, et se soumettait sans peine et sans bassesse à leurs rigueurs, comme à des maux inévitables que lui envoyait le bras de Dieu. L'usage et les mœurs avaient d'ailleurs établi des bornes à la tyrannie, et fondé une sorte de droit au milieu même de la force.

Le noble n'ayant point la pensée qu'on voulût lui arracher des priviléges qu'il croyait légitimes; le serf regardant son infériorité comme un effet de l'ordre immuable de la nature, on conçoit qu'il put s'établir une sorte de bienveillance réciproque entre ces deux classes si différemment partagées du sort. On voyait alors dans la société, de l'inégalité, des misères, mais les âmes n'y étaient pas dégradées.

Ce n'est point l'usage du pouvoir ou l'habitude de l'obéissance qui déprave les hommes, c'est l'usage d'une puissance qu'ils considèrent comme illégitime, et l'obéissance à un pouvoir qu'ils regardent comme usurpé et comme oppresseur.

D'un côté étaient les biens, la force, les loisirs, et avec eux les recherches du luxe, les raffinements du goût, les plaisirs de l'esprit, le culte des arts; de l'autre, le travail, la grossièreté et l'ignorance.

Mais au sein de cette foule ignorante et grossière, on rencontrait des passions énergiques, des sentiments généreux, des croyances profondes et de sauvages vertus.

Le corps social, ainsi organisé, pouvait avoir de la stabilité, de la puissance, et surtout de la gloire.

Mais voici les rangs qui se confondent; les barrières élevées entre les hommes s'abaissent; on divise les domaines, le pouvoir se partage, les lumières se répandent, les intelligences s'égalisent; l'état social devient démocratique, et l'empire de la démocratie s'établit enfin paisiblement dans les institutions et dans les mœurs.

Je conçois alors une société où tous, regardant la loi comme leur ouvrage, l'aimeraient et s'y soumettraient sans peine; où l'autorité du gouvernement étant respectée comme nécessaire et non comme divine, l'amour qu'on porterait au chef de l'État ne serait point une passion, mais un sentiment raisonné et tranquille. Chacun ayant des droits, et étant assuré de conserver ses droits, il s'établirait entre toutes les classes une mâle confiance, et une sorte de condescendance réciproque, aussi éloignée de l'orgueil que de la bassesse.

Instruit de ses vrais intérêts, le peuple comprendrait que, pour profiter des biens de la société, il faut se soumettre à ses charges. L'association libre des citoyens pourrait remplacer alors la puissance individuelle des nobles, et l'État serait à l'abri de la tyrannie et de la licence.

Je comprends que dans un État démocratique, constitué de cette manière, la société ne sera point immobile; mais les mouvements du corps social pourront y être réglés et progressifs; si l'on y rencontre moins d'éclat qu'au sein d'une aristocratie, on y trouvera moins de misères; les jouissances y seront moins extrêmes, et le bien-être plus général; les sciences moins grandes, et l'ignorance plus rare; les sentiments moins énergiques, et les habitudes plus douces; on y remarquera plus de vices et moins de crimes.

A défaut de l'enthousiasme et de l'ardeur des croyances, les lumières et l'expérience obtiendront quelquefois des citoyens de grands sacrifices; chaque homme étant également faible sentira un égal besoin de ses semblables; et connaissant qu'il ne peut obtenir leur appui qu'à la condition de leur prêter son concours, il découvrira sans peine que pour lui l'intérêt particulier se confond avec l'intérêt général.

La nation prise en corps sera moins brillante, moins glorieuse, moins forte peut-être; mais la majorité des citoyens y jouira d'un sort plus prospère, et le peuple s'y montrera paisible, non qu'il désespère d'être mieux, mais parce qu'il sait être bien.

Si tout n'était pas bon et utile dans un semblable ordre de choses, la société du moins se serait approprié tout ce qu'il peut présenter d'utile et de bon, et les hommes, en abandonnant pour toujours les avantages sociaux que peut fournir l'aristocratie, auraient pris à la démocratie tous les biens que celle-ci peut leur offrir.

Mais nous, en quittant l'état social de nos aïeux, en jetant pêle-mêle derrière nous leurs institutions, leurs idées et leurs mœurs, qu'avons-nous pris à la place?

Le prestige du pouvoir royal s'est évanoui, sans être remplacé par la majesté des lois; de nos jours, le peuple méprise l'autorité, mais il la craint, et la peur arrache de lui plus que ne donnaient jadis le respect et l'amour.

J'aperçois que nous avons détruit les existences individuelles qui pouvaient lutter séparément contre la tyrannie; mais je vois le gouvernement qui hérite seul de toutes les prérogatives arrachées à des familles, à des corporations ou à des hommes : à la force quelquefois oppressive, mais souvent conservatrice, d'un petit nombre de citoyens, a donc succédé la faiblesse de tous.

La division des fortunes a diminué la distance qui séparait le pauvre du riche; mais en se rapprochant, ils semblent avoir trouvé des raisons nouvelles de se haïr, et jetant l'un sur l'autre des regards pleins de terreur et d'envie, ils se repoussent mutuellement du pouvoir; pour l'un comme pour l'autre, l'idée des droits n'existe point, et la force leur apparaît, à tous les deux, comme la seule raison du présent, et l'unique garantie de l'avenir.

Le pauvre a gardé la plupart des préjugés de ses pères, sans leurs croyances; leur ignorance, sans leurs vertus; il a admis, pour règle de ses actions, la doctrine de l'intérêt, sans en connaître la science, et son égoïsme est aussi dépourvu de lumières que l'était jadis son dévouement.

La société est tranquille, non point parce qu'elle a la conscience de sa force et de son bien-être, mais au contraire parce qu'elle se croit faible et infirme; elle craint de mourir en faisant un effort; chacun sent le mal, mais nul n'a le courage et l'énergie nécessaires pour chercher le mieux; on a des désirs, des regrets, des chagrins et des joies qui ne produisent rien de visible, ni de durable, semblables à des passions de vieillards qui n'aboutissent qu'à l'impuissance.

Ainsi nous avons abandonné ce que l'état ancien pouvait présenter de bon, sans acquérir ce que l'état actuel pourrait offrir d'utile; nous avons détruit une société aristocratique, et, nous arrêtant complaisamment au milieu des débris de l'ancien édifice, nous semblons vouloir nous y fixer pour toujours.

Ce qui arrive dans le monde intellectuel n'est pas moins déplorable.

Gênée dans sa marche ou abandonnée sans appui à ses passions désordonnées, la démocratie de France a renversé tout ce qui se rencontrait sur son passage, ébranlant ce qu'elle ne détruisait pas. On ne l'a point vue s'emparer peu à peu de la société, afin d'y établir paisiblement son empire; elle n'a cessé de marcher au milieu des désordres et de l'agitation d'un combat. Animé par la chaleur de la lutte, poussé au-delà des limites naturelles de son opinion, par les opinions et les excès de ses adversaires, chacun perd de vue l'objet même de ses poursuites, et tient un langage qui répond mal à ses vrais sentiments et à ses instincts secrets.

De là l'étrange confusion dont nous sommes forcés d'être les témoins.

Je cherche en vain dans mes souvenirs, je ne trouve rien qui mérite d'exciter plus de douleur et plus de pitié que ce qui se passe sous nos yeux; il semble qu'on ait brisé de nos jours le lien naturel qui unit les opinions aux goûts et les actes aux croyances; la sympathie qui s'est fait remarquer de tout temps entre les sentiments et les idées des hommes paraît détruite, et l'on dirait que toutes les lois de l'analogie morale sont abolies.

On rencontre encore parmi nous des chrétiens pleins de zèle, dont l'âme religieuse aime à se nourrir des vérités de l'autre vie; ceux-là vont s'animer sans doute en faveur de la liberté humaine, source de toute grandeur morale. Le christianisme, qui a rendu tous les hommes égaux devant Dieu, ne répugnera pas à voir tous les citoyens égaux devant la loi. Mais, par un concours d'étranges événements, la religion se trouve momentanément engagée au milieu des puissances que la démocratie renverse, et il lui arrive souvent de repousser l'égalité qu'elle aime, et de maudire la liberté comme un adversaire, tandis qu'en la prenant par la main, elle pourrait en sanctifier les efforts.

A côté de ces hommes religieux, j'en découvre d'autres dont les regards sont tournés vers la terre plutôt que vers le ciel; partisans de la liberté, non seulement parce qu'ils voient en elle l'origine des plus nobles vertus, mais surtout parce qu'ils la considèrent comme la source des plus grands biens, ils désirent sincèrement assurer son empire et faire goûter aux hommes ses bienfaits : je comprends que ceux-là vont se hâter d'appeler la religion à leur aide, car ils doivent savoir qu'on ne peut établir le règne de la liberté sans celui des mœurs, ni fonder les mœurs sans les croyances ; mais ils ont aperçu la religion dans les rangs de leurs adversaires, c'en est assez pour eux : les uns l'attaquent, et les autres n'osent la défendre.

Les siècles passés ont vu des âmes basses et vénales préconiser l'esclavage, tandis que des esprits indépendants et des cœurs généreux luttaient sans espérance pour sauver la liberté humaine. Mais on rencontre souvent de nos jours des hommes naturellement nobles et fiers, dont les opinions sont en opposition directe avec leurs goûts, et qui vantent la servilité et la bassesse qu'ils n'ont jamais connues pour eux-mêmes. Il en est d'autres au contraire qui parlent de la liberté comme s'ils pouvaient sentir ce qu'il y a de saint et de grand en elle, et qui réclament bruyamment en faveur de l'humanité des droits qu'ils ont toujours méconnus.

J'aperçois des hommes vertueux et paisibles que leurs mœurs pures, leurs habitudes tranquilles, leur aisance et leurs lumières placent naturellement à la tête des populations qui les environnent. Pleins d'un amour sincère pour la patrie, ils sont prêts à faire pour elle de grands sacrifices : cependant la civilisation trouve souvent en eux des adversaires; ils confondent ses abus avec ses bienfaits, et dans leur esprit l'idée du mal est indissolublement unie à celle du nouveau.

Près de là j'en vois d'autres qui, au nom des progrès, s'efforçant de matérialiser l'homme, veulent trouver l'utile sans s'occuper du juste, la science loin des croyances, et le bien-être séparé de la vertu : ceux-là se sont dits les champions de la civilisation moderne, et ils se mettent insolemment à sa tête, usurpant une place qu'on leur abandonne et dont leur indignité les repousse.

Où sommes-nous donc?

Les hommes religieux combattent la liberté, et les amis de la liberté attaquent les religions; des esprits nobles et généreux vantent l'esclavage, et des âmes basses et serviles préconisent l'indépendance; des citoyens honnêtes et éclairés sont ennemis de tous les progrès, tandis que des hommes sans patriotisme et sans mœurs se font les apôtres de la civilisation et des lumières !

Tous les siècles ont-ils donc ressemblé au nôtre? L'homme a-t-il toujours eu sous les yeux, comme de nos jours, un monde où rien ne s'enchaîne, où la vertu est sans génie, et le génie sans honneur; où l'amour de l'ordre se confond avec le goût des tyrans et le culte saint de la liberté avec le mépris des lois; où la conscience ne jette qu'une clarté douteuse sur les actions humaines; où rien ne semble plus défendu, ni permis, ni honnête, ni honteux, ni vrai, ni faux?

Penserai-je que le Créateur a fait l'homme pour le laisser se débattre sans fin au milieu des misères intellectuelles qui nous entourent? Je ne saurais le croire : Dieu prépare aux sociétés européennes un avenir plus fixe et plus calme; j'ignore ses desseins, mais je ne cesserai pas d'y croire parce que je ne puis les pénétrer, et j'aimerai mieux douter de mes lumières que de sa justice.

Il est un pays dans le monde où la grande révolution sociale dont je parle semble avoir à peu près atteint ses limites naturelles; elle s'y est opérée d'une manière simple et facile, ou plutôt on peut dire que ce pays voit les résultats de la révolution démocratique qui s'opère parmi nous, sans avoir eu la révolution elle-même.

Les émigrants qui vinrent se fixer en Amérique au commencement du XVIIe siècle dégagèrent en quelque façon le principe de la démocratie de tous ceux contre lesquels il luttait dans le sein des vieilles sociétés de l'Europe, et ils le transplantèrent seul sur les rivages du Nouveau-Monde. Là, il a pu grandir en liberté, et, marchant avec les mœurs, se développer paisiblement dans les lois.

Il me paraît hors de doute que tôt ou tard nous arriverons, comme les Américains, à l'égalité presque complète des conditions. Je ne conclus point de là que nous soyons appelés un jour à tirer nécessairement, d'un pareil état social, les conséquences politiques que les Américains en ont tirées. Je suis très loin de croire qu'ils aient trouvé la seule forme de gouvernement que puisse se donner la démocratie; mais il suffit que dans les deux pays la cause génératrice des lois et des mœurs soit la même, pour que nous ayons un intérêt immense à savoir ce qu'elle a produit dans chacun d'eux.

Ce n'est donc pas seulement pour satisfaire une curiosité, d'ailleurs légitime, que j'ai examiné l'Amérique; j'ai voulu y trouver des enseignements dont nous puissions profiter. On se tromperait étrangement si l'on pensait que j'aie voulu faire un panégyrique; quiconque lira ce livre sera bien convaincu que tel n'a point été mon dessein; mon but n'a pas été non plus de préconiser telle forme de gouvernement en général; car je suis du nombre de ceux qui croient qu'il n'y a presque jamais de bonté absolue dans les lois; je n'ai même pas prétendu juger si la révolution sociale, dont la marche me semble irrésistible, était avantageuse ou funeste à l'humanité; j'ai admis cette révolution comme un fait accompli ou prêt à s'accomplir, et, parmi les peuples qui l'ont vue s'opérer dans leur sein, j'ai cherché celui chez lequel elle a atteint le développement le plus complet et le plus paisible, afin d'en discerner clairement les conséquences naturelles, et d'apercevoir, s'il se peut, les moyens de la rendre profitable aux hommes. J'avoue que dans l'Amérique j'ai vu plus que l'Amérique; j'y ai cherché une image de la démocratie elle-même, de ses penchants, de son caractère, de ses préjugés, de ses passions; j'ai voulu la connaître, ne fût-ce que pour savoir du moins ce que nous devions espérer ou craindre d'elle.

Dans la première partie de cet ouvrage, j'ai donc essayé de montrer la direction que la démocratie, livrée en Amérique à ses penchants et abandonnée presque sans contrainte à ses instincts, donnait naturellement aux lois, la marche qu'elle imprimait au gouvernement, et en général la puissance qu'elle obtenait sur les affaires. J'ai voulu savoir quels étaient les biens et les maux produits par elle. J'ai recherché de quelles précautions les Américains avaient fait usage pour la diriger, et quelles autres ils avaient omises, et j'ai entrepris de distinguer les causes qui lui permettent de gouverner la société.

Mon but était de peindre dans une seconde partie l'influence qu'exercent en Amérique l'égalité des conditions et le gouvernement de la démocratie, sur la société civile, sur les habitudes, les idées et les mœurs; mais je commence à me sentir moins d'ardeur pour l'accomplissement de ce dessein. Avant que je puisse fournir ainsi la tâche que je m'étais proposée, mon travail sera devenu presque inutile. Un autre doit bientôt montrer aux lecteurs les principaux traits du caractère américain, et, cachant sous un voile léger la gravité des tableaux, prêter à la vérité des charmes dont je n'aurais pu la parer (1).

Je ne sais si j'ai réussi à faire connaître ce que j'ai vu en Amérique, mais je suis assuré d'en avoir eu sincèrement le désir, et de n'avoir jamais cédé qu'à mon insu au besoin d'adapter les faits aux idées, au lieu de soumettre les idées aux faits.

Lorsqu'un point pouvait être établi à l'aide de documents écrits, j'ai eu soin de recourir aux textes originaux et aux ouvrages les plus authentiques et les plus estimés (2). J'ai indiqué mes sources en notes, et

(1) A l'époque où je publiai la première édition de cet ouvrage, M. Gustave de Beaumont, mon compagnon de voyage en Amérique, travaillait encore à son livre intitulé *Marie, ou l'Esclavage aux États-Unis*, qui a paru depuis. Le but principal de M. de Beaumont a été de mettre en relief et de faire connaître la situation des nègres au milieu de la société anglo-américaine. Son ouvrage jettera une vive et nouvelle lumière sur la question de l'esclavage, question vitale pour les républiques unies. Je ne sais si je me trompe, mais il me semble que le livre de M. de Beaumont, après avoir vivement intéressé ceux qui voudront y puiser des émotions et y chercher des tableaux, doit obtenir un succès plus solide et plus durable encore parmi les lecteurs qui, avant tout, désirent des aperçus vrais et de profondes vérités.

(2) Les documents législatifs et administratifs m'ont été fournis avec une obligeance dont le souvenir excitera toujours ma gratitude. Parmi les fonctionnaires américains qui ont ainsi favorisé mes recherches, je citerai surtout M. Edward Livingston, alors secrétaire d'État (maintenant

chacun pourra les vérifier. Quand il s'est agi d'opinions, d'usages politiques, d'observations de mœurs, j'ai cherché à consulter les hommes les plus éclairés. S'il arrivait que la chose fût importante ou douteuse, je ne me contentais pas d'un témoin, mais je ne me déterminais que sur l'ensemble des témoignages.

Ici il faut nécessairement que le lecteur me croie sur parole. J'aurais souvent pu citer à l'appui de ce que j'avance l'autorité de noms qui lui sont connus, ou qui du moins sont dignes de l'être; mais je me suis gardé de le faire. L'étranger apprend souvent auprès du foyer de son hôte d'importantes vérités, que celui-ci déroberait peut-être à l'amitié; on se soulage avec lui d'un silence obligé; on ne craint pas son indiscrétion, parce qu'il passe. Chacune de ces confidences était enregistrée par moi aussitôt que reçue, mais elles ne sortiront jamais de mon portefeuille; j'aime mieux nuire au succès de mes récits que d'ajouter mon nom à la liste de ces voyageurs qui renvoient des chagrins et des embarras en retour de la généreuse hospitalité qu'ils ont reçue.

Je sais que, malgré mes soins, rien ne sera plus fa-

---

ministre plénipotentiaire à Paris). Durant mon séjour au sein du congrès, M. Livingston voulut bien me faire remettre la plupart des documents que je possède, relativement au gouvernement fédéral. M. Livingston est un de ces hommes rares qu'on aime en lisant leurs écrits, qu'on admire et qu'on honore avant même de les connaître, et auxquels on est heureux de devoir de la reconnaissance.

cile que de critiquer ce livre, si personne songe jamais à le critiquer.

Ceux qui voudront y regarder de près retrouveront, je pense, dans l'ouvrage entier, une pensée-mère qui enchaîne, pour ainsi dire, toutes ses parties. Mais la diversité des objets que j'ai eus à traiter est très grande, et celui qui entreprendra d'opposer un fait isolé à l'ensemble des faits que je cite, une idée détachée à l'ensemble des idées, y réussira sans peine. Je voudrais donc qu'on me fît la grâce de me lire dans le même esprit qui a présidé à mon travail, et qu'on jugeât le livre par l'impression générale qu'il laisse, comme je me suis décidé moi-même, non par telle raison, mais par la masse des raisons.

Il ne faut pas non plus oublier que l'auteur qui veut se faire comprendre est obligé de pousser chacune de ses idées dans toutes leurs conséquences théoriques, et souvent jusqu'aux limites du faux et de l'impraticable; car s'il est quelquefois nécessaire de s'écarter des règles de logique dans les actions, on ne saurait le faire de même dans les discours, et l'homme trouve presque autant de difficultés à être inconséquent dans ses paroles qu'il en rencontre d'ordinaire à être conséquent dans ses actes.

Je finis en signalant moi-même ce qu'un grand nombre de lecteurs considérera comme le défaut capital de l'ouvrage. Ce livre ne se met précisément à la suite de personne; en l'écrivant, je n'ai entendu servir ni combattre aucun parti; j'ai entrepris de voir, non pas autrement, mais plus loin que les partis; et tandis qu'ils s'occupent du lendemain, j'ai voulu songer à l'avenir.

DE LA DÉMOCRATIE EN AMÉRIQUE.

CHAPITRE I.

CONFIGURATION EXTÉRIEURE DE L'AMÉRIQUE DU NORD.

L'Amérique du Nord divisée en deux vastes régions, l'une descendant vers le pôle, l'autre vers l'équateur. — Vallée du Mississipi. — Traces qu'on y rencontre des révolutions du globe. — Rivage de l'océan Atlantique, sur lequel se sont fondées les colonies anglaises. — Différent aspect que présentaient l'Amérique du Sud et l'Amérique du Nord à l'époque de la découverte. — Forêts de l'Amérique du Nord. — Prairies. — Tribus errantes des indigènes. Leur extérieur, leurs mœurs, leurs langues. — Traces d'un peuple inconnu.

L'Amérique du Nord présente, dans sa configuration extérieure, des traits généraux qu'il est facile de discerner au premier coup d'œil.

Une sorte d'ordre méthodique y a présidé à la séparation des terres et des eaux, des montagnes et des vallées. Un arrangement simple et majestueux s'y révèle au milieu même de la confusion des objets et parmi l'extrême variété des tableaux.

Deux vastes régions la divisent d'une manière presque égale (1).

(1) Voyez la carte placée à la fin de l'ouvrage.

L'une a pour limite, au septentrion, le pôle arctique ; à l'est, à l'ouest, les deux grands océans. Elle s'avance ensuite vers le midi, et forme un triangle dont les côtés irrégulièrement tracés se rencontrent enfin au-dessous des grands lacs du Canada.

La seconde commence où finit la première, et s'étend sur tout le reste du continent.

L'une est légèrement inclinée vers le pôle, l'autre vers l'équateur.

Les terres comprises dans la première région descendent au nord par une pente si insensible, qu'on pourrait presque dire qu'elles forment un plateau. Dans l'intérieur de cet immense terre-plein, on ne rencontre ni hautes montagnes ni profondes vallées.

Les eaux y serpentent comme au hasard ; les fleuves s'y entremêlent, se joignent, se quittent, se retrouvent encore, se perdent dans mille marais, s'égarent à chaque instant au milieu d'un labyrinthe humide qu'ils ont créé, et ne gagnent enfin qu'après d'innombrables circuits les mers polaires. Les grands lacs qui terminent cette première région ne sont pas encaissés, comme la plupart de ceux de l'ancien monde, dans des collines ou des rochers ; leurs rives sont plates et ne s'élèvent que de quelques pieds au-dessus du niveau de l'eau. Chacun d'eux forme donc comme une vaste coupe remplie jusqu'aux bords ; les plus légers changements dans la structure du globe précipiteraient leurs ondes du côté du pôle ou vers la mer des tropiques.

La seconde région est plus accidentée et mieux préparée pour devenir la demeure permanente de l'homme ; deux longues chaînes de montagnes la partagent dans toute sa longueur : l'une, sous le nom d'Alléghanys, suit les bords de l'océan Atlantique; l'autre court parallèlement à la mer du Sud.

L'espace renfermé entre les deux chaînes de montagnes comprend 228,843 lieues carrées (1). Sa superficie est donc environ six fois plus grande que celle de la France (2).

Ce vaste territoire ne forme cependant qu'une seule vallée, qui, descendant du sommet arrondi des Alléghanys, remonte, sans rencontrer d'obstacles, jusqu'aux cimes des montagnes Rocheuses.

Au fond de la vallée, coule un fleuve immense. C'est vers lui qu'on voit accourir de toutes parts les eaux qui descendent des montagnes.

Jadis les Français l'avaient appelé le fleuve Saint-Louis, en mémoire de la patrie absente; et les Indiens, dans leur pompeux langage, l'ont nommé le Père des eaux, ou le Mississipi.

Le Mississipi prend sa source sur les limites des deux grandes régions dont j'ai parlé plus haut, vers le sommet du plateau qui les sépare.

Près de lui naît un autre fleuve (3) qui va se décharger dans les mers polaires. Le Mississipi lui-même semble quelque temps incertain du chemin qu'il doit prendre : plusieurs fois il revient sur ses pas, et ce n'est qu'après avoir ralenti son cours au sein des lacs et des marécages qu'il se décide enfin et trace lentement sa route vers le midi.

(1) 1,341,649 milles. Voyez *Darby's View of the United States*, p. 499. J'ai réduit ces milles en lieues de 2,000 toises.

(2) La France a 35,181 lieues carrées.

(3) La rivière Rouge.

Tantôt tranquille au fond du lit argileux que lui a creusé la nature, tantôt gonflé par les orages, le Mississipi arrose plus de mille lieues dans son cours (1).

Six cents lieues (2) au-dessus de son embouchure, le fleuve a déjà une profondeur moyenne de 15 pieds, et des bâtiments de 300 tonneaux le remontent pendant un espace de près de deux cents lieues.

Cinquante-sept grandes rivières navigables viennent lui apporter leurs eaux. On compte, parmi les tributaires du Mississipi, un fleuve de 1,300 lieues de cours (3), un de 900 (4), un de 600 (5), un de 500 (6), quatre de 200 (7), sans parler d'une multitude innombrable de ruisseaux qui accourent de toutes parts se perdre dans son sein.

La vallée que le Mississipi arrose semble avoir été créée pour lui seul; il y dispense à volonté le bien et le mal, et il en est comme le dieu. Aux environs du fleuve, la nature déploie une inépuisable fécondité; à mesure qu'on s'éloigne de ses rives, les forces végétales s'épuisent, les terrains s'amaigrissent, tout languit ou meurt. Nulle part les grandes convulsions du globe n'ont laissé de traces plus évidentes que dans la vallée du Mississipi. L'aspect tout entier du pays y

---

(1) 2,500 milles, 1,032 lieues. Voyez *Description des États-Unis*, par Warden, vol. 1, p. 166.

(2) 1,364 milles, 563 lieues. Voyez *id.*, vol. 1, p. 169.

(3) Le Missouri. Voyez *id.*, vol. 1, p. 132 (1,278 lieues).

(4) L'Arkansas. Voyez *id.*, vol. 1, p. 188 (877 lieues).

(5) La rivière Rouge. Voyez *id.*, vol. 1, p. 190 (598 lieues).

(6) L'Ohio. Voyez *id.*, vol. 1, p. 192 (490 lieues).

(7) L'Illinois, le Saint-Pierre, le Saint-François, la Moingona.

Dans les mesures ci-dessus, j'ai pris pour base le mille légal (*statute mile*) et la lieue de poste de 2,000 toises.

atteste le travail des eaux. Sa stérilité comme son abondance est leur ouvrage. Les flots de l'océan primitif ont accumulé dans le fond de la vallée d'énormes couches de terre végétale qu'ils ont eu le temps d'y niveler. On rencontre sur la rive droite du fleuve des plaines immenses, unies comme la surface d'un champ sur lequel le laboureur aurait fait passer son rouleau. A mesure qu'on approche des montagnes, le terrain, au contraire, devient de plus en plus inégal et stérile; le sol y est, pour ainsi dire, percé en mille endroits, et des roches primitives apparaissent çà et là, comme les os d'un squelette après que le temps a consumé à l'entour d'eux les muscles et les chairs. Un sable granitique, des pierres irrégulièrement taillées, couvrent la surface de la terre; quelques plantes poussent à grand'peine leurs rejetons à travers ces obstacles; on dirait un champ fertile couvert des débris d'un vaste édifice. En analysant ces pierres et ce sable, il est facile en effet de remarquer une analogie parfaite entre leurs substances et celles qui composent les cimes arides et brisées des montagnes Rocheuses. Après avoir précipité la terre dans le fond de la vallée, les eaux ont sans doute fini par entraîner avec elles une partie des roches elles-mêmes; elles les ont roulées sur les pentes les plus voisines; et, après les avoir broyées les unes contre les autres, elles ont parsemé la base des montagnes de ces débris arrachés à leurs sommets (*A*).

La vallée du Mississipi est, à tout prendre, la plus magnifique demeure que Dieu ait jamais préparée pour l'habitation de l'homme, et pourtant on peut dire qu'elle ne forme encore qu'un vaste désert.

Sur le versant oriental des Alléghanys, entre le pied de ses montagnes et l'océan Atlantique, s'étend une longue bande de roches et de sable que la mer semble avoir oubliée en se retirant. Ce territoire n'a que 48 lieues de largeur moyenne (1), mais il compte 390 lieues de longueur (2). Le sol, dans cette partie du continent américain, ne se prête qu'avec peine aux travaux du cultivateur. La végétation y est maigre et uniforme.

C'est sur cette côte inhospitalière que se sont d'abord concentrés les efforts de l'industrie humaine. Sur cette langue de terre aride sont nées et ont grandi les colonies anglaises qui devaient devenir un jour les États-Unis d'Amérique. C'est encore là que se trouve aujourd'hui le foyer de la puissance, tandis que sur les derrières s'assemblent presque en secret les véritables éléments du grand peuple auquel appartient sans doute l'avenir du continent.

Quand les Européens abordèrent les rivages des Antilles, et plus tard les côtes de l'Amérique du Sud, ils se crurent transportés dans les régions fabuleuses qu'avaient célébrées les poëtes. La mer étincelait des feux du tropique; la transparence extraordinaire de ses eaux découvrait pour la première fois, aux yeux du navigateur, la profondeur des abîmes (3). Çà et

---

(1) 100 milles.
(2) Environ 900 milles.
(3) Les eaux sont si transparentes dans la mer des Antilles, dit Malte-Brun, vol. 3, p. 726, qu'on distingue les coraux et les poissons à 60 brasses de profondeur. Le vaisseau semble planer dans l'air; une sorte de vertige saisit le voyageur dont l'œil plonge à travers le fluide cristallin au milieu des jardins sous-marins où des coquillages et des

là se montraient de petites îles parfumées qui semblaient flotter comme des corbeilles de fleurs sur la surface tranquille de l'Océan. Tout ce qui, dans ces lieux enchantés, s'offrait à la vue, semblait préparé pour les besoins de l'homme, ou calculé pour ses plaisirs. La plupart des arbres étaient chargés de fruits nourrissants, et les moins utiles à l'homme charmaient ses regards par l'éclat et la variété de leurs couleurs. Dans une forêt de citronniers odorants, de figuiers sauvages, de myrtes à feuilles rondes, d'acacias et de lauriers-roses, tout entrelacés par des lianes fleuries, une multitude d'oiseaux inconnus à l'Europe faisaient étinceler leurs ailes de pourpre et d'azur, et mêlaient le concert de leurs voix aux harmonies d'une nature pleine de mouvement et de vie (*B*).

La mort était cachée sous ce manteau brillant; mais on ne l'apercevait point alors, et il régnait d'ailleurs dans l'air de ces climats je ne sais quelle influence énervante qui attachait l'homme au présent, et le rendait insouciant de l'avenir.

L'Amérique du Nord parut sous un autre aspect : tout y était grave, sérieux, solennel; on eût dit qu'elle avait été créée pour devenir le domaine de l'intelligence, comme l'autre la demeure des sens.

Un océan turbulent et brumeux enveloppait ses rivages; des rochers granitiques ou des grèves de sable lui servaient de ceinture; les bois qui couvraient ses rives étalaient un feuillage sombre et mélancolique; on n'y voyait guère croître que le pin, le mé-

---

poissons dorés brillent parmi les touffes de fucus et des bosquets d'algues marines lèze, le chêne vert, l'olivier sauvage et le laurier.

Après avoir pénétré à travers cette première enceinte, on entrait sous les ombrages de la forêt centrale ; là se trouvaient confondus les plus grands arbres qui croissent sur les deux hémisphères. Le platane, le catalpa, l'érable à sucre et le peuplier de Virginie entrelaçaient leurs branches avec celles du chêne, du hêtre et du tilleul.

Comme dans les forêts soumises au domaine de l'homme, la mort frappait ici sans relâche ; mais personne ne se chargeait d'enlever les débris qu'elle avait faits. Ils s'accumulaient donc les uns sur les autres : le temps ne pouvait suffire à les réduire assez vite en poudre et à préparer de nouvelles places. Mais, au milieu même de ces débris, le travail de la reproduction se poursuivait sans cesse. Des plantes grimpantes et des herbes de toute espèce se faisaient jour à travers les obstacles ; elles rampaient le long des arbres abattus, s'insinuaient dans leur poussière, soulevaient et brisaient l'écorce flétrie qui les couvrait encore, et frayaient un chemin à leurs jeunes rejetons. Ainsi la mort venait en quelque sorte y aider à la vie. L'une et l'autre étaient en présence, elles semblaient avoir voulu mêler et confondre leurs œuvres.

Ces forêts recélaient une obscurité profonde ; mille ruisseaux, dont l'industrie humaine n'avait point encore dirigé le cours, y entretenaient une éternelle humidité. A peine y voyait-on quelques fleurs, quelques fruits sauvages, quelques oiseaux.

La chute d'un arbre renversé par l'âge, la cataracte d'un fleuve, le mugissement des buffles et le sifflement des vents y troublaient seuls le silence de la nature.

A l'est du grand fleuve, les bois disparaissaient en partie ; à leur place s'étendaient des prairies sans bornes. La nature, dans son infinie variété, avait-elle refusé la semence des arbres à ces fertiles campagnes, ou plutôt la forêt qui les couvrait avait-elle été détruite jadis par la main de l'homme? C'est ce que les traditions ni les recherches de la science n'ont pu découvrir.

Ces immenses déserts n'étaient pas cependant entièrement privés de la présence de l'homme; quelques peuplades erraient depuis des siècles sous les ombrages de la forêt ou parmi les pâturages de la prairie. A partir de l'embouchure du Saint-Laurent jusqu'au delta du Mississipi, depuis l'océan Atlantique jusqu'à la mer du Sud, ces sauvages avaient entre eux des points de ressemblance qui attestaient leur commune origine. Mais, du reste, ils différaient de toutes les races connues (1) : ils n'étaient ni blancs comme les Européens, ni jaunes comme la plupart des Asiatiques, ni noirs comme les nègres ; leur peau était rougeâtre, leurs cheveux longs et luisants, leurs

(1) On a découvert depuis quelques ressemblances entre la conformation physique, la langue et les habitudes des Indiens de l'Amérique du Nord et celles des Tongouses, des Mantchoux, des Mongols, des Tatars et autres tribus nomades de l'Asie. Ces derniers occupent une position rapprochée du détroit de Behring, ce qui permet de supposer qu'à une époque ancienne ils ont pu venir peupler le continent désert de l'Amérique. Mais la science n'est pas encore parvenue à éclaircir ce point. Voyez sur cette question Malte-Brun, v. 5; les ouvrages de M. de Humboldt; Fischer, *Conjectures sur l'origine des Américains* ; Adair, *History of the American Indians.*

lèvres minces et les pommettes de leurs joues très saillantes. Les langues que parlaient les peuplades sauvages de l'Amérique différaient entre elles par les mots, mais toutes étaient soumises aux mêmes règles grammaticales. Ces règles s'écartaient en plusieurs points de celles qui jusque là avaient paru présider à la formation du langage parmi les hommes.

L'idiome des Américains semblait le produit de combinaisons nouvelles; il annonçait de la part de ses inventeurs un effort d'intelligence dont les Indiens de nos jours paraissent peu capables (*C*).

L'état social de ces peuples différait aussi sous plusieurs rapports de ce qu'on voyait dans l'ancien monde: on eût dit qu'ils s'étaient multipliés librement au sein de leurs déserts, sans contact avec des races plus civilisées que la leur. On ne rencontrait donc point chez eux ces notions douteuses et incohérentes du bien et du mal, cette corruption profonde qui se mêle d'ordinaire à l'ignorance et à la rudesse des mœurs, chez les nations policées qui sont redevenues barbares. L'Indien ne devait rien qu'à lui-même; ses vertus, ses vices, ses préjugés, étaient son propre ouvrage, il avait grandi dans l'indépendance sauvage de sa nature.

La grossièreté des hommes du peuple, dans les pays policés, ne vient pas seulement de ce qu'ils sont ignorants et pauvres, mais de ce qu'étant tels ils se trouvent journellement en contact avec des hommes éclairés et riches.

La vue de leur infortune et de leur faiblesse, qui vient chaque jour contraster avec le bonheur et la puissance de quelques uns de leurs semblables, excite en même temps dans leur cœur de la colère et de la crainte; le sentiment de leur infériorité et de leur dépendance les irrite et les humilie. Cet état intérieur de l'âme se reproduit dans leurs mœurs, ainsi que dans leur langage; ils sont tout à la fois insolents et bas.

La vérité de ceci se prouve aisément par l'observation. Le peuple est plus grossier dans les pays aristocratiques que partout ailleurs; dans les cités opulentes que dans les campagnes.

Dans ces lieux, où se rencontrent des hommes si forts et si riches, les faibles et les pauvres se sentent comme accablés de leur bassesse; ne découvrant aucun point par lequel ils puissent regagner l'égalité, ils désespèrent entièrement d'eux-mêmes, et se laissent tomber au-dessous de la dignité humaine.

Cet effet fâcheux du contraste des conditions ne se retrouve point dans la vie sauvage : les Indiens, en même temps qu'ils sont tous ignorants et pauvres, sont tous égaux et libres.

Lors de l'arrivée des Européens, l'indigène de l'Amérique du Nord ignorait encore le prix des richesses et se montrait indifférent au bien-être que l'homme civilisé acquiert avec elles. Cependant on n'apercevait en lui rien de grossier; il régnait au contraire dans ses façons d'agir une réserve habituelle et une sorte de politesse aristocratique.

Doux et hospitalier dans la paix, impitoyable dans la guerre, au-delà même des bornes connues de la férocité humaine, l'Indien s'exposait à mourir de faim pour secourir l'étranger qui frappait le soir à la porte de sa cabane, et il déchirait de ses propres mains les membres palpitants de son prisonnier. Les plus fameuses républiques antiques n'avaient jamais admiré de courage plus ferme, d'âmes plus orgueilleuses, de plus intraitable amour de l'indépendance, que n'en cachaient alors les bois sauvages du Nouveau-Monde (1). Les Européens ne produisirent que peu d'impression en abordant sur les rivages de l'Amérique du Nord; leur présence ne fit naître ni envie ni peur. Quelle prise pouvaient-ils avoir sur de pareils hommes? l'Indien savait vivre sans besoins, souffrir sans se plaindre, et mourir en chantant (2). Comme tous les autres membres de la grande famille humaine, ces sauvages croyaient du reste à l'existence d'un monde meilleur, et adoraient sous différents noms le Dieu créateur de l'univers. Leurs notions sur les grandes vérités intellectuelles étaient en général simples et philosophiques (D).

Quelque primitif que paraisse le peuple dont nous traçons ici le caractère, on ne saurait pourtant douter qu'un autre peuple plus civilisé, plus avancé en toutes

(1) On a vu chez les Iroquois, attaqués par des forces supérieures, dit le président Jefferson (Notes sur la Virginie, p. 148), les vieillards dédaigner de recourir à la fuite ou de survivre à la destruction de leur pays, et braver la mort, comme les anciens Romains dans le sac de Rome par les Gaulois.

Plus loin, p. 150 : « Il n'y a point d'exemple, dit-il, d'un Indien tombé au pouvoir de ses ennemis qui ait demandé la vie. On voit au contraire le prisonnier rechercher pour ainsi dire la mort des mains de ses vainqueurs, en les insultant et les provoquant de toutes les manières.

(2) Voyez *Histoire de la Louisiane*, par Lepage-Dupratz; Charlevoix, *Histoire de la Nouvelle-France*; Lettres du R. Hecwelder, *Transactions of the American philosophical society*, v. 1 ; Jefferson, *Notes sur la Virginie*, p. 135-190. Ce que dit Jefferson est surtout d'un grand poids, à cause du mérite personnel de l'écrivain, de sa position particulière, et du siècle positif et exact dans lequel il écrivait.

choses que lui, ne l'eût précédé dans les mêmes régions.

Une tradition obscure, mais répandue chez la plupart des tribus indiennes des bords de l'Atlantique, nous enseigne que jadis la demeure de ces mêmes peuplades avait été placée à l'ouest du Mississipi. Le long des rives de l'Ohio et dans toute la vallée centrale, on trouve encore chaque jour des monticules élevés par la main de l'homme. Lorsqu'on creuse jusqu'au centre de ces monuments, on ne manque guère, dit-on, de rencontrer des ossements humains, des instruments étranges, des armes, des ustensiles de tous genres faits d'un métal, ou rappelant des usages ignorés des races actuelles.

Les Indiens de nos jours ne peuvent donner aucun renseignement sur l'histoire de ce peuple inconnu. Ceux qui vivaient il y a trois cents ans, lors de la découverte de l'Amérique, n'ont rien dit non plus dont on puisse inférer même une hypothèse. Les traditions, ces monuments périssables et sans cesse renaissants du monde primitif, ne fournissent aucune lumière. Là, cependant, ont vécu des milliers de nos semblables; on ne saurait en douter. Quand y sont-ils venus, quelle a été leur origine, leur destinée, leur histoire? quand et comment ont-ils péri? Nul ne pourrait le dire.

Chose bizarre! il y a des peuples qui sont si complétement disparus de la terre, que le souvenir même de leur nom s'est effacé; leurs langues sont perdues, leur gloire s'est évanouie comme un son sans écho; mais je ne sais s'il en est un seul qui n'ait pas au moins laissé un tombeau en mémoire de son passage. Ainsi, de tous les ouvrages de l'homme, le plus durable est encore celui qui retrace le mieux son néant et ses misères !

Quoique le vaste pays qu'on vient de décrire fût habité par de nombreuses tribus d'indigènes, on peut dire avec justice qu'à l'époque de la découverte il ne formait encore qu'un désert. Les Indiens l'occupaient, mais ne le possédaient pas. C'est par l'agriculture que l'homme s'approprie le sol, et les premiers habitants de l'Amérique du Nord vivaient du produit de la chasse. Leurs implacables préjugés, leurs passions indomptées, leurs vices, et plus encore peut-être leurs sauvages vertus, les livraient à une destruction inévitable. La ruine de ces peuples a commencé du jour où les Européens ont abordé sur leurs rivages; elle a toujours continué depuis; elle achève de s'opérer de nos jours. La Providence, en les plaçant au milieu des richesses du Nouveau-Monde, semblait ne leur en avoir donné qu'un court usufruit; ils n'étaient là, en quelque sorte, qu'*en attendant*. Ces côtes, si bien préparées pour le commerce et l'industrie, ces fleuves si profonds, cette inépuisable vallée du Mississipi, ce continent tout entier, apparaissaient alors comme le berceau encore vide d'une grande nation.

C'est là que les hommes civilisés devaient essayer de bâtir la société sur des fondements nouveaux, et qu'appliquant pour la première fois des théories jusqu'alors inconnues ou réputées inapplicables, ils allaient donner au monde un spectacle auquel l'histoire du passé ne l'avait pas préparé.

CHAPITRE II.

DU POINT DE DÉPART ET DE SON IMPORTANCE POUR L'AVENIR DES ANGLO-AMÉRICAINS.

Utilité de connaître le point de départ des peuples pour comprendre leur état social et leurs lois. — L'Amérique est le seul pays où l'on ait pu apercevoir clairement le point de départ d'un grand peuple. — En quoi tous les hommes qui vinrent peupler l'Amérique anglaise se ressemblaient. — En quoi ils différaient. — Remarque applicable à tous les Européens qui vinrent s'établir sur le rivage du Nouveau-Monde. — Colonisation de la Virginie. — *Id.* de la Nouvelle-Angleterre. — Caractère original des premiers habitants de la Nouvelle-Angleterre. — Leur arrivée. — Leurs premières lois. — Contrat social. — Code pénal emprunté à la législation de Moïse. — Ardeur religieuse. — Esprit républicain. — Union intime de l'esprit de religion et de l'esprit de liberté.

Un homme vient à naître ; ses premières années se passent obscurément parmi les plaisirs ou les travaux de l'enfance. Il grandit ; la virilité commence ; les portes du monde s'ouvrent enfin pour le recevoir ; il entre en contact avec ses semblables. On l'étudie alors pour la première fois, et l'on croit voir se former en lui le germe des vices et des vertus de son âge mûr.

C'est là, si je ne me trompe, une grande erreur.

Remontez en arrière ; examinez l'enfant jusque dans les bras de sa mère ; voyez le monde extérieur se refléter pour la première fois sur le miroir encore obscur de son intelligence ; contemplez les premiers exemples qui frappent ses regards ; écoutez les premières paroles qui éveillent chez lui les puissances endormies de la pensée ; assistez enfin aux premières luttes qu'il a à soutenir ; et alors seulement vous comprendrez d'où viennent les préjugés, les habitudes et les passions qui vont dominer sa vie. L'homme est pour ainsi dire tout entier dans les langes de son berceau.

Il se passe quelque chose d'analogue chez les nations. Les peuples se ressentent toujours de leur origine. Les circonstances qui ont accompagné leur naissance et servi à leur développement influent sur tout le reste de leur carrière.

S'il nous était possible de remonter jusqu'aux éléments des sociétés, et d'examiner les premiers monuments de leur histoire, je ne doute pas que nous ne pussions y découvrir la cause première des préjugés, des habitudes, des passions dominantes, de tout ce qui compose enfin ce qu'on appelle le caractère national ; il nous arriverait d'y rencontrer l'explication d'usages qui, aujourd'hui, paraissent contraires aux mœurs régnantes ; de lois qui semblent en opposition avec les principes reconnus ; d'opinions incohérentes qui se rencontrent çà et là dans la société, comme ces fragments de chaînes brisées qu'on voit pendre encore quelquefois aux voûtes d'un vieil édifice, et qui ne soutiennent plus rien. Ainsi s'expliquerait la destinée de certains peuples qu'une force inconnue semble entraîner vers un but qu'eux-mêmes ignorent. Mais jusqu'ici les faits ont manqué à une pareille étude ; l'esprit d'analyse n'est venu aux nations qu'à mesure qu'elles vieillissaient, et lorsqu'elles ont enfin songé à contempler leur berceau, le temps l'avait déjà enveloppé d'un nuage, l'ignorance et l'orgueil l'avaient environné de fables, derrière lesquelles se cachait la vérité.

L'Amérique est le seul pays où l'on ait pu assister aux développements naturels et tranquilles d'une société, et où il ait été possible de préciser l'influence exercée par le point de départ sur l'avenir des États.

A l'époque où les peuples européens descendirent sur les rivages du Nouveau-Monde, les traits de leur caractère national étaient déjà bien arrêtés; chacun d'eux avait une physionomie distincte; et comme ils étaient déjà arrivés à ce degré de civilisation qui porte les hommes à l'étude d'eux-mêmes, ils nous ont transmis le tableau fidèle de leurs opinions, de leurs mœurs et de leurs lois. Les hommes du XVe siècle nous sont presque aussi bien connus que ceux du nôtre. L'Amérique nous montre donc au grand jour ce que l'ignorance ou la barbarie des premiers âges a soustrait à nos regards.

Assez près de l'époque où les sociétés américaines furent fondées pour connaître en détail leurs éléments, assez loin de ce temps pour pouvoir déjà juger ce que ces germes ont produit, les hommes de nos jours semblent être destinés à voir plus avant que leurs devanciers dans les événements humains. La Providence a mis à notre portée un flambeau qui manquait à nos pères, et nous a permis de discerner, dans la destinée des nations, des causes premières que l'obscurité du passé leur dérobait.

Lorsque, après avoir étudié attentivement l'histoire de l'Amérique, on examine avec soin son état politique et social, on se sent profondément convaincu de cette vérité : qu'il n'est pas une opinion, pas une habitude, pas une loi, je pourrais dire pas un événement, que le point de départ n'explique sans peine. Ceux qui liront ce livre trouveront donc dans le présent chapitre le germe de ce qui doit suivre et la clef de presque tout l'ouvrage.

Les émigrants qui vinrent, à différentes périodes, occuper le territoire que couvre aujourd'hui l'Union Américaine, différaient les uns des autres en beaucoup de points; leur but n'était pas le même, et ils se gouvernaient d'après des principes divers.

Ces hommes avaient cependant entre eux des traits communs, et ils se trouvaient tous dans une situation analogue.

Le lien du langage est peut-être le plus fort et le plus durable qui puisse unir les hommes. Tous les émigrants parlaient la même langue; ils étaient tous enfants d'un même peuple. Nés dans un pays qu'agitait depuis des siècles la lutte des partis, et où les factions avaient été obligées, tour à tour, de se placer sous la protection des lois, leur éducation politique s'était faite à cette rude école, et on voyait répandus parmi eux plus de notions des droits, plus de principes de vraie liberté que chez la plupart des peuples de l'Europe. A l'époque des premières émigrations, le gouvernement communal, ce germe fécond des institutions libres, était déjà profondément entré dans les habitudes anglaises, et avec lui le dogme de la souveraineté du peuple s'était introduit au sein même de la monarchie des Tudors.

On était alors au milieu des querelles religieuses

qui ont agité le monde chrétien. L'Angleterre s'était précipitée avec une sorte de fureur dans cette nouvelle carrière. Le caractère des habitants, qui avait toujours été grave et réfléchi, était devenu austère et argumentateur. L'instruction s'était beaucoup accrue dans ces luttes intellectuelles; l'esprit y avait reçu une culture plus profonde. Pendant qu'on était occupé à parler religion, les mœurs étaient devenues plus pures. Tous ces traits généraux de la nation se retrouvaient plus ou moins dans la physionomie de ceux de ses fils qui étaient venus chercher un nouvel avenir sur les bords opposés de l'Océan.

Une remarque, d'ailleurs, à laquelle nous aurons occasion de revenir plus tard, est applicable non seulement aux Anglais, mais encore aux Français, aux Espagnols et à tous les Européens qui sont venus successivement s'établir sur les rivages du Nouveau-Monde. Toutes les nouvelles colonies européennes contenaient, sinon le développement, du moins le germe d'une complète démocratie. Deux causes conduisaient à ce résultat : on peut dire qu'en général, à leur départ de la mère-patrie, les émigrants n'avaient aucune idée de supériorité quelconque les uns sur les autres. Ce ne sont guère les heureux et les puissants qui s'exilent, et la pauvreté ainsi que le malheur sont les meilleurs garants d'égalité que l'on connaisse parmi les hommes. Il arriva cependant qu'à plusieurs reprises de grands seigneurs passèrent en Amérique à la suite de querelles politiques ou religieuses. On y fit des lois pour y établir la hiérarchie des rangs, mais on s'aperçut bientôt que le sol américain repoussait absolument l'aristocratie territoriale. On vit que pour défricher cette terre rebelle il ne fallait rien moins que les efforts constants et intéressés du propriétaire lui-même. Le fonds préparé, il se trouva que ses produits n'étaient point assez grands pour enrichir tout à la fois un maître et un fermier. Le terrain se morcela donc naturellement en petits domaines que le propriétaire seul cultivait. Or, c'est à la terre que se prend l'aristocratie, c'est au sol qu'elle s'attache et qu'elle s'appuie ; ce ne sont point les priviléges seuls qui l'établissent, ce n'est pas la naissance qui la constitue, c'est la propriété foncière héréditairement transmise. Une nation peut présenter d'immenses fortunes et de grandes misères ; mais si ces fortunes ne sont point territoriales, on voit dans son sein des pauvres et des riches ; il n'y a pas, à vrai dire, d'aristocratie.

Toutes les colonies anglaises avaient donc entre elles, à l'époque de leur naissance, un grand air de famille. Toutes, dès leur principe, semblaient destinées à offrir le développement de la liberté, non pas la liberté aristocratique de leur mère-patrie, mais la liberté bourgeoise et démocratique dont l'histoire du monde ne présentait point encore de complet modèle.

Au milieu de cette teinte générale, s'apercevaient cependant de très fortes nuances qu'il est nécessaire de montrer.

On peut distinguer dans la grande famille anglo-américaine deux rejetons principaux qui, jusqu'à présent, ont grandi sans se confondre entièrement, l'un au sud, l'autre au nord.

La Virginie reçut la première colonie anglaise. Les émigrants y arrivèrent en 1607. L'Europe, à cette époque, était encore singulièrement préoccupée de l'idée que les mines d'or et d'argent font la richesse des peuples : idée funeste qui a plus appauvri les nations européennes qui s'y sont livrées, et détruit plus d'hommes en Amérique, que la guerre et toutes les mauvaises lois ensemble. Ce furent donc des chercheurs d'or que l'on envoya en Virginie (1), gens sans ressources et sans conduite, dont l'esprit inquiet et turbulent troubla l'enfance de la colonie (2), et en rendit les progrès incertains. Ensuite arrivèrent les industriels et les cultivateurs, race plus morale et plus tranquille, mais qui ne s'élevait presque en aucuns points au-dessus du niveau des classes inférieures d'Angleterre (3). Aucune noble pensée, aucune combinaison immatérielle ne présida à la fondation des nouveaux établissements. A peine la colonie était-elle créée qu'on y introduisait l'esclavage (4); ce fut là le fait

(1) La charte accordée par la couronne d'Angleterre, en 1609, portait entre autres clauses que les colons paieraient à la couronne le cinquième du produit des mines d'or et d'argent. Voyez *Vie de Washington*, par Marshalls, vol. 1, p. 18-66.

(2) Une grande partie des nouveaux colons, dit Stith (*History of Virginia*), étaient des jeunes gens de famille déréglés, et que leurs parents avaient embarqués pour les soustraire à un sort ignominieux ; d'anciens domestiques, des banqueroutiers frauduleux, des débauchés et d'autres gens de cette espèce, plus propres à piller et à détruire qu'à consolider l'établissement, formaient le reste. Des chefs séditieux entraînèrent aisément cette troupe dans toutes sortes d'extravagances et d'excès. Voyez, relativement à l'histoire de la Virginie, les ouvrages qui suivent :

History of Virginia from the first Settlements in the year 1624, by Smith.
History of Virginia, by William Stith.
History of Virginia from the earliest period, by Beverly, traduit en français en 1807.

(3) Ce n'est que plus tard qu'un certain nombre de riches propriétaires anglais vinrent se fixer dans la colonie.

(4) L'esclavage fut introduit vers l'année 1620 par un vaisseau hol-

capital qui devait exercer une immense influence sur le caractère, les lois et l'avenir tout entier du Sud.

L'esclavage, comme nous l'expliquerons plus tard, déshonore le travail; il introduit l'oisiveté dans la société, et avec elle l'ignorance et l'orgueil, la pauvreté et le luxe. Il énerve les forces de l'intelligence et endort l'activité humaine. L'influence de l'esclavage, combinée avec le caractère anglais, explique les mœurs et l'état social du Sud.

Sur ce même fond anglais se peignaient, au Nord, des nuances toutes contraires. Ici on me permettra quelques détails.

C'est dans les colonies anglaises du Nord, plus connues sous le nom d'États de la Nouvelle-Angleterre (1), que se sont combinées les deux ou trois idées principales qui aujourd'hui forment les bases de la théorie sociale des États-Unis.

Les principes de la Nouvelle-Angleterre se sont d'abord répandus dans les États voisins; ils ont ensuite gagné de proche en proche les plus éloignés, et ont fini, si je puis m'exprimer ainsi, par *pénétrer* la confédération entière. Ils exercent maintenant leur influence au-delà de ses limites sur tout le monde américain. La civilisation de la Nouvelle-Angleterre a été comme ces feux allumés sur les hauteurs qui, après avoir répandu

---

landais qui débarqua vingt nègres sur les rivages de la rivière James. Voyez *Charmer*.

(1) Les États de la Nouvelle-Angleterre sont ceux situés à l'est de l'Hudson; ils sont aujourd'hui au nombre de six : 1° le Connecticut; 2° Rhode-Island; 3° Massachusetts; 4° Vermont; 5° New-Hampshire; 6° Maine.

la chaleur autour d'eux, teignent encore de leurs clartés les derniers confins de l'horizon.

La fondation de la Nouvelle-Angleterre a offert un spectacle nouveau; tout y était singulier et original.

Presque toutes les colonies ont eu pour premiers habitants des hommes sans éducation et sans ressources, que la misère et l'inconduite poussaient hors du pays qui les avait vus naître, ou des spéculateurs avides et des entrepreneurs d'industrie. Il y a des colonies qui ne peuvent pas même réclamer une pareille origine: Saint-Domingue a été fondé par des pirates, et de nos jours, les cours de justice d'Angleterre se chargent de peupler l'Australie.

Les émigrants qui vinrent s'établir sur les rivages de la Nouvelle-Angleterre appartenaient tous aux classes aisées de la mère-patrie. Leur réunion sur le sol américain présenta, dès l'origine, le singulier phénomène d'une société où il ne se trouvait ni grands seigneurs ni peuple, et, pour ainsi dire, ni pauvres ni riches. Il y avait, à proportion gardée, une plus grande masse de lumières répandue parmi ces hommes que dans le sein d'aucune nation européenne de nos jours. Tous, sans en excepter peut-être un seul, avaient reçu une éducation assez avancée, et plusieurs d'entre eux s'étaient fait connaître en Europe par leurs talents et leur science. Les autres colonies avaient été fondées par des aventuriers sans famille; les émigrants de la Nouvelle-Angleterre apportaient avec eux d'admirables éléments d'ordre et de moralité; ils se rendaient au désert accompagnés de leurs femmes et de leurs enfants. Mais ce qui les distinguait surtout de tous les autres, était le but même de leur entreprise.

Ce n'était point la nécessité qui les forçait d'abandonner leur pays; ils y laissaient une position sociale regrettable et les moyens de vivre assurés; ils ne passaient point non plus dans le Nouveau-Monde afin d'y améliorer leur situation ou d'y accroître leurs richesses; ils s'arrachaient aux douceurs de la patrie pour obéir à un besoin purement intellectuel; en s'exposant aux misères inévitables de l'exil, ils voulaient faire triompher *une idée*.

Les émigrants, ou, comme ils s'appelaient si bien eux-mêmes, les *pèlerins* (pilgrims), appartenaient à cette secte d'Angleterre à laquelle l'austérité de ses principes avait fait donner le nom de puritaine. Le puritanisme n'était pas seulement une doctrine religieuse; il se confondait encore en plusieurs points avec les théories démocratiques et républicaines les plus absolues. De là lui étaient venus ses plus dangereux adversaires. Persécutés par le gouvernement de la mère-patrie, blessés dans la rigueur de leurs principes par la marche journalière de la société au sein de laquelle ils vivaient, les puritains cherchèrent une terre si barbare et si abandonnée du monde, qu'il fût encore permis d'y vivre à sa manière et d'y prier Dieu en liberté.

Quelques citations feront mieux connaître l'esprit de ces pieux aventuriers que tout ce que nous pourrions ajouter nous-même.

Nathaniel Morton, l'historien des premières années de la Nouvelle-Angleterre, entre ainsi en matière (1): « J'ai toujours cru, dit-il, que c'était un devoir sacré

(1) *New-England's Memorial*, p. 14; Boston, 1826. Voyez aussi l'*Histoire de Hutchinson*, vol. 2, p. 440.

» pour nous, dont les pères ont reçu des gages si
» nombreux et si mémorables de la bonté divine dans
» l'établissement de cette colonie, d'en perpétuer par
» écrit le souvenir. Ce que nous avons vu et ce qui
» nous a été raconté par nos pères, nous devons le
» faire connaître à nos enfants, afin que les géné-
» rations à venir apprennent à louer le Seigneur;
» afin que la lignée d'Abraham son serviteur, et les
» fils de Jacob son élu, gardent toujours la mé-
» moire des miraculeux ouvrages de Dieu (*Ps.* cv,
» 5, 6). Il faut qu'ils sachent comment le Seigneur a
» apporté sa vigne dans le désert; comment il l'a
» plantée et en a écarté les païens; comment il lui a
» préparé une place, en a enfoncé profondément les
» racines et l'a laissée ensuite s'étendre et couvrir au
» loin la terre (*Ps.* LXXX, 15, 13); et non seulement
» cela, mais encore comment il a guidé son peuple
» vers son saint tabernacle, et l'a établi sur la mon-
» tagne de son héritage (*Exod.*, XV, 13). Ces faits doi-
» vent être connus, afin que Dieu en retire l'honneur
» qui lui est dû, et que quelques rayons de sa gloire
» puissent tomber sur les noms vénérables des saints
» qui lui ont servi d'instruments. »

Il est impossible de lire ce début sans être pénétré malgré soi d'une impression religieuse et solennelle; il semble qu'on y respire un air d'antiquité et une sorte de parfum biblique.

La conviction qui anime l'écrivain relève son langage. Ce n'est plus à vos yeux, comme aux siens, une petite troupe d'aventuriers allant chercher fortune au-delà des mers; c'est la semence d'un grand peuple que Dieu vient déposer de ses mains sur une terre prédestinée.

L'auteur continue et peint de cette manière le départ des premiers émigrants (1) :

« C'est ainsi, dit-il, qu'ils quittèrent cette ville » (Delft-Haleft) qui avait été pour eux un lieu de re- » pos; cependant ils étaient calmes; ils savaient qu'ils » étaient pèlerins et étrangers ici-bas. Ils ne s'atta- » chaient pas aux choses de la terre, mais levaient les » yeux vers le ciel, leur chère patrie, où Dieu avait » préparé pour eux sa cité sainte. Ils arrivèrent enfin » au port où le vaisseau les attendait. Un grand » nombre d'amis qui ne pouvaient partir avec eux, » avaient du moins voulu les suivre jusque là. La nuit » s'écoula sans sommeil; elle se passa en épanche- » ments d'amitié, en pieux discours, en expressions » pleines d'une véritable tendresse chrétienne. Le » lendemain ils se rendirent à bord; leurs amis vou- » lurent encore les y accompagner; ce fut alors qu'on » ouït de profonds soupirs, qu'on vit des pleurs cou- » ler de tous les yeux, qu'on entendit de longs em- » brassements et d'ardentes prières dont les étrangers » eux-mêmes se sentirent émus. Le signal du départ » étant donné, ils tombèrent à genoux, et leur pas- » teur, levant au ciel des yeux pleins de larmes, les » recommanda à la miséricorde du Seigneur. Ils pri- » rent enfin congé les uns des autres, et prononcèrent » cet adieu qui, pour beaucoup d'entre eux, devait » être le dernier. »

Les émigrants étaient au nombre de cent cinquante à peu près, tant hommes que femmes et enfants. Leur but était de fonder une colonie sur les rives de l'Hud-

(1) *New-England's Memorial*, p. 22.

DU POINT DE DÉPART.   53

son ; mais, après avoir erré long-temps dans l'Océan, ils furent enfin forcés d'aborder les côtes arides de la Nouvelle-Angleterre, au lieu où s'élève aujourd'hui la ville de Plymouth. On montre encore le rocher où descendirent les pèlerins (1).

« Mais avant d'aller plus loin, dit l'historien que j'ai
» djà cité, considérons un instant la condition pré-
» sente de ce pauvre peuple, et admirons la bonté de
» Dieu qui l'a sauvé (2).

» Ils avaient passé maintenant le vaste Océan, ils
» arrivaient au but de leur voyage, mais ils ne
» voyaient point d'amis pour les recevoir, point d'ha-
» bitation pour leur offrir un abri ; on était au milieu
» de l'hiver, et ceux qui connaissent notre climat sa-
» vent combien les hivers sont rudes, et quels furieux
» ouragans désolent alors nos côtes. Dans cette saison,
» il est difficile de traverser des lieux connus, à plus
» forte raison de s'établir sur des rivages nouveaux.
» Autour d'eux n'apparaissait qu'un désert hideux et
» désolé, plein d'animaux et d'hommes sauvages, dont
» ils ignoraient le degré de férocité et le nombre. La
» terre était glacée ; le sol était couvert de forêts et de
» buissons. Le tout avait un aspect barbare. Derrière
» eux, ils n'apercevaient que l'immense Océan qui les

(1) Ce rocher est devenu un objet de vénération aux États-Unis. J'en ai vu des fragments conservés avec soin dans plusieurs villes de l'Union. Ceci ne montre-t-il pas bien clairement que la puissance et la grandeur de l'homme est tout entière dans son âme ? Voici une pierre que les pieds de quelques misérables touchent un instant, et cette pierre devient célèbre ; elle attire les regards d'un grand peuple ; on en vénère les débris, on s'en partage au loin la poussière. Qu'est devenu le seuil de tant de palais ? qui s'en inquiète ?

(2) *New-England's Memorial*, p. 33.

» séparait du monde civilisé. Pour trouver un peu de
» paix et d'espoir, ils ne pouvaient tourner leurs re-
» gards qu'en haut. »

Il ne faut pas croire que la piété des puritains fût seulement spéculative, ni qu'elle se montrât étrangère à la marche des choses humaines. Le puritanisme, comme je l'ai dit plus haut, était presque autant une théorie politique qu'une doctrine religieuse. A peine débarqués sur ce rivage inhospitalier, que Nathaniel Morton vient de décrire, le premier soin des émigrants est donc de s'organiser en société. Ils passent immédiatement un acte qui porte (1) :

« Nous, dont les noms suivent, qui, pour la gloire
» de Dieu, le développement de la foi chrétienne et
» l'honneur de notre patrie, avons entrepris d'établir
» la première colonie sur ces rivages reculés, nous
» convenons dans ces présentes, par consentement
» mutuel et solennel, et devant Dieu, de nous former
» en corps de société politique, dans le but de nous
» gouverner, et de travailler à l'accomplissement de
» nos desseins; et en vertu de ce contrat, nous con-
» venons de promulguer des lois, actes, ordonnances,
» et d'instituer selon les besoins des magistrats auxquels
» nous promettons soumission et obéissance. »

Ceci se passait en 1620. A partir de cette époque, l'émigration ne s'arrêta plus. Les passions religieuses et politiques, qui déchirèrent l'empire britannique

---

(1) Les émigrants qui créèrent l'État de Rhode-Island en 1638, ceux qui s'établirent à New-Haven en 1637, les premiers habitants du Connecticut en 1639, et les fondateurs de Providence en 1640, commencèrent également par rédiger un contrat social qui fut soumis à l'approbation de tous les intéressés. *Pitkin's History*, p. 42 et 47.

pendant tout le règne de Charles Ier, poussèrent chaque année, sur les côtes de l'Amérique, de nouveaux essaims de sectaires. En Angleterre, le foyer du puritanisme continuait à se trouver placé dans les classes moyennes; c'est du sein des classes moyennes que sortaient la plupart des émigrants. La population de la Nouvelle-Angleterre croissait rapidement, et, tandis que la hiérarchie des rangs classait encore despotiquement les hommes dans la mère-patrie, la colonie présentait de plus en plus le spectacle nouveau d'une société homogène dans toutes ses parties. La démocratie, telle que n'avait point osé la rêver l'antiquité, s'échappait toute grande et tout armée du milieu de la vieille société féodale.

Content d'éloigner de lui des germes de troubles et des éléments de révolutions nouvelles, le gouvernement anglais voyait sans peine cette émigration nombreuse. Il la favorisait même de tout son pouvoir, et semblait s'occuper à peine de la destinée de ceux qui venaient sur le sol américain chercher un asile contre la dureté de ses lois. On eût dit qu'il regardait la Nouvelle-Angleterre comme une région livrée aux rêves de l'imagination, et qu'on devait abandonner aux libres essais des novateurs.

Les colonies anglaises, et ce fut l'une des principales causes de leur prospérité, ont toujours joui de plus de liberté intérieure et de plus d'indépendance politique que les colonies des autres peuples; mais nulle part ce principe de liberté ne fut plus complétement appliqué que dans les États de la Nouvelle-Angleterre.

Il était alors généralement admis que les terres du

Nouveau-Monde appartenaient à la nation européenne qui, la première, les avait découvertes.

Presque tout le littoral de l'Amérique du Nord devint de cette manière une possession anglaise vers la fin du xvi⁰ siècle. Les moyens employés par le gouvernement britannique pour peupler ces nouveaux domaines furent de différente nature : dans certains cas, le roi soumettait une portion du Nouveau-Monde à un gouverneur de son choix, chargé d'administrer le pays en son nom et sous ses ordres immédiats (1); c'est le système colonial adopté dans le reste de l'Europe. D'autres fois, il concédait à un homme ou à une compagnie la propriété de certaines portions de pays (2). Tous les pouvoirs civils et politiques se trouvaient alors concentrés dans les mains d'un ou de plusieurs individus qui, sous l'inspection et le contrôle de la couronne, vendaient les terres et gouvernaient les habitants. Un troisième système enfin consistait à donner à un certain nombre d'émigrants le droit de se former en société politique sous le patronage de la mère-patrie, et de se gouverner eux-mêmes en tout ce qui n'était pas contraire à ses lois.

Ce mode de colonisation, si favorable à la liberté, ne fut mis en pratique que dans la Nouvelle-Angleterre (3).

(1) Ce fut là le cas de l'État de New-York.
(2) Le Maryland, les Carolines, la Pensylvanie, le New-Jersey, étaient dans ce cas. Voyez *Pitkin's History*, vol. 1, p. 11-31.
(3) Voyez dans l'ouvrage intitulé : *Historical collection of state papers and other authentic documents intended as materials for an history of the United States of America, by Ebeneser Hasard, printed at Philadelphia MDCCXCII*, un très grand nombre de documents précieux par

Dès 1628 (1), une charte de cette nature fut accordée par Charles Ier à des émigrants qui vinrent fonder la colonie du Massachusetts.

Mais, en général, on n'octroya les chartes aux colonies de la Nouvelle-Angleterre que long-temps après que leur existence fut devenue un fait accompli. Plymouth, Providence, New-Haven, l'État de Connecticut et celui de Rhode-Island (2) furent fondés sans le concours et en quelque sorte à l'insu de la mère-patrie. Les nouveaux habitants, sans nier la suprématie de la métropole, n'allèrent pas puiser dans son sein la source des pouvoirs; ils se constituèrent eux-mêmes, et ce ne fut que trente ou quarante ans après, sous Charles II, qu'une charte royale vint légaliser leur existence.

Aussi est-il souvent difficile, en parcourant les premiers monuments historiques et législatifs de la Nouvelle-Angleterre, d'apercevoir le lien qui attache les émigrants au pays de leurs ancêtres. On les voit à chaque instant faire acte de souveraineté; ils nomment

---

leur contenu et leur authenticité, relatifs au premier âge des colonies, entre autres les différentes chartes qui leur furent concédées par la couronne d'Angleterre, ainsi que les premiers actes de leurs gouvernements.

Voyez également l'analyse que fait de toutes ces chartes M. Story, juge à la cour suprême des États-Unis, dans l'introduction de son Commentaire sur la constitution des États-Unis.

Il résulte de tous ces documents que les principes du gouvernement représentatif et les formes extérieures de la liberté politique furent introduits dans toutes les colonies presque dès leur naissance. Ces principes avaient reçu de plus grands développements au nord qu'au sud, mais ils existaient partout.

(1) Voyez *Pitkin's History*, p. 35, t. 1. Voyez *the History of the colony of Massachusetts, by Hutchinson*, vol. 1, p. 9.

(2) Voyez *id.*, p. 42-47.

leurs magistrats, font la paix et la guerre, établissent les règlements de police, se donnent des lois comme s'ils n'eussent relevé que de Dieu seul (1).

Rien de plus singulier et de plus instructif tout à la fois que la législation de cette époque ; c'est là surtout que se trouve le mot de la grande énigme sociale que les États-Unis présentent au monde de nos jours.

Parmi ces monuments, nous distinguerons particulièrement, comme l'un des plus caractéristiques, le code de lois que le petit État de Connecticut se donna en 1650 (2).

Les législateurs du Connecticut (3) s'occupent d'abord des lois pénales ; et, pour les composer, ils conçoivent l'idée étrange de puiser dans les textes sacrés :

« Quiconque adorera un autre Dieu que le Seigneur, disent-ils en commençant, sera mis à mort. »

Suivent dix ou douze dispositions de même nature empruntées *textuellement* au Deutéronome, à l'Exode et au Lévitique.

Le blasphème, la sorcellerie, l'adultère (4), le viol,

(1) Les habitants du Massachusetts, dans l'établissement des lois criminelles et civiles des procédures et des cours de justice, s'étaient écartés des usages suivis en Angleterre : en 1650, le nom du roi ne paraissait point encore en tête des mandats judiciaires. Voyez Hutchinson, vol. 1, p. 452.

(2) *Code of* 1650, p. 28 (Hartford 1830).

(3) Voyez également dans l'histoire de Hutchinson, vol. 1, p. 435-456, l'analyse du Code pénal adopté en 1648 par la colonie du Massachusetts ; ce code est rédigé sur des principes analogues à celui du Connecticut.

(4) L'adultère était de même puni de mort par la loi du Massachusetts, et Hutchinson, vol. 1, p. 441, dit que plusieurs personnes souffrirent en effet la mort pour ce crime ; il cite à ce propos une anecdote curieuse, qui se rapporte à l'année 1663. Une femme mariée avait eu des relations d'amour avec un jeune homme ; elle devint veuve, elle l'é-

sont punis de mort; l'outrage fait par un fils à ses parents est frappé de la même peine. On transportait ainsi la législation d'un peuple rude et à demi civilisé au sein d'une société dont l'esprit était éclairé et les mœurs douces : aussi ne vit-on jamais la peine de mort plus prodiguée dans les lois, ni appliquée à moins de coupables.

Les législateurs, dans ce corps de lois pénales, sont surtout préoccupés du soin de maintenir l'ordre moral et les bonnes mœurs dans la société; ils pénètrent ainsi sans cesse dans le domaine de la conscience, et il n'est presque pas de péchés qu'ils ne parviennent à soumettre à la censure du magistrat. Le lecteur a pu remarquer avec quelle sévérité ces lois frappaient l'adultère et le viol. Le simple commerce entre gens non mariés y est sévèrement réprimé. On laisse au juge le droit d'infliger aux coupables l'une de ces trois peines : l'amende, le fouet ou le mariage (1); et s'il en faut croire les registres des anciens tribunaux de New-Haven, les poursuites de cette nature n'étaient pas rares; on trouve, à la date du 1ᵉʳ mai 1660, un jugement portant amende et réprimande contre une jeune fille qu'on accusait d'avoir prononcé quelques

pousa; plusieurs années se passèrent : le public étant enfin venu à soupçonner l'intimité qui avait jadis régné entre les époux, ils furent poursuivis criminellement; on les mit en prison, et peu s'en fallut qu'on ne les condamnât l'un et l'autre à mort.

(1) *Code of* 1650, p. 48.
Il arrivait, à ce qu'il paraît, quelquefois aux juges de prononcer cumulativement ces diverses peines, comme on le voit dans un arrêt rendu en 1643 (p. 114, *New-Haven antiquities*), qui porte que Marguerite Bedfort, convaincue de s'être livrée à des actes répréhensibles, subira la peine du fouet, et qu'il lui sera enjoint de se marier avec Nicolas Jemmings, son complice.

paroles indiscrètes et de s'être laissé donner un baiser (1). Le code de 1650 abonde en mesures préventives. La paresse et l'ivrognerie y sont sévèrement punies (2). Les aubergistes ne peuvent fournir plus d'une certaine quantité de vin à chaque consommateur; l'amende ou le fouet répriment le simple mensonge quand il peut nuire (3). Dans d'autres endroits, le législateur, oubliant complétement les grands principes de liberté religieuse réclamés par lui-même en Europe, force, par la crainte des amendes, à assister au service divin (4), et il va jusqu'à frapper de peines sévères (5) et souvent de mort les chrétiens qui veulent adorer Dieu sous une autre formule que la sienne (6). Quelquefois, enfin, l'ardeur réglementaire qui le possède le porte à s'occuper des soins les plus indignes de lui. C'est ainsi qu'on trouve dans le même code une loi qui prohibe l'usage du tabac (7). Il ne faut

(1) *New-Haven antiquities*, p. 104. Voyez aussi dans l'Histoire d'Hutchinson, vol. 1, p. 435, plusieurs jugements aussi extraordinaires que celui-là.

(2) *Id.*, 1650, p. 50, 57.

(3) *Id.*, p. 64.

(4) *Id.*

(5) Ceci n'était pas particulier au Connecticut. Voyez entre autres la loi rendue le 13 septembre 1644, dans le Massachusetts, qui condamne au bannissement les anabaptistes. *Historical collection of state papers*, vol. 1, p. 538. Voyez aussi la loi publiée le 14 octobre 1656 contre les quakers : « Attendu, dit la loi, qu'il vient de s'élever une secte maudite d'hérétiques appelés quakers..... » Suivent les dispositions qui condamnent à une très forte amende les capitaines de vaisseaux qui amèneront des quakers dans le pays. Les quakers qui parviendront à s'y introduire seront fouettés et renfermés dans une prison pour y travailler. Ceux qui défendront leurs opinions seront d'abord mis à l'amende, puis condamnés à la prison, et chassés de la province. Même collection, vol. 1, p. 630.

(6) Dans la loi pénale du Massachusetts, le prêtre catholique qui met le pied dans la colonie après en avoir été chassé, est puni de mort.

(7) *Code of* 1650, p. 96.

pas, au reste, perdre de vue que ces lois bizarres ou tyranniques n'étaient point imposées; qu'elles étaient votées par le libre concours de tous les intéressés eux-mêmes, et que les mœurs étaient encore plus austères et plus puritaines que les lois. A la date de 1649, on voit se former à Boston une association solennelle ayant pour but de prévenir le luxe mondain des longs cheveux (1) (*E*).

De pareils écarts font sans doute honte à l'esprit humain; ils attestent l'infériorité de notre nature, qui, incapable de saisir fermement le vrai et le juste, en est réduite le plus souvent à ne choisir qu'entre deux excès.

A côté de cette législation pénale si fortement empreinte de l'étroit esprit de secte et de toutes les passions religieuses que la persécution avait exaltées et qui fermentaient encore au fond des âmes, se trouve placé, et en quelque sorte enchaîné avec elles, un corps de lois politiques qui, tracé il y a deux cents ans, semble encore devancer de très loin l'esprit de liberté de notre âge.

Les principes généraux sur lesquels reposent les constitutions modernes, ces principes, que la plupart des Européens du XVIIe siècle comprenaient à peine, et qui triomphaient alors incomplétement dans la Grande-Bretagne, sont tous reconnus et fixés par les lois de la Nouvelle-Angleterre: l'intervention du peuple dans les affaires publiques, le vote libre de l'impôt, la responsabilité des agents du pouvoir, la liberté individuelle et le jugement par jury, y sont établis sans discussion et en fait.

(1) *New-England's Memorial*, 316.

Ces principes générateurs y reçoivent une application et des développements qu'aucune nation de l'Europe n'a encore osé leur donner.

Dans le Connecticut, le corps électoral se composait, dès l'origine, de l'universalité des citoyens, et cela se conçoit sans peine (1). Chez ce peuple naissant régnait alors une égalité presque parfaite entre les fortunes et plus encore entre les intelligences (2).

Dans le Connecticut, à cette époque, tous les agents du pouvoir exécutif étaient élus, jusqu'au gouverneur de l'État (3).

Les citoyens au-dessus de seize ans étaient obligés d'y porter les armes; ils formaient une milice nationale qui nommait ses officiers, et devait se trouver prête en tous temps à marcher pour la défense du pays (4).

C'est dans les lois du Connecticut, comme dans toutes celles de la Nouvelle-Angleterre, qu'on voit naître et se développer cette indépendance communale qui forme encore de nos jours comme le principe et la vie de la liberté américaine.

Chez la plupart des nations européennes, l'existence politique a commencé dans les régions supérieures de la société, et s'est communiquée peu à peu, et toujours d'une manière incomplète, aux diverses parties du corps social.

---

(1) Constitution de 1638, p. 17.

(2) Dès 1641, l'assemblée générale de Rhode-Island déclarait à l'unanimité que le gouvernement de l'État consistait en une démocratie, et que le pouvoir reposait sur le corps des hommes libres, lesquels avaient seuls le droit de faire les lois et d'en surveiller l'exécution. Code of 1650, p. 70.

(3) *Pitkin's History*, p. 47.

(4) Constitution de 1638, p. 12.

En Amérique, au contraire, on peut dire que la commune a été organisée avant le comté, le comté avant l'État, l'État avant l'Union.

Dans la Nouvelle-Angleterre, dès 1650, la commune est complétement et définitivement constituée. Autour de l'individualité communale viennent se grouper et s'attacher fortement des intérêts, des passions, des devoirs et des droits. Au sein de la commune on voit régner une vie politique réelle, active, toute démocratique et républicaine. Les colonies reconnaissent encore la suprématie de la métropole; c'est la monarchie qui est la loi de l'État, mais déjà la république est toute vivante dans la commune.

La commune nomme ses magistrats de tout genre; elle se taxe; elle répartit et lève l'impôt sur elle-même (1). Dans la commune de la Nouvelle-Angleterre, la loi de la représentation n'est point admise. C'est sur la place publique et dans le sein de l'assemblée générale des citoyens que se traitent, comme à Athènes, les affaires qui touchent à l'intérêt de tous.

Lorsqu'on étudie avec attention les lois qui ont été promulguées durant ce premier âge des républiques américaines, on est frappé de l'intelligence gouvernementale et des théories avancées du législateur.

Il est évident qu'il se fait des devoirs de la société envers ses membres une idée plus élevée et plus complète que les législateurs européens d'alors, et qu'il lui impose des obligations auxquelles elle échappait encore ailleurs. Dans les États de la Nouvelle-Angleterre, dès l'origine, le sort des pauvres est assuré (2);

---

(1) *Code of* 1650, p. 80.
(2) *Id.*, p. 78.

des mesures sévères sont prises pour l'entretien des routes, on nomme des fonctionnaires pour les surveiller (1); les communes ont des registres publics où s'inscrivent le résultat des délibérations générales, les décès, les mariages, la naissance des citoyens (2); des greffiers sont préposés à la tenue de ces registres (3); des officiers sont chargés d'administrer les successions vacantes, d'autres de surveiller la borne des héritages; plusieurs ont pour principales fonctions de maintenir la tranquillité publique dans la commune (4).

La loi entre dans mille détails divers pour prévenir et satisfaire une foule de besoins sociaux, dont encore de nos jours on n'a qu'un sentiment confus en France.

Mais c'est par les prescriptions relatives à l'éducation publique que, dès le principe, on voit se révéler dans tout son jour le caractère original de la civilisation américaine.

« Attendu, dit la loi, que Satan, l'ennemi du genre
» humain, trouve dans l'ignorance des hommes ses
» plus puissantes armes, et qu'il importe que les lu-
» mières qu'ont apportées nos pères ne restent point
» ensevelies dans leur tombe; — attendu que l'édu-
» cation des enfants est un des premiers intérêts de
» l'État, avec l'assistance du Seigneur.... (5) » Suivent des dispositions qui créent des écoles dans toutes les communes, et obligent les habitants, sous peine de fortes amendes, à s'imposer pour les soutenir. Des

---

(1) *Code of* 1650, p. 49.
(2) Voyez l'Histoire de Hutchinson, vol. 1, p. 455.
(3) *Code of* 1650, p. 86.
(4) *Id.*, p. 40.
(5) *Id.*, p. 90.

écoles supérieures sont fondées de la même manière dans les districts les plus populeux. Les magistrats municipaux doivent veiller à ce que les parents envoient leurs enfants dans les écoles ; ils ont le droit de prononcer des amendes contre ceux qui s'y refusent ; et si la résistance continue, la société, se mettant alors à la place de la famille, s'empare de l'enfant, et enlève aux pères les droits que la nature leur avait donnés, mais dont ils savaient si mal user (1). Le lecteur aura sans doute remarqué le préambule de ces ordonnances : en Amérique, c'est la religion qui mène aux lumières ; c'est l'observance des lois divines qui conduit l'homme à la liberté.

Lorsqu'après avoir ainsi jeté un regard rapide sur la société américaine de 1650, on examine l'état de l'Europe et particulièrement celui du continent vers cette même époque, on se sent pénétré d'un profond étonnement : sur le continent de l'Europe, au commencement du XVIIe siècle, triomphait de toutes parts la royauté absolue sur les débris de la liberté oligarchique et féodale du moyen âge. Dans le sein de cette Europe brillante et littéraire, jamais peut-être l'idée des droits n'avait été plus complétement méconnue ; jamais les peuples n'avaient moins vécu de la vie politique ; jamais les notions de la vraie liberté n'avaient moins préoccupé les esprits ; et c'est alors que ces mêmes principes, inconnus aux nations européennes ou méprisés par elles, étaient proclamés dans les déserts du Nouveau-Monde, et devenaient le symbole futur d'un grand peuple. Les plus hardies

---

(1) *Code of* 1650, p. 83.

théories de l'esprit humain étaient réduites en pratique dans cette société si humble en apparence, et dont aucun homme d'État n'eût sans doute alors daigné s'occuper; livrée à l'originalité de sa nature, l'imagination de l'homme y improvisait une législation sans précédents. Au sein de cette obscure démocratie, qui n'avait encore enfanté ni généraux, ni philosophes, ni grands écrivains, un homme pouvait se lever en présence d'un peuple libre, et donner, aux acclamations de tous, cette belle définition de la liberté :

« Ne nous trompons pas sur ce que nous devons
» entendre par notre indépendance. Il y a en effet
» une sorte de liberté corrompue, dont l'usage est
» commun aux animaux comme à l'homme, et qui
» consiste à faire tout ce qui plaît. Cette liberté est
» l'ennemie de toute autorité; elle souffre impatiem-
» ment toutes règles; avec elle, nous devenons infé-
» rieurs à nous-mêmes; elle est l'ennemie de la vérité
» et de la paix; et Dieu a cru devoir s'élever contre
» elle! Mais il est une liberté civile et morale qui
» trouve sa force dans l'union, et que la mission du
» pouvoir lui-même est de protéger : c'est la liberté
» de faire sans crainte tout ce qui est juste et bon.
» Cette sainte liberté, nous devons la défendre dans
» tous les hasards, et exposer, s'il le faut, pour elle
» notre vie (1). »

---

(1) *Mathiew's magnalia Christi americana*, vol. 2, p. 13.

Ce discours fut tenu par Winthrop; on l'accusait d'avoir commis, comme magistrat, des actes arbitraires; après avoir prononcé le discours dont je viens de rappeler un fragment, il fut acquitté avec applaudissements, et depuis lors il fut toujours réélu gouverneur de l'État. Voyez *Marshall*, vol. 1, p. 166.

J'en ai déjà dit assez pour mettre en son vrai jour le caractère de la civilisation anglo-américaine. Elle est le produit (et ce point de départ doit sans cesse être présent à la pensée) de deux éléments parfaitement distincts, qui ailleurs se sont fait souvent la guerre, mais qu'on est parvenu, en Amérique, à incorporer en quelque sorte l'un dans l'autre, et à combiner merveilleusement. Je veux parler de l'*esprit de religion* et de l'*esprit de liberté*.

Les fondateurs de la Nouvelle-Angleterre était tout à la fois d'ardents sectaires et des novateurs exaltés. Retenus dans les liens les plus étroits de certaines croyances religieuses, ils étaient libres de tous préjugés politiques.

De là deux tendances diverses, mais non contraires, dont il est facile de retrouver partout la trace, dans les mœurs comme dans les lois.

Des hommes sacrifient à une opinion religieuse leurs amis, leur famille et leur patrie; on peut les croire absorbés dans la poursuite de ce bien intellectuel qu'ils sont venus acheter à si haut prix. On les voit cependant rechercher d'une ardeur presque égale les richesses matérielles et les jouissances morales, le ciel dans l'autre monde, et le bien-être et la liberté dans celui-ci.

Sous leur main, les principes politiques, les lois et les institutions humaines semblent choses malléables, qui peuvent se tourner et se combiner à volonté.

Devant eux s'abaissent les barrières qui emprisonnaient la société au sein de laquelle ils sont nés; les vieilles opinions, qui depuis des siècles dirigeaient le monde, s'évanouissent; une carrière presque sans bornes, un champ sans horizon se découvre : l'esprit humain s'y précipite ; il les parcourt en tous sens ; mais, arrivé aux limites du monde politique, il s'arrête de lui-même ; il dépose en tremblant l'usage de ses plus redoutables facultés ; il abjure le doute ; il renonce au besoin d'innover ; il s'abstient même de soulever le voile du sanctuaire ; il s'incline avec respect devant des vérités qu'il admet sans les discuter.

Ainsi, dans le monde moral, tout est classé, coordonné, prévu, décidé à l'avance. Dans le monde politique, tout est agité, contesté, incertain ; dans l'un, obéissance passive, bien que volontaire ; dans l'autre, indépendance, mépris de l'expérience et jalousie de toute autorité.

Loin de se nuire, ces deux tendances, en apparence si opposées, marchent d'accord et semblent se prêter un mutuel appui.

La religion voit dans la liberté civile un noble exercice des facultés de l'homme ; dans le monde politique, un champ livré par le Créateur aux efforts de l'intelligence. Libre et puissante dans sa sphère, satisfaite de la place qui lui est réservée, elle sait que son empire est d'autant mieux établi qu'elle ne règne que par ses propres forces et domine sans appui sur les cœurs.

La liberté voit dans la religion la compagne de ses luttes et de ses triomphes ; le berceau de son enfance, la source divine de ses droits. Elle considère la religion comme la sauve-garde des mœurs ; les mœurs comme la garantie des lois et le gage de sa propre durée (*F*).

RAISONS DE QUELQUES SINGULARITÉS QUE PRÉSENTENT LES LOIS ET LES COUTUMES DES ANGLO-AMÉRICAINS.

Quelques restes d'institutions aristocratiques au sein de la plus complète démocratie. — Pourquoi? — Il faut distinguer avec soin ce qui est d'origine puritaine et d'origine anglaise.

Il ne faut pas que le lecteur tire des conséquences trop générales et trop absolues de ce qui précède. La condition sociale, la religion et les mœurs des premiers émigrants ont exercé sans doute une immense influence sur le destin de leur nouvelle patrie. Toutefois, il n'a pas dépendu d'eux de fonder une société dont le point de départ ne se trouvât placé qu'en eux-mêmes; nul ne saurait se dégager entièrement du passé; il leur est arrivé de mêler, soit volontairement, soit à leur insu, aux idées et aux usages qui leur étaient propres, d'autres usages et d'autres idées qu'ils tenaient de leur éducation ou des traditions nationales de leur pays.

Lorsqu'on veut connaître et juger les Anglo-Américains de nos jours, on doit donc distinguer avec soin ce qui est d'origine puritaine ou d'origine anglaise.

On rencontre souvent aux États-Unis des lois ou des coutumes qui font contraste avec tout ce qui les environne. Ces lois paraissent rédigées dans un esprit opposé à l'esprit dominant de la législation américaine; ces mœurs semblent contraires à l'ensemble de l'état social. Si les colonies anglaises avaient été fondées dans un siècle de ténèbres, ou si leur origine se perdait déjà dans la nuit des temps, le problème serait insoluble.

Je citerai un seul exemple pour faire comprendre ma pensée.

La législation civile et criminelle des Américains ne connaît que deux moyens d'action : la *prison* ou le *cautionnement*. Le premier acte d'une procédure consiste à obtenir caution du défendeur, ou, s'il refuse, à le faire incarcérer ; on discute ensuite la validité du titre ou la gravité des charges.

Il est évident qu'une pareille législation est dirigée contre le pauvre, et ne favorise que le riche.

Le pauvre ne trouve pas toujours de caution, même en matière civile, et, s'il est contraint d'aller attendre justice en prison, son inaction forcée le réduit bientôt à la misère.

Le riche, au contraire, parvient toujours à échapper à l'emprisonnement en matière civile ; bien plus, a-t-il commis un délit, il se soustrait aisément à la punition qui doit l'atteindre : après avoir fourni caution, il disparaît. On peut donc dire que pour lui toutes les peines qu'inflige la loi se réduisent à des amendes (1). Quoi de plus aristocratique qu'une semblable législation ?

En Amérique, cependant, ce sont les pauvres qui font la loi, et ils réservent habituellement pour eux-mêmes les plus grands avantages de la société.

C'est en Angleterre qu'il faut chercher l'explication de ce phénomène : les lois dont je parle sont anglaises (2). Les Américains ne les ont point changées,

---

(1) Il y a sans doute des crimes pour lesquels on ne reçoit pas caution, mais ils sont en très petit nombre.

(2) Voyez Blakstone et Delolme, liv. I, chap. x.

quoiqu'elles répugnent à l'ensemble de leur législation et à la masse de leur idées.

La chose qu'un peuple change le moins après ses usages, c'est sa législation civile. Les lois civiles ne sont familières qu'aux légistes, c'est-à-dire à ceux qui ont un intérêt direct à les maintenir telles qu'elles sont, bonnes ou mauvaises, par la raison qu'ils les savent. Le gros de la nation les connaît à peine; il ne les voit agir que dans des cas particuliers, n'en saisit que difficilement la tendance, et s'y soumet sans y songer.

J'ai cité un exemple, j'aurais pu en signaler beaucoup d'autres.

Le tableau que présente la Société américaine est, si je puis m'exprimer ainsi, couvert d'une couche démocratique, sous laquelle on voit de temps en temps percer les anciennes couleurs de l'aristocratie.

CHAPITRE III.

ÉTAT SOCIAL DES ANGLO-AMÉRICAINS.

—

L'état social est ordinairement le produit d'un fait, quelquefois des lois, le plus souvent de ces deux causes réunies; mais une fois qu'il existe, on peut le considérer lui-même comme la cause première de la plupart des lois, des coutumes et des idées qui règlent la conduite des nations; ce qu'il ne produit pas, il le modifie.

Pour connaître la législation et les mœurs d'un peuple, il faut donc commencer par étudier son état social.

QUE LE POINT SAILLANT DE L'ÉTAT SOCIAL DES ANGLO-AMÉRICAINS EST D'ÊTRE ESSENTIELLEMENT DÉMOCRATIQUE.

Premiers émigrants de la Nouvelle-Angleterre. — Égaux entre eux. — Lois aristocratiques introduites dans le Sud. — Époque de la révolution. — Changement des lois de succession. — Effets produits par ce changement. — Égalité poussée à ses dernières limites dans les nouveaux États de l'Ouest. — Égalité parmi les intelligences.

On pourrait faire plusieurs remarques importantes sur l'état social des Anglo-Américains, mais il y en a une qui domine toutes les autres.

L'état social des Américains est éminemment démocratique. Il a eu ce caractère dès la naissance des colonies; il l'a plus encore de nos jours.

J'ai dit dans le chapitre précédent qu'il régnait une très grande égalité parmi les émigrants qui vinrent s'établir sur les rivages de la Nouvelle-Angleterre. Le germe même de l'aristocratie ne fut jamais déposé dans cette partie de l'Union. On ne put jamais y fonder que des influences intellectuelles. Le peuple s'habitua à révérer certains noms, comme des emblèmes de lumières et de vertus. La voix de quelques citoyens obtint sur lui un pouvoir qu'on eût peut-être avec raison appelé aristocratique, s'il avait pu se transmettre invariablement de père en fils.

Ceci se passait à l'est de l'Hudson ; au sud-ouest de ce fleuve, et en descendant jusqu'aux Florides, il en était autrement.

Dans la plupart des États situés au sud-ouest de l'Hudson, de grands propriétaires anglais étaient venus s'établir. Les principes aristocratiques, et avec eux les lois anglaises sur les successions, y avaient été importés. J'ai fait connaître les raisons qui empêchaient qu'on pût jamais établir en Amérique une aristocratie puissante. Ces raisons, tout en subsistant au sud-ouest de l'Hudson, y avaient cependant moins de puissance qu'à l'est de ce fleuve. Au sud, un seul homme pouvait, à l'aide d'esclaves, cultiver une grande étendue de terrain. On voyait donc dans cette partie du continent de riches propriétaires fonciers ; mais leur influence n'était pas précisément aristocratique, comme on l'entend en Europe, puisqu'ils ne possédaient aucuns priviléges, et que la culture par esclaves ne leur donnait point de tenanciers, par conséquent point de patronage. Toutefois, les grands propriétaires, au sud de l'Hudson, formaient une classe supérieure, ayant des idées et des goûts à elle, et concentrant en général l'action politique dans son sein. C'était une sorte d'aristocratie peu différente de la masse du peuple dont elle embrassait facilement les passions et les intérêts, n'excitant ni l'amour ni la haine ; en somme, débile et peu vivace. Ce fut cette classe qui, dans le Sud, se mit à la tête de l'insurrection : la révolution d'Amérique lui doit ses plus grands hommes.

A cette époque, la société tout entière fut ébranlée : le peuple, au nom duquel on avait combattu, le peuple, devenu une puissance, conçut le désir d'agir par lui-même ; les instincts démocratiques s'éveillèrent ; en brisant le joug de la métropole, on prit goût à toute espèce d'indépendance : les influences individuelles cessèrent peu à peu de se faire sentir ; les habitudes comme les lois commencèrent à marcher d'accord vers le même but.

Mais ce fut la loi sur les successions qui fit faire à l'égalité son dernier pas.

Je m'étonne que les publicistes anciens et modernes n'aient pas attribué aux lois sur les successions (1) une plus grande influence dans la marche des affaires humaines. Ces lois appartiennent, il est vrai, à l'ordre civil ; mais elles devraient être placées

---

(1) J'entends par les lois sur les successions toutes les lois dont le but principal est de régler le sort des biens après la mort du propriétaire.

La loi sur les substitutions est de ce nombre ; elle a aussi pour résultat, il est vrai, d'empêcher le propriétaire de disposer de ses biens avant sa mort ; mais elle ne lui impose l'obligation de les conserver que dans la vue de les faire parvenir intacts à son héritier. Le but principal de la loi des substitutions est donc de régler le sort des biens après la mort du propriétaire. Le reste est le moyen qu'elle emploie.

en tête de toutes les institutions politiques, car elles influent incroyablement sur l'état social des peuples, dont les lois politiques ne sont que l'expression. Elles ont de plus une manière sûre et uniforme d'opérer sur la société; elles saisissent en quelque sorte les générations avant leur naissance. Par elles, l'homme est armé d'un pouvoir presque divin sur l'avenir de ses semblables. Le législateur règle une fois la succession des citoyens, et il se repose pendant des siècles: le mouvement donné à son œuvre, il peut en retirer la main; la machine agit par ses propres forces, et se dirige comme d'elle-même vers un but indiqué d'avance. Constituée d'une certaine manière, elle réunit, elle concentre, elle groupe autour de quelque tête la propriété, et bientôt après le pouvoir; elle fait jaillir en quelque sorte l'aristocratie du sol. Conduite par d'autres principes, et lancée dans une autre voie, son action est plus rapide encore; elle divise, elle partage, elle dissémine les biens et la puissance; il arrive quelquefois alors qu'on est effrayé de la rapidité de sa marche; désespérant d'en arrêter le mouvement, on cherche du moins à créer devant elle des difficultés et des obstacles; on veut contre-balancer son action par des efforts contraires; soins inutiles! elle broie, ou fait voler en éclats tout ce qui se rencontre sur son passage, elle s'élève et retombe incessamment sur le sol, jusqu'à ce qu'il ne présente plus à la vue qu'une poussière mouvante et impalpable, sur laquelle s'assopit la démocratie.

Lorsque la loi des successions permet, et à plus forte raison ordonne le partage égal des biens du père entre tous les enfants, ses effets sont de deux sortes; il importe de les distinguer avec soin, quoiqu'ils tendent au même but.

En vertu de la loi des successions, la mort de chaque propriétaire amène une révolution dans la propriété; non seulement les biens changent de maîtres, mais ils changent, pour ainsi dire, de nature; ils se fractionnent sans cesse en portions plus petites.

C'est là l'effet direct et en quelque sorte matériel de la loi. Dans les pays où la législation établit l'égalité des partages, les biens, et particulièrement les fortunes territoriales, doivent donc avoir une tendance permanente à s'amoindrir. Toutefois, les effets de cette législation ne se feraient sentir qu'à la longue, si la loi était abandonnée à ses propres forces; car, pour peu que la famille ne se compose pas de plus de deux enfants (et la moyenne des familles dans un pays peuplé comme la France n'est, dit-on, que de trois), ces enfants se partageant la fortune de leur père et de leur mère, ne seront pas plus pauvres que chacun de ceux-ci individuellement.

Mais la loi du partage égal n'exerce pas seulement son influence sur le sort des biens; elle agit sur l'âme même des propriétaires, et appelle leurs passions à son aide. Ce sont ses effets indirects qui détruisent rapidement les grandes fortunes et surtout les grands domaines.

Chez les peuples où la loi des successions est fondée sur le droit de primogéniture, les domaines territoriaux passent le plus souvent de générations en générations sans se diviser. Il résulte de là que l'esprit de famille se matérialise en quelque sorte dans la terre. La famille représente la terre, la terre représente la famille; elle perpétue son nom, son origine, sa gloire, sa puissance, ses vertus. C'est un témoin impérissable du passé, et un gage précieux de l'existence à venir.

Lorsque la loi des successions établit le partage égal, elle détruit la liaison intime qui existait entre l'esprit de famille et la conservation de la terre, la terre cesse de représenter la famille, car, ne pouvant manquer d'être partagée au bout d'une ou de deux générations, il est évident qu'elle doit sans cesse s'amoindrir, et finir par disparaître entièrement. Les fils d'un grand propriétaire foncier, s'ils sont en petit nombre, ou si la fortune leur est favorable, peuvent bien conserver l'espérance de n'être pas moins riches que leur auteur, mais non de posséder les mêmes biens que lui; leur richesse se composera nécessairement d'autres éléments que la sienne.

Or, du moment où vous enlevez aux propriétaires fonciers un grand intérêt de sentiment, de souvenirs, d'orgueil, d'ambition à conserver la terre, on peut être assuré que tôt ou tard ils la vendront, car ils ont un grand intérêt pécuniaire à la vendre, les capitaux mobiliers produisant plus d'intérêts que les autres, et se prêtant bien plus facilement à satisfaire les passions du moment.

Une fois divisées, les grandes propriétés foncières ne se refont plus; car le petit propriétaire tire plus de revenu de son champ (1), proportion gardée, que le grand propriétaire du sien; il le vend donc beaucoup

---

(1) Je ne veux pas dire que le petit propriétaire cultive mieux, mais

plus cher que lui. Ainsi les calculs économiques qui ont porté l'homme riche à vendre de vastes propriétés, l'empêcheront, à plus forte raison, d'en acheter de petites pour en recomposer de grandes.

Ce qu'on appelle l'esprit de famille est souvent fondé sur une illusion de l'égoïsme individuel. On cherche à se perpétuer et à s'immortaliser en quelque sorte dans ses arrière-neveux. Là où finit l'esprit de famille, l'égoïsme individuel rentre dans la réalité de ses penchants. Comme la famille ne se présente plus à l'esprit que comme une chose vague, indéterminée, incertaine, chacun se concentre dans la commodité du présent; on songe à l'établissement de la génération qui va suivre, et rien de plus.

On ne cherche donc pas à perpétuer sa famille, ou du moins on cherche à la perpétuer par d'autres moyens que par la propriété foncière.

Ainsi, non seulement la loi des successions rend difficile aux familles de conserver intacts les mêmes domaines, mais elle leur ôte le désir de le tenter, et elle les entraîne, en quelque sorte, à coopérer avec elle à leur propre ruine.

La loi du partage égal procède par deux voies : en agissant sur la chose, elle agit sur l'homme; en agissant sur l'homme, elle arrive à la chose.

Des deux manières elle parvient à attaquer profondément la propriété foncière et à faire disparaître avec rapidité les familles ainsi que les fortunes (1).

il cultive avec plus d'ardeur et de soin, et regagne par le travail ce qui lui manque du côté de l'art.

(1) La terre étant la propriété la plus solide, il se rencontre de temps en temps des hommes riches qui sont disposés à faire de grands sacrifices

Ce n'est pas sans doute à nous, Français du XIXe siècle, témoins journaliers des changements politiques et sociaux que la loi des successions fait naître, à mettre en doute son pouvoir. Chaque jour nous la voyons passer et repasser sans cesse sur notre sol, renversant sur son chemin les murs de nos demeures, et détruisant la clôture de nos champs. Mais si la loi des successions a déjà beaucoup fait parmi nous, beaucoup lui reste encore à faire. Nos souvenirs, nos opinions et nos habitudes lui opposent de puissants obstacles.

Aux États-Unis, son œuvre de destruction est à peu près terminée. C'est là qu'on peut étudier ses principaux résultats.

La législation anglaise sur la transmission des biens fut abolie dans presque tous les États à l'époque de la révolution.

La loi sur les substitutions fut modifiée de manière à ne gêner que d'une manière insensible la libre circulation des biens (G).

La première génération passa; les terres commen-

pour l'acquérir, et qui perdent volontiers une portion considérable de leur revenu pour assurer le reste. Mais ce sont là des accidents. L'amour de la propriété immobilière ne se retrouve plus habituellement que chez le pauvre. Le petit propriétaire foncier, qui a moins de lumières, moins d'imagination et moins de passions que le grand, n'est, en général, préoccupé que du désir d'augmenter son domaine, et souvent il arrive que les successions, les mariages, ou les chances du commerce, lui en fournissent peu à peu les moyens.

A côté de la tendance qui porte les hommes à diviser la terre, il en existe donc une autre qui les porte à l'agglomérer. Cette tendance, qui suffit à empêcher que les propriétés ne se divisent à l'infini, n'est pas assez forte pour créer de grandes fortunes territoriales, ni surtout pour les maintenir dans les mêmes familles.

cèrent à se diviser. Le mouvement devint de plus en plus rapide à mesure que le temps marchait. Aujourd'hui, quand soixante ans à peine se sont écoulés, l'aspect de la société est déjà méconnaissable ; les familles des grands propriétaires fonciers se sont presque toutes englouties au sein de la masse commune. Dans l'État de New-York, où on en comptait un très grand nombre, deux surnagent à peine sur le gouffre prêt à les saisir. Les fils de ces opulents citoyens sont aujourd'hui commerçants, avocats, médecins. La plupart sont tombés dans l'obscurité la plus profonde. La dernière trace des rangs et des distinctions héréditaires est détruite ; la loi des successions a partout passé son niveau.

Ce n'est pas qu'aux États-Unis comme ailleurs il n'y ait des riches ; je ne connais même pas de pays où l'amour de l'argent tienne une plus large place dans le cœur de l'homme, et où l'on professe un mépris plus profond pour la théorie de l'égalité permanente des biens. Mais la fortune y circule avec une incroyable rapidité, et l'expérience apprend qu'il est rare de voir deux générations en recueillir les faveurs.

Ce tableau, quelque coloré qu'on le suppose, ne donne encore qu'une idée incomplète de ce qui se passe dans les nouveaux États de l'Ouest et du Sud-Ouest.

A la fin du siècle dernier, de hardis aventuriers commencèrent à pénétrer dans les vallées du Mississipi. Ce fut comme une nouvelle découverte de l'Amérique : bientôt le gros de l'émigration s'y porta ; on vit alors des sociétés inconnues sortir tout-à-coup du désert. Des États, dont le nom même n'existait pas peu d'années auparavant, prirent rang au sein de l'Union américaine. C'est dans l'Ouest qu'on peut observer la démocratie parvenue à sa dernière limite. Dans ces États, improvisés en quelque sorte par la fortune, les habitants sont arrivés d'hier sur le sol qu'ils occupent. Ils se connaissent à peine les uns les autres, et chacun ignore l'histoire de son plus proche voisin. Dans cette partie du continent américain, la population échappe donc non seulement à l'influence des grands noms et des grandes richesses, mais à cette naturelle aristocratie qui découle des lumières et de la vertu. Nul n'y exerce ce respectable pouvoir que les hommes accordent au souvenir d'une vie entière occupée à faire le bien sous leurs yeux. Les nouveaux États de l'Ouest ont déjà des habitants; la société n'y existe point encore.

Mais ce ne sont pas seulement les fortunes qui sont égales en Amérique, l'égalité s'étend jusqu'à un certain point sur les intelligences elles-mêmes.

Je ne pense pas qu'il y ait de pays dans le monde où, proportion gardée avec la population, il se trouve aussi peu d'ignorants et moins de savants qu'en Amérique.

L'instruction primaire y est à la portée de chacun; l'instruction supérieure n'y est presque à la portée de personne.

Ceci se comprend sans peine, et est pour ainsi dire le résultat nécessaire de ce que nous avons avancé plus haut.

Presque tous les Américains ont de l'aisance; ils peuvent donc facilement se procurer les premiers éléments des connaissances humaines.

En Amérique, il y a peu de riches ; presque tous les Américains ont donc besoin d'exercer une profession. Or, toute profession exige un apprentissage. Les Américains ne peuvent donc donner à la culture générale de l'intelligence que les premières années de la vie : à quinze ans, ils entrent dans une carrière ; ainsi leur éducation finit le plus souvent à l'époque où la nôtre commence. Si elle se poursuit au-delà, elle ne se dirige plus que vers une matière spéciale et lucrative ; on étudie une science comme on prend un métier ; et l'on n'en saisit que les applications dont l'utilité présente est reconnue.

En Amérique, la plupart des riches ont commencé par être pauvres ; presque tous les oisifs ont été, dans leur jeunesse, des gens occupés ; d'où il résulte que, quand on pourrait avoir le goût de l'étude, on n'a pas le temps de s'y livrer ; et que, quand on a acquis le temps de s'y livrer, on n'en a plus le goût.

Il n'existe donc point en Amérique de classe dans laquelle le penchant des plaisirs intellectuels se transmette avec une aisance et des loisirs héréditaires, et qui tienne en honneur les travaux de l'intelligence.

Aussi la volonté de se livrer à ces travaux manque-t-elle aussi bien que le pouvoir.

Il s'est établi en Amérique, dans les connaissances humaines, un certain niveau mitoyen. Tous les esprits s'en sont rapprochés ; les uns en s'élevant, les autres en s'abaissant.

Il se rencontre donc une multitude immense d'individus qui ont le même nombre de notions à peu près en matière de religion, d'histoire, de sciences, d'économie politique, de législation, de gouvernement.

L'inégalité intellectuelle vient directement de Dieu, et l'homme ne saurait empêcher qu'elle ne se retrouve toujours.

Mais il arrive du moins de ce que nous venons de dire, que les intelligences, tout en restant inégales, ainsi que l'a voulu le Créateur, trouvent à leur disposition des moyens égaux.

Ainsi donc, de nos jours, en Amérique, l'élément aristocratique, toujours faible depuis sa naissance, est sinon détruit, du moins affaibli de telle sorte, qu'il est difficile de lui assigner une influence quelconque dans la marche des affaires.

Le temps, les événements et les lois y ont au contraire rendu l'élément démocratique, non pas seulement prépondérant, mais pour ainsi dire unique. Aucune influence de famille ni de corps ne s'y laisse apercevoir; souvent même on ne saurait y découvrir d'influence individuelle quelque peu durable.

L'Amérique présente donc, dans son état social, le plus étrange phénomène. Les hommes s'y montrent plus égaux par leur fortune et par leur intelligence, ou, en d'autres termes, plus également forts, qu'ils ne le sont dans aucun pays du monde, et qu'ils ne l'ont été dans aucun siècle dont l'histoire garde le souvenir.

CONSÉQUENCES POLITIQUES DE L'ÉTAT SOCIAL DES ANGLO-AMÉRICAINS.

Les conséquences politiques d'un pareil état social sont faciles à déduire.

Il est impossible de comprendre que l'égalité ne finisse pas par pénétrer dans le monde politique comme ailleurs. On ne saurait concevoir les hommes éternellement inégaux entre eux sur un seul point, égaux sur les autres; ils arriveront donc, dans un temps donné, à l'être sur tous.

Or, je ne sais que deux manières de faire régner l'égalité dans le monde politique : il faut donner des droits à chaque citoyen, ou n'en donner à personne.

Pour les peuples qui sont parvenus au même état social que les Anglo-Américains, il est donc très difficile d'apercevoir un terme moyen entre la souveraineté de tous et le pouvoir absolu d'un seul.

Il ne faut point se dissimuler que l'état social que je viens de décrire ne se prête presque aussi facilement à l'une et à l'autre de ces deux conséquences.

Il y a en effet une passion mâle et légitime pour l'égalité qui excite les hommes à vouloir être tous forts et estimés. Cette passion tend à élever les petits au rang des grands, mais il se rencontre aussi dans le cœur humain un goût dépravé pour l'égalité, qui porte les faibles à vouloir attirer les forts à leur niveau, et qui réduit les hommes à préférer l'égalité dans la servitude à l'inégalité dans la liberté. Ce n'est pas que les peuples dont l'état social est démocratique méprisent naturellement la liberté; ils ont au contraire un goût instinctif pour elle. Mais la liberté n'est pas l'objet principal et continu de leur désir ; ce qu'ils aiment d'un amour éternel, c'est l'égalité; ils s'élancent vers la liberté par impulsion rapide et par efforts soudains, et, s'ils manquent le but, ils se résignent ; mais rien ne saurait les satisfaire sans l'égalité, et ils consentiraient plutôt à périr qu'à la perdre.

D'un autre côté, quand les citoyens sont tous à peu près égaux, il leur devient difficile de défendre leur indépendance contre les agressions du pouvoir. Aucun d'entre eux n'étant alors assez fort pour lutter seul avec avantage, il n'y a que la combinaison des forces de tous qui puisse garantir la liberté. Or, une pareille combinaison ne se rencontre pas toujours.

Les peuples peuvent donc tirer deux grandes conséquences politiques du même état social : ces conséquences diffèrent prodigieusement entre elles, mais elles sortent toutes deux du même fait.

Soumis les premiers à cette redoutable alternative que je viens de décrire, les Anglo-Américains ont été assez heureux pour échapper au pouvoir absolu. Les circonstances, l'origine, les lumières, et surtout les mœurs, leur ont permis de fonder et de maintenir la souveraineté du peuple.

CHAPITRE IV.

DU PRINCIPE DE LA SOUVERAINETÉ DU PEUPLE EN AMÉRIQUE.

Il domine toute la société américaine. — Application que les Américains faisaient déjà de ce principe avant leur révolution. — Dévelopment que lui a donné cette révolution. — Abaissement graduel et irrésistible du cens.

Lorsqu'on veut parler des lois politiques des États-Unis, c'est toujours par le dogme de la souveraineté du peuple qu'il faut commencer.

Le principe de la souveraineté du peuple, qui se trouve toujours plus ou moins au fond de presque toutes les institutions humaines, y demeure d'ordinaire comme enseveli. On lui obéit sans le reconnaître, ou si parfois il arrive de le produire un moment au grand jour, on se hâte bientôt de le replonger dans les ténèbres du sanctuaire.

La volonté nationale est un des mots dont les intrigants de tous les temps et les despotes de tous les âges ont le plus largement abusé. Les uns en ont vu l'expression dans les suffrages achetés de quelques agents du pouvoir; d'autres dans les votes d'une minorité intéressée ou craintive; il y en a même qui l'ont découverte toute formulée dans le silence des peuples, et qui ont pensé que du *fait* de l'obéissance naissait pour eux le *droit* du commandement.

En Amérique, le principe de la souveraineté du peuple n'est point caché ou stérile comme chez certaines nations; il est reconnu par les mœurs, proclamé par les lois; il s'étend avec liberté, et atteint sans obstacles ses dernières conséquences.

S'il est un seul pays au monde où l'on puisse espérer apprécier à sa juste valeur le dogme de la souveraineté du peuple, l'étudier dans son application aux affaires de la société, et juger ses avantages et ses dangers, ce pays-là est assurément l'Amérique.

J'ai dit précédemment que, dès l'origine, le principe de la souveraineté du peuple avait été le principe générateur de la plupart des colonies anglaises d'Amérique.

Il s'en fallut de beaucoup cependant qu'il dominât alors le gouvernement de la société comme il le fait de nos jours.

Deux obstacles, l'un extérieur, l'autre intérieur, retardaient sa marche envahissante.

Il ne pouvait se faire jour ostensiblement au sein des lois, puisque les colonies étaient encore contraintes d'obéir à la métropole; il était donc réduit à se cacher dans les assemblées provinciales et surtout dans la commune. Là il s'étendait en secret.

La société américaine d'alors n'était point encore préparée à l'adopter dans toutes ses conséquences. Les lumières dans la Nouvelle-Angleterre, les richesses au sud de l'Hudson, exercèrent long-temps, comme je l'ai fait voir dans le chapitre qui précède, une sorte d'influence aristocratique qui tendait à resserrer en peu de mains l'exercice des pouvoirs sociaux. Il s'en fallait encore beaucoup que tous les fonctionnaires publics fussent électifs et tous les citoyens électeurs. Le droit électoral était partout renfermé dans de certaines limites, et subordonné à l'existence d'un cens. Ce cens était très faible au Nord, plus considérable au Midi.

La révolution d'Amérique éclata. Le dogme de la souveraineté du peuple sortit de la commune, et s'empara du gouvernement; toutes les classes se compromirent pour sa cause; on combattit, et on triompha en son nom; il devint la loi des lois.

Un changement presque aussi rapide s'effectua dans l'intérieur de la société. La loi des successions acheva de briser les influences locales.

Au moment où cet effet des lois et de la révolution commença à se révéler à tous les yeux, la victoire avait déjà irrévocablement prononcé en faveur de la démocratie. Le pouvoir était, par le fait, entre ses mains. Il n'était même plus permis de lutter contre elle. Les hautes classes se soumirent donc sans murmure et sans combat à un mal désormais inévitable. Il leur arriva ce qui arrive d'ordinaire aux puissances qui tombent : l'égoïsme individuel s'empara de leurs membres; comme on ne pouvait plus arracher la force des mains du peuple, et qu'on ne détestait point assez la multitude pour prendre plaisir à la braver, on ne songea plus à gagner sa bienveillance à tout prix. Les lois les plus démocratiques furent donc votées à l'envi par les hommes dont elles froissaient le plus les intérêts. De cette manière, les hautes classes n'excitèrent point contre elles les passions populaires; mais elles hâtèrent elles-mêmes le triomphe de l'ordre nouveau. Ainsi, chose singulière! on vit l'élan démocratique d'autant plus irrésistible dans les États où l'aristocratie avait le plus racines.

L'État du Maryland, qui avait été fondé par de grands seigneurs, proclama le premier le vote universel (1), et introduisit dans l'ensemble de son gouvernement les formes les plus démocratiques.

Lorsqu'un peuple commence à toucher au cens électoral, on peut prévoir qu'il arrivera, dans un délai plus ou moins long, à le faire disparaître complétement. C'est là l'une des règles les plus invariables qui régissent les sociétés. A mesure qu'on recule la limite des droits électoraux, on sent le besoin de la reculer davantage; car, après chaque concession nouvelle, les forces de la démocratie augmentent, et ses exigences croissent avec son nouveau pouvoir. L'ambition de ceux qu'on laisse au-dessous du cens s'irrite en proportion du grand nombre de ceux qui se trouvent au-dessus. L'exception devient enfin la règle; les concessions se succèdent sans relâche, et l'on ne s'arrête plus que quand on est arrivé au suffrage universel.

De nos jours le principe de la souveraineté du peuple a pris aux États-Unis tous les développements pratiques que l'imagination puisse concevoir. Il s'est dégagé de toutes les fictions dont on a pris soin de l'environner ailleurs; on le voit se revêtir successivement de toutes les formes, suivant la nécessité des cas. Tantôt le peuple en corps fait les lois comme à

(1) Amendements faits à la constitution du Maryland en 1801 et 1809.

Athènes; tantôt des députés, que le vote universel a créés, le représentent et agissent en son nom sous sa surveillance presque immédiate.

Il y a des pays où un pouvoir, en quelque sorte extérieur au corps social, agit sur lui et le force de marcher dans une certaine voie.

Il y en a d'autres où la force est divisée, étant tout à la fois placée dans la société et hors d'elle. Rien de semblable ne se voit aux États-Unis; la société y agit par elle-même et sur elle-même. Il n'existe de puissance que dans son sein; on ne rencontre même presque personne qui ose concevoir et surtout exprimer l'idée d'en chercher ailleurs. Le peuple participe à la composition des lois par le choix des législateurs, à leur application par l'élection des agents du pouvoir exécutif; on peut dire qu'il gouverne lui-même, tant la part laissée à l'administration est faible et restreinte, tant celle-ci se ressent de son origine populaire et obéit à la puissance dont elle émane. Le peuple règne sur le monde politique américain comme Dieu sur l'univers. Il est la cause et la fin de toutes choses; tout en sort et tout s'y absorbe (*H*).

CHAPITRE V.

NÉCESSITÉ D'ÉTUDIER CE QUI SE PASSE DANS LES ÉTATS PARTICULIERS, AVANT DE PARLER DU GOUVERNEMENT DE L'UNION.

—

On se propose d'examiner, dans le chapitre suivant, quelle est en Amérique la forme du gouvernement fondé sur le principe de la souveraineté du peuple; quels sont ses moyens d'action, ses embarras, ses avantages et ses dangers.

Une première difficulté se présente : les États-Unis ont une constitution complexe; on y remarque deux sociétés distinctes engagées, et, si je puis m'expliquer ainsi, emboîtées l'une dans l'autre; on y voit deux gouvernements complétement séparés et presque indépendants : l'un, habituel et indéfini, qui répond aux besoins journaliers de la société; l'autre, exceptionnel et circonscrit, qui ne s'applique qu'à certains intérêts généraux. Ce sont, en un mot, vingt-quatre petites nations souveraines, dont l'ensemble forme le grand corps de l'Union.

Examiner l'Union avant d'étudier l'État, c'est s'engager dans une route semée d'obstacles. La forme du gouvernement fédéral aux États-Unis a paru la dernière; elle n'a été qu'une modification de la république, un résumé des principes politiques répandus dans la société entière avant elle, et y subsistant indépendamment d'elle. Le gouvernement fédéral, d'ailleurs, comme je viens de le dire, n'est qu'une exception ; le gouvernement des États est la règle commune. L'écrivain qui voudrait faire connaître l'ensemble d'un pareil tableau avant d'en avoir montré les détails, tomberait nécessairement dans des obscurités ou des redites.

Les grands principes politiques qui régissent aujourd'hui la société américaine ont pris naissance et se sont développés dans l'*État;* on ne saurait en douter. C'est donc l'État qu'il faut connaître pour avoir la clef de tout le reste.

Les États qui composent de nos jours l'Union américaine, présentent tous, quant à l'aspect extérieur des institutions, le même spectacle. La vie politique ou administrative s'y trouve concentrée dans trois foyers d'action, qu'on pourrait comparer aux divers centres nerveux qui font mouvoir le corps humain.

Au premier degré se trouve la *commune*, plus haut le *comté*, enfin l'*État*.

DU SYSTÈME COMMUNAL EN AMÉRIQUE.

Pourquoi l'auteur commence l'examen des institutions politiques par la commune. — La commune se retrouve chez tous les peuples. — Difficulté d'établir et de conserver la liberté communale. — Son importance. — Pourquoi l'auteur a choisi l'organisation communale de la Nouvelle-Angleterre pour objet principal de son examen.

Ce n'est pas par hasard que j'examine d'abord la commune.

La commune est la seule association qui soit si bien dans la nature, que partout où il y a des hommes réunis, il se forme de soi-même une commune.

La société communale existe donc chez tous les peuples quels que soient leurs usages et leurs lois; c'est l'homme qui fait les royaumes et crée les républiques; la commune paraît sortir directement des mains de Dieu. Mais si la commune existe depuis qu'il y a des hommes, la liberté communale est chose rare et fragile. Un peuple peut toujours établir de grandes assemblées politiques, parce qu'il se trouve habituellement dans son sein un certain nombre d'hommes chez lesquels les lumières remplacent jusqu'à un certain point l'usage des affaires. La commune est composée d'éléments grossiers qui se refusent souvent à l'action du législateur. La difficulté de fonder l'indépendance des communes, au lieu de diminuer à mesure que les nations s'éclairent, augmente avec leurs lumières. Une société très civilisée ne tolère qu'avec peine les essais de la liberté communale; elle se révolte à la vue de ses nombreux écarts, et désespère du succès avant d'avoir atteint le résultat final de l'expérience.

Parmi toutes les libertés, celle des communes, qui s'établit si difficilement, est aussi la plus exposée aux invasions du pouvoir. Livrées à elles-mêmes, les institutions communales ne sauraient guère lutter contre un gouvernement entreprenant et fort; pour se défendre avec succès, il faut qu'elles aient pris tous leurs développements et qu'elles se soient mêlées aux idées et aux habitudes nationales. Ainsi, tant que la liberté communale n'est pas entrée dans les mœurs, il est facile de la détruire, et elle ne peut entrer dans les mœurs qu'après avoir long-temps subsisté dans les lois.

La liberté communale échappe donc, pour ainsi dire, à l'effort de l'homme. Aussi arrive-t-il rarement qu'elle soit créée; elle naît en quelque sorte d'elle-même. Elle se développe presque en secret au sein d'une société demi-barbare. C'est l'action continue des lois et des mœurs, les circonstances et surtout le temps, qui parviennent à la consolider. De toutes les nations du continent de l'Europe, on peut dire qu'il n'y en a pas une seule qui la connaisse.

C'est pourtant dans la commune que réside la force des peuples libres. Les institutions communales sont à la liberté ce que les écoles primaires sont à la science; elles la mettent à la portée du peuple; elles lui en font goûter l'usage paisible et l'habituent à s'en servir. Sans institutions communales une nation peut se donner un gouvernement libre, mais elle n'a pas l'esprit de la liberté. Des passions passagères, des intérêts d'un moment, le hasard des circonstances, peuvent lui donner les formes extérieures de l'indépendance; mais le despotisme refoulé dans l'intérieur du corps social reparaît tôt ou tard à la surface.

Pour faire bien comprendre au lecteur les principes généraux sur lesquels repose l'organisation politique de la commune et du comté aux États-Unis, j'ai cru qu'il était utile de prendre pour modèle un État en particulier; d'examiner avec détail ce qui s'y passe, et de jeter ensuite un regard rapide sur le reste du pays.

J'ai choisi l'un des États de la Nouvelle-Angleterre.

La commune et le comté ne sont pas organisés de la même manière dans toutes les parties de l'Union; il est facile de reconnaître, cependant, que dans toute l'Union les mêmes principes, à peu près, ont présidé à la formation de l'un et de l'autre.

Or, il m'a paru que ces principes avaient reçu dans la Nouvelle-Angleterre des développements plus considérables, et atteint des conséquences plus éloignées que partout ailleurs. Ils s'y montrent donc pour ainsi dire plus en relief, et se livrent ainsi plus aisément à l'observation de l'étranger.

Les institutions communales de la Nouvelle-Angleterre forment un ensemble complet et régulier; elles sont anciennes; elles sont fortes par les lois, plus fortes encore par les mœurs; elles exercent une influence prodigieuse sur la société entière.

A tous ces titres elles méritent d'attirer nos regards.

CIRCONSCRIPTION DE LA COMMUNE.

La commune de la Nouvelle-Angleterre (*Township*) tient le milieu entre le canton et la commune de France. On y compte en général de deux à trois mille habitants (1); elle n'est donc point assez étendue pour que tous ses habitants n'aient pas à peu près les mêmes intérêts, et, d'un autre côté, elle est assez peuplée pour qu'on soit toujours sûr de trouver dans son sein les éléments d'une bonne administration.

(1) Le nombre des communes, dans l'État de Massachusetts, était, en 1830, de 305; le nombre des habitants de 610,014; ce qui donne à peu près un terme moyen de 2,000 habitants par commune.

POUVOIRS COMMUNAUX DE LA NOUVELLE-ANGLETERRE.

Le peuple, origine de tous les pouvoirs dans la commune comme ailleurs. — Il y traite les principales affaires par lui-même. — Point de conseil municipal. — La plus grande partie de l'autorité communale concentrée dans la main des *select-men*. — Comment les select-men agissent. — Assemblée générale des habitants de la commune (*Town-Meeting*). — Énumération de tous les fonctionnaires communaux. — Fonctions obligatoires et rétribuées.

Dans la commune comme partout ailleurs, le peuple est la source des pouvoirs sociaux, mais nulle part il n'exerce sa puissance plus immédiatement. Le peuple, en Amérique, est un maître auquel il a fallu complaire jusqu'aux dernières limites du possible.

Dans la Nouvelle-Angleterre, la majorité agit par représentants lorsqu'il faut traiter les affaires générales de l'État. Il était nécessaire qu'il en fût ainsi ; mais dans la commune où l'action législative et gouvernementale est plus rapprochée des gouvernés, la loi de la représentation n'est point admise. Il n'y a point de conseil municipal ; le corps des électeurs, après avoir nommé ses magistrats, les dirige lui-même dans tout ce qui n'est pas l'exécution pure et simple des lois de l'État (1).

Cet ordre de choses est si contraire à nos idées, et

(1) Les mêmes règles ne sont pas applicables aux grandes communes. Celles-ci ont en général un maire et un corps municipal divisé en deux branches ; mais c'est là une exception qui a besoin d'être autorisée par une loi. Voyez la loi du 22 février 1822, régulatrice des pouvoirs de la ville de Boston. *Laws of Massachusetts*, vol. 2, p. 588. Ceci s'applique aux grandes villes. Il arrive fréquemment aussi que les petites villes sont soumises à une administration particulière. On comptait en 1832 104 communes administrées de cette manière dans l'État de New-York (*William's-Register*).

tellement opposé à nos habitudes, qu'il est nécessaire de fournir ici quelques exemples pour qu'il soit possible de bien le comprendre.

Les fonctions publiques sont extrêmement nombreuses et fort divisées dans la commune, comme nous le verrons plus bas; cependant la plus grande partie des pouvoirs administratifs est concentrée dans les mains d'un petit nombre d'individus élus chaque année et qu'on nomme les select-men (1).

Les lois générales de l'État ont imposé aux select-men un certain nombre d'obligations. Ils n'ont pas besoin de l'autorisation de leurs administrés pour les remplir, et ils ne peuvent s'y soustraire sans engager leur responsabilité personnelle. La loi de l'État les charge, par exemple, de former, dans leur commune, les listes électorales; s'ils omettent de le faire, ils se rendent coupables d'un délit. Mais, dans toutes les choses qui sont abandonnées à la direction du pouvoir communal, les select-men sont les exécuteurs des volontés populaires, comme parmi nous le maire est l'exécuteur des délibérations du conseil municipal. Le plus souvent ils agissent sous leur responsabilité privée, et ne font que suivre, dans la pratique, la conséquence des principes que la majorité a précédemment posés. Mais veulent-ils introduire un changement quelconque dans l'ordre établi; désirent-ils se

(1) On en élit trois dans les plus petites communes, neuf dans les plus grandes. Voyez *The Town officer*, p. 186. Voyez aussi les principales lois du Massachusetts relatives aux select-men :

Loi du 20 février 1786, vol. 1, p. 219; — du 24 février 1796, vol. 1 p. 488; — 7 mars 1801, vol. 2, p. 45; — 16 juin 1795, vol. 1, p. 475 — 12 mars 1808, vol. 2, p. 186; — 28 février 1787, vol. 1, p. 302; — 22 juin 1797, vol. 1, pag. 539.

livrer à une entreprise nouvelle, il leur faut remonter à la source de leur pouvoir. Je suppose qu'il s'agisse d'établir une école; les select-men convoquent à certain jour, dans un lieu indiqué d'avance, la totalité des électeurs; là, ils exposent le besoin qui se fait sentir; ils font connaître les moyens d'y satisfaire, l'argent qu'il faut dépenser, le lieu qu'il convient de choisir. L'assemblée, consultée sur tous ces points, adopte le principe, fixe le lieu, vote l'impôt, et remet l'exécution de ses volontés dans les mains des select-men.

Les select-men ont seuls le droit de convoquer la réunion communale (*town-meeting*), mais on peut les provoquer à le faire. Si dix propriétaires conçoivent un projet nouveau et veulent le soumettre à l'assentiment de la commune, ils réclament une convocation générale des habitants; les select-men sont obligés d'y souscrire, et ne conservent que le droit de présider l'assemblée (1).

Ces mœurs politiques, ces usages sociaux sont sans doute bien loin de nous. Je n'ai pas en ce moment la volonté de les juger ni de faire connaître les causes cachées qui les produisent et les vivifient; je me borne à les exposer.

Les select-men sont élus tous les ans au mois d'avril ou de mai. L'assemblée communale choisit en même temps une foule d'autres magistrats municipaux (2), préposés à certains détails administratifs importants. Les uns, sous le nom d'assesseurs, doivent établir l'impôt; les autres, sous celui de collec-

---

(1) Voyez *Laws of Massachusetts*, vol. 1, p. 150; loi du 22 mars 1796.
(2) *Ibid.*

teurs, doivent le lever. Un officier, appelé constable, est chargé de faire la police, de veiller sur les lieux publics, et de tenir la main à l'exécution matérielle des lois. Un autre, nommé le greffier de la commune, enregistre toutes les délibérations ; il tient note des actes de l'état civil. Un caissier garde les fonds communaux. Ajoutez à ces fonctionnaires un surveillant des pauvres, dont le devoir, fort difficile à remplir, est de faire exécuter la législation relative aux indigents; des commissaires des écoles, qui dirigent l'instruction publique ; des inspecteurs des routes, qui se chargent de tous les détails de la grande et petite voirie, et vous aurez la liste des principaux agents de l'administration communale. Mais la division des fonctions ne s'arrête point là : on trouve encore, parmi les officiers municipaux (1), des commissaires de paroisses, qui doivent régler les dépenses du culte; des inspecteurs de plusieurs genres, chargés, les uns de diriger les efforts des citoyens en cas d'incendie; les autres, de veiller aux récoltes; ceux-ci, de lever provisoirement les difficultés qui peuvent naître relativement aux clôtures; ceux-là, de surveiller le mesurage du bois, ou d'inspecter les poids et mesures.

On compte en tout dix-neuf fonctions principales dans la commune. Chaque habitant est contraint, sous peine d'amende, d'accepter ces différentes fonctions; mais aussi la plupart d'entre elles sont rétri-

(1) Tous ces magistrats existent réellement dans la pratique.
Pour connaître les détails des fonctions de tous ces magistrats communaux, voyez le livre intitulé : *Town officer, by Isaac Goodwin; Worcester,* 1827; et la collection des lois générales du Massachusetts en 3 vol. Boston, 1823.

buées, afin que les citoyens pauvres puissent y consacrer leur temps sans en souffrir de préjudice. Du reste, le système américain n'est point de donner un traitement fixe aux fonctionnaires. En général, chaque acte de leur ministère a un prix, et ils ne sont rémunérés qu'en proportion de ce qu'ils ont fait.

DE L'EXISTENCE COMMUNALE.

Chacun est le meilleur juge de ce qui ne regarde que lui seul. — Corollaire du principe de la souveraineté du peuple. — Application que font les communes américaines de ces doctrines. — La commune de la Nouvelle-Angleterre, souveraine pour tout ce qui ne se rapporte qu'à elle, sujette dans tout le reste. — Obligation de la commune envers l'État. — En France, le gouvernement prête ses agents à la commune. — En Amérique, la commune prête les siens au gouvernement.

J'ai dit précédemment que le principe de la souveraineté du peuple plane sur tout le système politique des Anglo-Américains. Chaque page de ce livre fera connaître quelques applications nouvelles de cette doctrine.

Chez les nations où règne le dogme de la souveraineté du peuple, chaque individu forme une portion égale du souverain, et participe également au gouvernement de l'État.

Chaque individu est donc censé aussi éclairé, aussi vertueux, aussi fort qu'aucun autre de ses semblables.

Pourquoi obéit-il donc à la société, et quelles sont les limites naturelles de cette obéissance ?

Il obéit à la société, non point parce qu'il est inférieur à ceux qui la dirigent, ou moins capable qu'un autre homme de se gouverner lui-même ; il obéit à la société, parce que l'union avec ses semblables lui paraît utile, et qu'il sait que cette union ne peut exister sans un pouvoir régulateur.

Dans tout ce qui concerne les devoirs des citoyens entre eux, il est donc devenu sujet. Dans tout ce qui ne regarde que lui-même, il est resté maître : il est libre, et ne doit compte de ses actions qu'à Dieu. De là cette maxime, que l'individu est le meilleur comme le seul juge de son intérêt particulier, et que la société n'a le droit de diriger ses actions que quand elle se sent lésée par son fait, ou lorsqu'elle a besoin de réclamer son concours.

Cette doctrine est universellement admise aux États-Unis. J'examinerai autre part quelle influence générale elle exerce jusque sur les actions ordinaires de la vie ; mais je parle en ce moment des communes.

La commune, prise en masse et par rapport au gouvernement central, n'est qu'un individu comme un autre, auquel s'applique la théorie que je viens d'indiquer.

La liberté communale découle donc, aux États-Unis, du dogme même de la souveraineté du peuple ; toutes les républiques américaines ont plus ou moins reconnu cette indépendance ; mais chez les peuples de la Nouvelle-Angleterre, les circonstances en ont particulièrement favorisé le développement.

Dans cette partie de l'Union, la vie politique a pris naissance au sein même des communes ; on pourrait presque dire qu'à son origine chacune d'elles était une nation indépendante. Lorsqu'ensuite les rois d'Angleterre réclamèrent leur part de la souveraineté, ils se bornèrent à prendre la puissance centrale. Ils laissèrent la commune dans l'état où ils la trouvèrent; maintenant les communes de la Nouvelle-Angleterre sont sujettes; mais dans le principe elles ne l'étaient point ou l'étaient à peine Elles n'ont donc pas reçu leurs pouvoirs; ce sont elles au contraire qui semblent s'être dessaisies, en faveur de l'État, d'une portion de leur indépendance : distinction importante, et qui doit rester présente à l'esprit du lecteur.

Les communes ne sont en général soumises à l'État que quand il s'agit d'un intérêt que j'appellerai *social*, c'est-à-dire qu'elles partagent avec d'autres.

Pour tout ce qui n'a rapport qu'à elles seules, les communes sont restées des corps indépendants; et parmi les habitants de la Nouvelle-Angleterre, il ne s'en rencontre aucun, je pense, qui reconnaisse au gouvernement de l'État le droit d'intervenir dans la direction des intérêts purement communaux.

On voit donc les communes de la Nouvelle-Angleterre vendre et acheter, attaquer et se défendre devant les tribunaux, charger leur budget ou le dégrever, sans qu'aucune autorité administrative quelconque songe à s'y opposer (1).

Quant aux devoirs sociaux, elles sont tenues d'y satisfaire. Ainsi, l'État a-t-il besoin d'argent, la commune n'est pas libre de lui accorder ou de lui refuser son concours (2). L'État veut-il ouvrir une route, la commune n'est pas maîtresse de lui fermer son territoire. Fait-il un règlement de police, la commune doit l'exécuter. Veut-il organiser l'instruction

(1) Voyez *Laws of Massachusetts,* loi du 23 mars 1796, vol. 1, p. 250.
(2) *Ibid.,* loi du 20 février 1786, vol. 1, p. 217.

sur un plan uniforme dans toute l'étendue du pays, la commune est tenue de créer les écoles voulues par la loi (1). Nous verrons, lorsque nous parlerons de l'administration aux États-Unis, comment et par qui les communes, dans tous ces différents cas, sont contraintes à l'obéissance. Je ne veux ici qu'établir l'existence de l'obligation. Cette obligation est étroite, mais le gouvernement de l'État, en l'imposant, ne fait que décréter un principe; pour son exécution, la commune rentre en général dans tous ses droits d'individualité. Ainsi, la taxe est, il est vrai, votée par la législature, mais c'est la commune qui la répartit et la perçoit; l'existence d'une école est imposée, mais c'est la commune qui la bâtit, la paie et la dirige.

En France, le percepteur de l'État lève les taxes communales; en Amérique, le percepteur de la commune lève la taxe de l'État.

Ainsi, parmi nous, le gouvernement central prête ses agents à la commune; en Amérique, la commune prête ses fonctionnaires au gouvernement. Cela seul fait comprendre à quel degré les deux sociétés diffèrent.

(1) Voyez même collection, loi du 25 juin 1789, et 8 mars 1827, vol. 1, p. 367, et vol. 3, p. 179.

DE L'ESPRIT COMMUNAL DANS LA NOUVELLE-ANGLETERRE.

Pourquoi la commune de la Nouvelle-Angleterre attire les affections de ceux qui l'habitent. — Difficulté qu'on rencontre en Europe à créer l'esprit communal. — Droits et devoirs communaux concourant en Amérique à former cet esprit. — La patrie a plus de physionomie aux États-Unis qu'ailleurs. — En quoi l'esprit communal se manifeste dans la Nouvelle-Angleterre. — Quels heureux effets il y produit.

En Amérique, non seulement il existe des institutions communales, mais encore un esprit communal qui les soutient et les vivifie.

La commune de la Nouvelle-Angleterre réunit deux avantages qui, partout où ils se trouvent, excitent vivement l'intérêt des hommes; savoir : l'indépendance et la puissance. Elle agit, il est vrai, dans un cercle dont elle ne peut sortir, mais ses mouvements y sont libres. Cette indépendance seule lui donnerait déjà une importance réelle, quand sa population et son étendue ne la lui assureraient pas.

Il faut bien se persuader que les affections des hommes ne se portent en général que là où il y a de la force. On ne voit pas l'amour de la patrie régner long-temps dans un pays conquis. L'habitant de la Nouvelle-Angleterre s'attache à sa commune, non pas tant parce qu'il y est né, que parce qu'il voit dans cette commune une corporation libre et forte dont il fait partie, et qui mérite la peine qu'on cherche à la diriger.

Il arrive souvent, en Europe, que les gouvernants eux-mêmes regrettent l'absence de l'esprit communal; car tout le monde convient que l'esprit communal est un grand élément d'ordre et de tranquillité publique;

mais ils ne savent comment le produire. En rendant la commune forte et indépendante, ils craignent de partager la puissance sociale et d'exposer l'État à l'anarchie. Or, ôtez la force et l'indépendance de la commune, vous n'y trouverez jamais que des administrés et point de citoyens.

Remarquez d'ailleurs un fait important: la commune de la Nouvelle-Angleterre est ainsi constituée qu'elle peut servir de foyer à de vives affections, et en même temps il ne se trouve rien à côté d'elle qui attire fortement les passions ambitieuses du cœur humain.

Les fonctionnaires du comté ne sont point élus et leur autorité est restreinte. L'État lui-même n'a qu'une importance secondaire; son existence est obscure et tranquille. Il y a peu d'hommes qui, pour obtenir le droit de l'administrer, consentent à s'éloigner du centre de leurs intérêts et à troubler leur existence.

Le gouvernement fédéral confère de la puissance et de la gloire à ceux qui le dirigent; mais les hommes auxquels il est donné d'influer sur ses destinées sont en très petit nombre. La présidence est une haute magistrature à laquelle on ne parvient guère que dans un âge avancé; et quand on arrive aux autres fonctions fédérales d'un ordre élevé, c'est en quelque sorte par hasard, et après qu'on s'est déjà rendu célèbre en suivant une autre carrière. L'ambition ne peut pas les prendre pour le but permanent de ses efforts. C'est dans la commune, au centre des relations ordinaires de la vie, que viennent se concentrer le désir de l'estime, le besoin d'intérêts réels, le goût du pouvoir et du bruit; ces passions qui troublent si souvent la société, changent de caractère lorsqu'elles peuvent s'exercer ainsi près du foyer domestique et en quelque sorte au sein de la famille.

Voyez avec quel art, dans la commune américaine, on a eu soin, si je puis m'exprimer ainsi, d'*éparpiller* la puissance, afin d'intéresser plus de monde à la chose publique. Indépendamment des électeurs appelés de temps en temps à faire des actes de gouvernement, que de fonctions diverses, que de magistrats différents, qui tous, dans le cercle de leurs attributions, représentent la corporation puissante au nom de laquelle ils agissent! Combien d'hommes exploitent ainsi à leur profit la puissance communale et s'y intéressent pour eux-mêmes!

Le système américain, en même temps qu'il partage le pouvoir municipal entre un grand nombre de citoyens, ne craint pas non plus de multiplier les devoirs communaux. Aux États-Unis on pense avec raison que l'amour de la patrie est une espèce de culte auquel les hommes s'attachent par les pratiques.

De cette manière, la vie communale se fait en quelque sorte sentir à chaque instant; elle se manifeste chaque jour par l'accomplissement d'un devoir ou par l'exercice d'un droit. Cette existence politique imprime à la société un mouvement continuel, mais en même temps paisible, qui l'agite sans la troubler.

Les Américains s'attachent à la cité par une raison analogue à celle qui fait aimer leur pays aux habitants des montagnes. Chez eux la patrie a des traits marqués et caractéristiques; elle a plus de physionomie qu'ailleurs.

Les communes de la Nouvelle-Angleterre ont en général une existence heureuse. Leur gouvernement est de leur goût aussi bien que de leur choix. Au sein de la paix profonde et de la prospérité matérielle qui règnent en Amérique, les organes de la vie municipale sont peu nombreux. La direction des intérêts communaux est aisée. De plus, il y a long-temps que l'éducation politique du peuple est faite, ou plutôt il est arrivé tout instruit sur le sol qu'il occupe. Dans la Nouvelle-Angleterre, la division des rangs n'existe pas même en souvenir; il n'y a donc point de portion de la commune qui soit tentée d'opprimer l'autre, et les injustices, qui ne frappent que des individus isolés, se perdent dans le contentement général. Le gouvernement présentât-il des défauts, et certes il est facile d'en signaler, ils ne frappent point les regards, parce que le gouvernement émane réellement des gouvernés, et qu'il lui suffit de marcher tant bien que mal, pour qu'une sorte d'orgueil paternel le protège. Ils n'ont rien d'ailleurs à quoi le comparer. L'Angleterre a jadis régné sur l'ensemble des colonies, mais le peuple a toujours dirigé les affaires communales. La souveraineté du peuple dans la commune est donc non seulement un état ancien, mais un état primitif.

L'habitant de la Nouvelle-Angleterre s'attache à sa commune, parce qu'elle est forte et indépendante; il s'y intéresse, parce qu'il concourt à la diriger; il l'aime, parce qu'il n'a pas à s'y plaindre de son sort : il place en elle son ambition et son avenir; il se mêle à chacun des incidents de la vie communale : dans cette sphère restreinte qui est à sa portée, il s'essaie à gouverner la société; il s'habitue aux formes sans lesquelles la liberté ne procède que par révolutions, se pénètre de leur esprit, prend goût à l'ordre, comprend l'harmonie des pouvoirs, et rassemble enfin des idées claires et pratiques sur la nature de ses devoirs ainsi que sur l'étendue de ses droits.

DU COMTÉ DANS LA NOUVELLE-ANGLETERRE.

Le comté de la Nouvelle-Angleterre, analogue à l'arrondissement de France. — Créé dans un intérêt purement administratif. — N'a point de représentation.—Est administré par des fonctionnaires non électifs.

Le comté américain a beaucoup d'analogie avec l'arrondissement de France. On lui a tracé, comme à ce dernier, une circonscription arbitraire; il forme un corps dont les différentes parties n'ont point entre elles de liens nécessaires, et auquel ne se rattachent ni affection ni souvenir, ni communauté d'existence. Il n'est créé que dans un intérêt purement administratif.

La commune avait une étendue trop restreinte pour qu'on pût y renfermer l'administration de la justice. Le comté forme donc le premier centre judiciaire. Chaque comté a une cour de justice (1), un shérif pour exécuter les arrêts des tribunaux, une prison qui doit contenir les criminels.

Il y a des besoins qui sont ressentis d'une manière à peu près égale par toutes les communes du comté; il était naturel qu'une autorité centrale fût chargée d'y pourvoir. Au Massachusetts, cette autorité réside

---

(1) Voyez la loi du 14 février 1821, *Laws of Massachusetts*, vol. 1, p. 551.

dans les mains d'un certain nombre de magistrats, que désigne le gouverneur de l'État, de l'avis (1) de son conseil (2).

Les administrateurs du comté n'ont qu'un pouvoir borné et exceptionnel, qui ne s'applique qu'à un très petit nombre de cas prévus à l'avance. L'État et la commune suffisent à la marche ordinaire des choses. Ces administrateurs ne font que préparer le budget du comté, la législature le vote (3). Il n'y a point d'assemblée qui représente directement ou indirectement le comté.

Le comté n'a donc point, à vrai dire, d'existence politique.

On remarque, dans la plupart des constitutions américaines, une double tendance qui porte les législateurs à diviser le pouvoir exécutif et à concentrer la puissance législative. La commune de la Nouvelle-Angleterre a, par elle-même, un principe d'existence dont on ne la dépouille point; mais il faudrait créer fictivement cette vie dans le comté, et l'utilité n'en a point été sentie : toutes les communes réunies n'ont qu'une seule représentation, l'État, centre de tous les pouvoirs nationaux; hors de l'action communale et nationale, on peut dire qu'il n'y a que des forces individuelles.

---

(1) Voyez la loi du 20 février 1819, *Laws of Massachusetts*, vol 2, p. 494.
(2) Le conseil du gouverneur est un corps électif.
(3) Voyez la loi du 2 novembre 1791, *Laws of Massachusetts*, vol. 1, p. 61.

DE L'ADMINISTRATION DANS LA NOUVELLE-ANGLETERRE.

En Amérique, on n'aperçoit point l'administration. — Pourquoi. — Les Européens croient fonder la liberté en ôtant au pouvoir social quelques uns de ses droits ; les Américains, en divisant son exercice. — Presque toute l'administration proprement dite renfermée dans la commune, et divisée entre les fonctionnaires communaux. — On n'aperçoit la trace d'une hiérarchie administrative, ni dans la commune, ni au-dessus d'elle. — Pourquoi il en est ainsi. — Comment il arrive cependant que l'État est administré d'une manière uniforme. — Qui est chargé de faire obéir à la loi les administrations de la commune et du comté. — De l'introduction du pouvoir judiciaire dans l'administration. — Conséquence du principe de l'élection étendue à tous les fonctionnaires. — Du juge de paix dans la Nouvelle-Angleterre. — Par qui nommé. — Administre le comté. — Assure l'administration des communes. — Cour des sessions. — Manière dont elle agit. — Qui la saisit. — Le droit d'inspection et de plainte, éparpillé comme toutes les fonctions administratives. — Dénonciateurs encouragés par le partage des amendes.

Ce qui frappe le plus l'Européen qui parcourt les États-Unis, c'est l'absence de ce qu'on appelle chez nous le gouvernement ou l'administration. En Amérique, on voit des lois écrites ; on en aperçoit l'exécution journalière ; tout se meut autour de vous, et on ne découvre nulle part le moteur. La main qui dirige la machine sociale échappe à chaque instant.

Cependant, de même que tous les peuples sont obligés, pour exprimer leurs pensées, d'avoir recours à certaines formes grammaticales constitutives des langues humaines, de même toutes les sociétés, pour subsister, sont contraintes de se soumettre à une certaine somme d'autorité sans laquelle elles tombent en anarchie. Cette autorité peut être distribuée de différentes manières, mais il faut toujours qu'elle se retrouve quelque part.

Il y a deux moyens de diminuer la force de l'autorité chez une nation.

Le premier est d'affaiblir le pouvoir dans son principe même, en ôtant à la société le droit ou la faculté de se défendre en certains cas : affaiblir l'autorité de cette manière, c'est en général ce qu'on appelle en Europe fonder la liberté.

Il est un second moyen de diminuer l'action de l'autorité : celui-ci ne consiste pas à dépouiller la société de quelques uns de ses droits, ou à paralyser ses efforts, mais à diviser l'usage de ses forces entre plusieurs mains; à multiplier les fonctionnaires en attribuant à chacun d'eux tout le pouvoir dont il a besoin pour faire ce qu'on le destine à exécuter. Il se rencontre des peuples que cette division des pouvoirs sociaux peut encore mener à l'anarchie; par elle-même, cependant, elle n'est point anarchique. En partageant ainsi l'autorité, on rend, il est vrai, son action moins irrésistible et moins dangereuse, mais on ne la détruit point.

La révolution aux États-Unis a été produite par un goût mûr et réfléchi pour la liberté, et non par un instinct vague et indéfini d'indépendance. Elle ne s'est point appuyée sur des passions de désordre; mais, au contraire, elle a marché avec l'amour de l'ordre et de la légalité.

Aux États-Unis donc on n'a point prétendu que l'homme dans un pays libre eût le droit de tout faire; on lui a au contraire imposé des obligations sociales plus variées qu'ailleurs; on n'a point eu l'idée d'attaquer le pouvoir de la société dans son principe et de lui contester ses droits, on s'est borné à le diviser dans son exercice. On a voulu arriver de cette manière à ce que l'autorité fût grande et le fonctionnaire petit, afin que la société continuât à être bien réglée et restât libre.

Il n'est pas au monde de pays où la loi parle un langage aussi absolu qu'en Amérique, et il n'en existe pas non plus où le droit de l'appliquer soit divisé entre tant de mains.

Le pouvoir administratif aux États-Unis n'offre dans sa constitution rien de central ni de hiérarchique; c'est ce qui fait qu'on ne l'aperçoit point. Le pouvoir existe, mais on ne sait où trouver son représentant.

Nous avons vu plus haut que les communes de la Nouvelle-Angleterre n'étaient point en tutelle. Elles prennent donc soin elles-mêmes de leurs intérêts particuliers.

Ce sont aussi les magistrats municipaux que, le plus souvent, on charge de tenir la main à l'exécution des lois générales de l'État, ou de les exécuter eux-mêmes (1).

Indépendamment des lois générales, l'État fait quelquefois des règlements généraux de police; mais ordinairement ce sont les communes et les officiers

---

(1) Voyez le *Town officer*, particulièrement aux mots *select-men*, *assessors*, *collectors*, *schools*, *surveyors of higways*... Exemple entre mille : l'État défend de voyager sans motif le dimanche. Ce sont les *tythingmen*, officiers communaux, qui sont spécialement chargés de tenir la main à l'exécution de la loi.

Voyez la loi du 8 mars 1792, *Laws of Massachusetts*, vol. 1, p. 410.

Les select-men dressent les listes électorales pour l'élection du gouverneur, et transmettent le résultat du scrutin au secrétaire de la république. Loi du 24 février 1796, *id.*, vol. 1, p. 488.

communaux qui, conjointement avec les juges de paix, et suivant les besoins des localités, règlent les détails de l'existence sociale, et promulguent les prescriptions relatives à la santé publique, au bon ordre et à la moralité des citoyens (1).

Ce sont enfin les magistrats municipaux qui, d'eux-mêmes, et sans avoir besoin de recevoir une impulsion étrangère, pourvoient à ces besoins imprévus que ressentent souvent les sociétés (2).

Il résulte de ce que nous venons de dire, qu'au Massachusetts le pouvoir administratif est presque entièrement renfermé dans la commune (3); mais il s'y trouve divisé entre beaucoup de mains.

Dans la commune de France, il n'y a, à vrai dire, qu'un seul fonctionnaire administratif, le maire.

Nous avons vu qu'on en comptait au moins dix-neuf dans la commune de la Nouvelle-Angleterre.

Ces dix-neuf fonctionnaires ne dépendent pas en général les uns des autres. La loi a tracé avec soin autour de chacun de ces magistrats un cercle d'action. Dans ce cercle, ils sont tout-puissants pour remplir les

---

(1) Exemple : les *select-men* autorisent la construction des égouts, désignent les lieux dont on peut faire des abattoirs, et où l'on peut établir certain genre de commerce dont le voisinage est nuisible.
Voyez loi du 7 juin 1785, vol. 1, p. 193.
(2) Exemple : les *select-men* veillent à la santé publique en cas de maladies contagieuses, et prennent les mesures nécessaires conjointement avec les juges de paix. Loi du 22 juin 1797, vol. 1, p. 539.
(3) Je dis *presque*, car il y plusieurs incidents de la vie communale qui sont réglés, soit par les juges de paix dans leur capacité individuelle, soit par les juges de paix réunis en corps au chef-lieu du comté. Exemple : ce sont les juges de paix qui accordent les licences. Voyez la Loi du 28 février 1787, vol. 1, p. 297.

devoirs de leur place, et ne relèvent d'aucune autorité communale.

Si l'on porte ses regards au-dessus de la commune, on aperçoit à peine la trace d'une hiérarchie administrative. Il arrive quelquefois que les fonctionnaires du comté réforment la décision prise par les communes ou par les magistrats communaux (1); mais en général on peut dire que les administrateurs du comté n'ont pas le droit de diriger la conduite des administrateurs de la commune (2). Ils ne les commandent que dans les choses qui ont rapport au comté.

Les magistrats de la commune et ceux du comté sont tenus, dans un très petit nombre de cas prévus à l'avance, de communiquer le résultat de leurs opérations aux officiers du gouvernement central (3). Mais le gouvernement central n'est point représenté par un homme chargé de faire des règlements généraux de police ou des ordonnances pour l'exécution des lois; de communiquer habituellement avec les administrateurs

---

(1) Exemple : on n'accorde de licence qu'à ceux qui présentent un certificat de bonne conduite donné par les select-men. Si les select-men refusent de donner ce certificat, la personne peut se plaindre aux juges de paix réunis en cour de session, et ces derniers peuvent accorder la licence. Voyez la loi du 12 mars 1808, vol. 2, p. 136. Les communes ont le droit de faire des règlements (*by-laws*), et d'obliger à l'observation de ces règlements par des amendes dont le taux est fixé; mais ces règlements ont besoin d'être approuvés par la cour des sessions. Voyez la loi du 23 mars 1786, vol. 1, p. 284.

(2) Au Massachusetts, les administrateurs du comté sont souvent appelés à apprécier les actes des administrateurs de la commune; mais on verra plus loin qu'ils se livrent à cet examen comme pouvoir judiciaire, et non comme autorité administrative.

(3) Exemple : les comités communaux des écoles sont tenus annuellement de faire un rapport de l'état de l'école au secrétaire de la république. Voyez la loi du 10 mars 1827, vol. 3, p. 183.

du comté de la commune; d'inspecter leur conduite, de diriger leurs actes et de punir leurs fautes.

Il n'existe donc nulle part de centre auquel les rayons du pouvoir administratif viennent aboutir.

Comment donc parvient-on à conduire la société sur un plan à peu près uniforme? Comment peut-on faire obéir les comtés et leurs administrateurs, les communes et leurs fonctionnaires?

Dans les États de la Nouvelle-Angleterre, le pouvoir législatif s'étend à plus d'objets que parmi nous. Le législateur pénètre, en quelque sorte, au sein même de l'administration; la loi descend à de minutieux détails; elle prescrit en même temps les principes et le moyen de les appliquer; elle enferme ainsi les corps secondaires et leurs administrateurs dans une multitude d'obligations étroites et rigoureusement définies.

Il résulte de là que, si tous les corps secondaires et tous les fonctionnaires se conforment à la loi, la société procède d'une manière uniforme dans toutes ses parties; mais reste toujours à savoir comment on peut forcer les corps secondaires et leurs fonctionnaires à se conformer à la loi.

On peut dire, d'une manière générale, que la société ne trouve à sa disposition que deux moyens pour obliger les fonctionnaires à obéir aux lois:

Elle peut confier à l'un d'eux le pouvoir discrétionnaire de diriger tous les autres et de les destituer en cas de désobéissance;

Ou bien elle peut charger les tribunaux d'infliger des peines judiciaires aux contrevenants.

On n'est pas toujours libre de prendre l'un ou l'autre de ces moyens.

Le droit de diriger le fonctionnaire suppose le droit de le destituer, s'il ne suit pas les ordres qu'on lui transmet, ou de l'élever en grade s'il remplit avec zèle tous ses devoirs. Or, on ne saurait ni destituer ni élever en grade un magistrat élu. Il est de la nature des fonctions électives d'être irrévocables jusqu'à la fin du mandat. En réalité, le magistrat élu n'a rien à attendre ni à craindre que des électeurs, lorsque toutes les fonctions publiques sont le produit de l'élection. Il ne saurait donc exister une véritable hiérarchie entre les fonctionnaires, puisqu'on ne peut réunir dans le même homme le droit d'ordonner et le droit de réprimer efficacement la désobéissance, et qu'on ne saurait joindre au pouvoir de commander celui de récompenser et de punir.

Les peuples qui introduisent l'élection dans les rouages secondaires de leur gouvernement, sont donc forcément amenés à faire un grand usage des peines judiciaires comme moyen d'administration.

C'est ce qui ne se découvre pas au premier coup d'œil. Les gouvernants regardent comme une première concession de rendre les fonctions électives, et comme une seconde concession de soumettre le magistrat élu aux arrêts des juges. Ils redoutent également ces deux innovations; et comme ils sont plus sollicités de faire la première que la seconde, ils accordent l'élection au fonctionnaire et le laissent indépendant du juge. Cependant, l'une de ces deux mesures est le seul contre-poids qu'on puisse donner à l'autre. Qu'on y prenne bien garde, un pouvoir électif qui n'est pas soumis à un pouvoir judiciaire, échappe tôt ou tard à tout contrôle, ou est détruit. Entre le pouvoir central et les corps administratifs élus, il n'y a que les tribunaux qui puissent servir d'intermédiaire. Eux seuls peuvent forcer le fonctionnaire élu à l'obéissance sans violer le droit de l'électeur.

L'extension du pouvoir judiciaire dans le monde politique doit donc être corrélative à l'extension du pouvoir électif. Si ces deux choses ne vont point ensemble, l'État finit par tomber en anarchie ou en servitude.

On a remarqué de tout temps que les habitudes judiciaires préparaient assez mal les hommes à l'exercice du pouvoir administratif.

Les Américains ont pris à leurs pères, les Anglais, l'idée d'une institution qui n'a aucune analogie avec ce que nous connaissons sur le continent de l'Europe, c'est celle des juges de paix.

Le juge de paix tient le milieu entre l'homme du monde et le magistrat, l'administrateur et le juge. Le juge de paix est un citoyen éclairé, mais qui n'est pas nécessairement versé dans la connaissance des lois. Aussi ne le charge-t-on que de faire la police de la société ; chose qui demande plus de bon sens et de droiture que de science. Le juge de paix apporte dans l'administration, lorsqu'il y prend part, un certain goût des formes et de la publicité, qui en fait un instrument fort gênant pour le despotisme ; mais il ne s'y montre pas l'esclave de ces superstitions légales qui rendent les magistrats peu capables de gouverner.

Les Américains se sont approprié l'institution des juges de paix, tout en lui ôtant le caractère aristocratique qui la distinguait dans la mère-patrie.

Le gouverneur du Massachusetts (1) nomme, dans tous les comtés, un certain nombre de juges de paix, dont les fonctions doivent durer sept ans (2).

De plus, parmi ces juges de paix, il en désigne trois qui forment dans chaque comté ce qu'on appelle la *cour des sessions*.

Les juges de paix prennent part individuellement à l'administration publique. Tantôt ils sont chargés, concurremment avec les fonctionnaires élus, de certains actes administratifs (3); tantôt ils forment un tribunal devant lequel les magistrats accusent sommairement le citoyen qui refuse d'obéir, ou le citoyen dénonce les délits des magistrats. Mais c'est dans la cour des sessions que les juges de paix exercent les plus importantes de leurs fonctions administratives.

La cour des sessions se réunit deux fois par an au chef-lieu du comté. C'est elle qui, dans le Massachusetts, est chargée de maintenir le plus grand nombre (4)

---

(1) Nous verrons plus loin ce que c'est que le gouverneur; je dois dire dès à présent que le gouverneur représente le pouvoir exécutif de tout l'État.

(2) Voyez constitution du Massachusetts, chap. II, section 1, paragraphe 9; chap. III, paragraphe 3.

(3) Exemple entre beaucoup d'autres : un étranger arrive dans une commune, venant d'un pays que ravage une maladie contagieuse. Il tombe malade. Deux juges de paix peuvent donner, avec l'avis des selectmen, au shériff du comté, l'ordre de le transporter ailleurs et de veiller sur lui. Loi du 22 juin 1797, vol. 1, p. 540.

En général, les juges de paix interviennent dans tous les actes importants de la vie administrative, et leur donnent un caractère semi-judiciaire.

(4) Je dis *le plus grand nombre*, parce qu'en effet certains délits administratifs sont déférés aux tribunaux ordinaires. Exemple: lorsqu'une commune refuse de faire les fonds nécessaires pour ses écoles, ou de nommer le comité des écoles, elle est condamnée à une amende très con-

des fonctionnaires publics dans l'obéissance (1).

Il faut bien faire attention qu'au Massachusetts la cour des sessions est tout à la fois un corps administratif proprement dit, et un tribunal politique.

Nous avons dit que le comté n'avait qu'une existence administrative. C'est la cour des sessions qui dirige par elle-même le petit nombre d'intérêts qui se rapportent en même temps à plusieurs communes ou à toutes les communes du comté à la fois, et dont par conséquent on ne peut charger aucune d'elles en particulier (2).

Quand il s'agit du comté, les devoirs de la cour des sessions sont donc purement administratifs, et si elle introduit souvent dans sa manière de procéder les formes judiciaires, ce n'est qu'un moyen de s'éclairer (3), et qu'une garantie qu'elle donne aux administrés. Mais lorsqu'il faut assurer l'administration des communes, elle agit presque toujours comme

sidérable. C'est la cour appelée *supreme judicial court*, ou la cour de *common pleas*, qui prononce cette amende. Voyez loi du 10 mars 1827, vol. 3, p. 190. *Id.* Lorsqu'une commune omet de faire provision de munitions de guerre. Loi du 21 février 1822, vol. 2, p. 570.

(1) Les juges de paix prennent part, dans leur capacité individuelle, au gouvernement des communes et des comtés. Les actes les plus importants de la vie communale ne se font en général qu'avec le concours de l'un d'eux.

(2) Les objets qui ont rapport au comté, et dont la cour des sessions s'occupe, peuvent se réduire à ceux-ci :

1° L'érection des prisons et des cours de justice; 2° le projet du budget du comté (c'est la législature de l'État qui le vote); 3° la répartition de ces taxes ainsi votées; 4° la distribution de certaines patentes; 5° l'établissement et la réparation des routes du comté.

(3) C'est ainsi que, quand il s'agit d'une route, la cour des sessions tranche presque toutes les difficultés d'exécution à l'aide du jury.

corps judiciaire, et dans quelques cas rares seulement, comme corps administratif.

La première difficulté qui se présente est de faire obéir la commune elle-même, pouvoir presque indépendant, aux lois générales de l'État.

Nous avons vu que les communes doivent nommer chaque année un certain nombre de magistrats qui, sous le nom d'assesseurs, répartissent l'impôt. Une commune tente d'échapper à l'obligation de payer l'impôt en ne nommant pas les assesseurs. La cour des sessions la condamne à une forte amende (1). L'amende est levée par corps sur tous les habitants. Le shériff du comté, officier de justice, fait exécuter l'arrêt. C'est ainsi qu'aux États-Unis le pouvoir semble jaloux de se dérober avec soin aux regards. Le commandement administratif s'y voile presque toujours sous le mandat judiciaire; il n'en est que plus puissant, ayant alors pour lui cette force presque irrésistible que les hommes accordent à la forme légale.

Cette marche est facile à suivre, et se comprend sans peine. Ce qu'on exige de la commune est, en général, net et défini; il consiste dans un fait simple et non complexe, en un principe, et non une application de détail (2). Mais la difficulté commence lorsqu'il s'agit de faire obéir, non plus la commune, mais les fonctionnaires communaux.

(1) Voyez loi du 20 février 1786, vol. 1, p. 117.
(2) Il y a une manière indirecte de faire obéir la commune. Les communes sont obligées par la loi à tenir leurs routes en bon état. Négligent-elles de voter les fonds qu'exige cet entretien, le magistrat communal chargé des routes est alors autorisé à lever d'office l'argent nécessaire. Comme il est lui-même responsable vis-à-vis des particuliers du mauvais état des chemins, et qu'il peut être actionné par eux devant la cour des

Toutes les actions répréhensibles que peut commettre un fonctionnaire public rentrent en définitive dans l'une de ces catégories :

Il peut faire, sans ardeur et sans zèle, ce que lui commande la loi.

Il peut ne pas faire ce que lui commande la loi.

Enfin, il peut faire ce que lui défend la loi.

Un tribunal ne saurait atteindre la conduite d'un fonctionnaire que dans les deux derniers cas. Il faut un fait positif et appréciable pour servir de base à l'action judiciaire.

Ainsi, les select-men omettent de remplir les formalités voulues par la loi en cas d'élection communale ; ils peuvent être condamnés à l'amende (1).

Mais lorsque le fonctionnaire public remplit sans intelligence son devoir ; lorsqu'il obéit sans ardeur et sans zèle aux prescriptions de la loi, il se trouve entièrement hors des atteintes d'un corps judiciaire.

La cour des sessions, lors même qu'elle est revêtue de ses attributions administratives, est impuissante pour le forcer dans ce cas à remplir ses obligations tout entières. Il n'y a que la crainte de la révocation qui puisse prévenir ces quasi-délits, et la cour des sessions n'a point en elle l'origine des pouvoirs communaux ; elle ne peut révoquer des fonctionnaires qu'elle ne nomme point.

Pour s'assurer d'ailleurs qu'il y a négligence et dé-

---

sessions, on est assuré qu'il usera contre la commune du droit extraordinaire que lui donne la loi. Ainsi, en menaçant le fonctionnaire, la cour des sessions force la commune à l'obéissance. Voyez la loi du 5 mars 1787, vol. 2, p. 305.

(1) Loi du Massachusetts, vol. 2, p. 45.

faut de zèle, il faudrait exercer sur le fonctionnaire inférieur une surveillance continuelle. Or, la cour des sessions ne siège que deux fois par an; elle n'inspecte point, elle juge les faits répréhensibles qu'on lui dénonce.

Le pouvoir arbitraire de destituer les fonctionnaires publics peut seul garantir, de leur part, cette sorte d'obéissance éclairée et active que la répression judiciaire ne peut leur imposer.

En France, nous cherchons cette dernière garantie dans la *hiérarchie administrative*; en Amérique, on la cherche dans l'*élection*.

Ainsi, pour résumer en quelques mots ce que je viens d'exposer :

Le fonctionnaire public de la Nouvelle-Angleterre commet-il un *crime* dans l'exercice de ses fonctions, les tribunaux ordinaires sont *toujours* appelés à en faire justice.

Commet-il une *faute administrative*, un tribunal purement administratif est chargé de le punir, et quand la chose est grave ou pressante, le juge fait ce que le fonctionnaire aurait dû faire (1).

Enfin, le même fonctionnaire se rend-il coupable de l'un de ces délits insaisissables que la justice humaine ne peut ni définir ni apprécier, il comparaît annuellement devant un tribunal sans appel, qui peut le réduire tout-à-coup à l'impuissance; son pouvoir lui échappe avec son mandat.

(1) Exemple : si une commune s'obstine à ne pas nommer d'assesseurs, la cour des sessions les nomme, et les magistrats ainsi choisis sont revêtus des mêmes pouvoirs que les magistrats élus. Voyez la loi précitée du 20 février 1787.

Ce système renferme assurément en lui-même de grands avantages, mais il rencontre dans son exécution une difficulté pratique qu'il est nécessaire de signaler.

J'ai déjà fait remarquer que le tribunal administratif, qu'on nomme la cour des sessions, n'avait pas le droit d'inspecter les magistrats communaux; elle ne peut, suivant un terme de droit, agir que lorsqu'elle est saisie. Or, c'est là le point délicat du système.

Les Américains de la Nouvelle-Angleterre n'ont point institué de ministère public près la cour des sessions (1); et l'on doit concevoir qu'il leur était difficile d'en établir un. S'ils s'étaient bornés à placer au chef-lieu de chaque comté un magistrat accusateur, et qu'ils ne lui eussent point donné d'agents dans les communes, pourquoi ce magistrat aurait-il été plus instruit de ce qui se passait dans le comté que les membres de la cour des sessions eux-mêmes? Si on lui avait donné des agents dans chaque commune, on centralisait dans ses mains le plus redoutable des pouvoirs, celui d'administrer judiciairement. Les lois d'ailleurs sont filles des habitudes, et rien de semblable n'existait dans la législation anglaise.

Les Américains ont donc divisé le droit d'inspection et de plainte comme toutes les autres fonctions administratives.

Les membres du grand jury doivent, aux termes de la loi, avertir le tribunal, près duquel ils agissent, des délits de tous genres qui peuvent se commettre

---

(1) Je dis *près la cour des sessions*. Il y a un magistrat qui remplit près des tribunaux ordinaires quelques unes des fonctions du ministère public.

dans leur comté (1). Il y a certains grands délits administratifs que le ministère public ordinaire doit poursuivre d'office (2); le plus souvent, l'obligation de faire punir les délinquants est imposée à l'officier fiscal, chargé d'encaisser le produit de l'amende; ainsi le trésorier de la commune est chargé de poursuivre la plupart des délits administratifs qui sont commis sous ses yeux.

Mais c'est surtout à l'intérêt particulier que la législation américaine en appelle (3); c'est là le grand principe qu'on retrouve sans cesse quand on étudie les lois des États-Unis.

Les législateurs américains ne montrent que peu de confiance dans l'honnêteté humaine; mais ils supposent toujours l'homme intelligent. Ils se reposent donc le plus souvent sur l'intérêt personnel pour l'exécution des lois.

Lorsqu'un individu est positivement et actuellement lésé par un délit administratif, l'on comprend en effet que l'intérêt personnel garantisse la plainte.

Mais il est facile de prévoir que s'il s'agit d'une prescription légale, qui, tout en étant utile à la société, n'est point d'une utilité actuellement sentie par un individu, chacun hésitera à se porter accusateur.

(1) Les grands jurés sont obligés, par exemple, d'avertir les cours du mauvais état des routes. Loi du Massachusetts, vol. 1, p. 308.

(2) Si, par exemple, le trésorier du comté ne fournit point ses comptes. Loi du Massachusetts, vol. 1, p. 406.

(3) Exemple entre mille : un particulier endommage sa voiture ou se blesse sur une route mal entretenue ; il a le droit de demander des dommages-intérêts devant la cour des sessions, à la commune ou au comté chargé de la route. Loi du Massachusetts, vol. 1, p. 309.

De cette manière, et par une sorte d'accord tacite, les lois pourraient bien tomber en désuétude.

Dans cette extrémité où leur système les jette, les Américains sont obligés d'intéresser les dénonciateurs en les appelant dans certains cas au partage des amendes (1).

Moyen dangereux qui assure l'exécution des lois en dégradant les mœurs.

Au-dessus des magistrats du comté, il n'y a plus, à vrai dire, de pouvoir administratif, mais seulement un pouvoir gouvernemental.

---

(1) En cas d'invasion ou d'insurrection, lorsque les officiers communaux négligent de fournir à la milice les objets et munitions nécessaires, la commune peut être condamnée à une amende de 200 à 500 dollars (1,000 à 2,780 francs).

On conçoit très bien que, dans un cas pareil, il peut arriver que personne n'ait l'intérêt ni le désir de prendre le rôle d'accusateur. Aussi la loi ajoute-t-elle : « Tous les citoyens auront droit de poursuivre la punition de semblables délits, et la moitié de l'amende appartiendra au poursuivant. » Voyez loi du 6 mars 1810, vol. 2, p. 236.

On retrouve très fréquemment la même disposition reproduite dans les lois du Massachusetts.

Quelquefois ce n'est pas le particulier que la loi excite de cette manière à poursuivre les fonctionnaires publics ; c'est le fonctionnaire qu'elle encourage ainsi à faire punir la désobéissance des particuliers. Exemple : un habitant refuse de faire la part de travail qui lui a été assignée sur une grande route. Le surveillant des routes doit le poursuivre ; et s'il le fait condamner, la moitié de l'amende lui revient. Voyez les lois précitées, vol. 1, p. 308.

IDÉES GÉNÉRALES SUR L'ADMINISTRATION AUX ÉTATS-UNIS.

En quoi les États de l'Union diffèrent entre eux, par le système d'administration. — Vie communale moins active et moins complète à mesure qu'on descend vers le midi. — Le pouvoir du magistrat devient alors plus grand, celui de l'électeur plus petit. — L'administration passe de la commune au comté. — États de New-York, d'Ohio, de Pensylvanie. — Principes administratifs applicables à toute l'Union. — Élection des fonctionnaires publics ou inamovibilité de leurs fonctions. — Absence de hiérarchie. — Introduction des moyens judiciaires dans l'administration.

J'ai annoncé précédemment, qu'après avoir examiné en détail la constitution de la commune et du comté dans la Nouvelle-Angleterre, je jetterais un coup d'œil général sur le reste de l'Union.

Il y a des communes et une vie communale dans chaque État; mais dans aucun des États confédérés on ne rencontre une commune identiquement semblable à celle de la Nouvelle-Angleterre.

A mesure qu'on descend vers le midi, on s'aperçoit que la vie communale devient moins active; la commune a moins de magistrats, de droits et de devoirs; la population n'y exerce pas une influence si directe sur les affaires; les assemblées communales sont moins fréquentes et s'étendent à moins d'objets. Le pouvoir du magistrat élu est donc comparativement plus grand et celui de l'électeur plus petit, l'esprit communal y est moins éveillé et moins puissant (1).

---

(1) Voyez pour le détail, *The Revised statutes* de l'État de New-York, à la partie I, chap. XI, intitulé : *Of the powers, duties and privileges of*

On commence à apercevoir ces différences dans l'État de New-York; elles sont déjà très sensibles dans la Pensylvanie; mais elles deviennent moins frappantes lorsqu'on s'avance vers le nord-ouest. La plupart des émigrants qui vont fonder les États du nord-ouest sortent de la Nouvelle-Angleterre, et ils transportent les habitudes administratives de la mère-patrie dans leur patrie adoptive. La commune de l'Ohio a beaucoup d'analogie avec la commune du Massachusetts.

Nous avons vu qu'au Massachusetts le principe de l'administration publique se trouve dans la commune. La commune est le foyer dans lequel viennent se réunir les intérêts et les affections des hommes. Mais il cesse d'en être ainsi à mesure que l'on descend vers des États où les lumières ne sont pas si universellement répandues, et où par conséquent la commune offre moins de garanties de sagesse et moins d'éléments d'administration. A mesure donc que l'on s'éloigne de la Nouvelle-Angleterre, la vie communale passe en quelque sorte au comté. Le comté devient le grand centre administratif, et forme

---

towns. Des droits, des obligations et des priviléges des communes, vol. 1, p. 336-364.

Voyez dans le recueil intitulé : *Digest of the laws of Pensylvania*, les mots *Assessors, Collectors, Constables, Overseers of the poor, Supervisor of highway*. Et dans le recueil intitulé : *Acts of a general nature of the state of Ohio*, la loi du 25 février 1834, relative aux communes, p. 412. Et ensuite les dispositions particulières relatives aux divers officiers communaux, tels que : *Twonship's Clerks, Trustees, Oversees of the poor, Fence-Niewers, Appraisers of property, Township's Treasure, Constables, Supervisors of high'ways.*

le pouvoir intermédiaire entre le gouvernement et les simples citoyens.

J'ai dit qu'au Massachusetts les affaires du comté sont dirigées par la cour des sessions. La cour des sessions se compose d'un certain nombre de magistrats nommés par le gouverneur et son conseil. Le comté n'a point de représentation, et son budget est voté par la législature nationale.

Dans le grand État de New-York, au contraire, dans l'État de l'Ohio et dans la Pensylvanie, les habitants de chaque comté élisent un certain nombre de députés; la réunion de ces députés forme une assemblée représentative du comté (1).

L'assemblée du comté possède, dans de certaines limites, le droit d'imposer les habitants; elle constitue, sous ce rapport, une véritable législature; c'est elle en même temps qui administre le comté, dirige en plusieurs cas l'administration des communes, et resserre leurs pouvoirs dans des limites beaucoup plus étroites qu'au Massachusetts.

Ce sont là les principales différences que présente la constitution de la commune et du comté dans les divers États confédérés. Si je voulais descendre jusqu'aux détails des moyens d'exécution, j'aurais beau-

---

(1) Voyez *Revised statutes of the state of New-York*, partie I, chap. XI, vol. 1, p. 340. *Id.*, ch. XII; *Id.*, p. 336. *Id.*, *Acts of the state of Ohio*. Loi du 25 février 1824, relative aux county commissioners, p. 262.

Voyez *Digest of the laws Pensylvania*, aux mots *County-States, and levies*, p. 170.

Dans l'État de New-York, chaque commune élit un député, et ce même député participe en même temps à l'administration du comté et à celle de la commune.

coup d'autres dissemblances à signaler encore. Mais mon but n'est pas de faire un cours de droit administratif américain.

J'en ai dit assez, je pense, pour faire comprendre sur quels principes généraux repose l'administration aux États-Unis. Ces principes sont diversement appliqués; ils fournissent des conséquences plus ou moins nombreuses suivant les lieux; mais au fond ils sont partout les mêmes. Les lois varient; leur physionomie change; un même esprit les anime.

La commune et le comté ne sont pas constitués partout de la même manière; mais on peut dire que l'organisation de la commune et du comté, aux États-Unis, repose partout sur cette même idée; que chacun est le meilleur juge de ce qui n'a rapport qu'à lui-même, et le plus en état de pourvoir à ses besoins particuliers. La commune et le comté sont donc chargés de veiller à leurs intérêts spéciaux. L'État gouverne et n'administre pas. On rencontre des exceptions à ce principe, mais non un principe contraire.

La première conséquence de cette doctrine a été de faire choisir, par les habitants eux-mêmes, tous les administrateurs de la commune et du comté, ou du moins de choisir ces magistrats exclusivement parmi eux.

Les administrateurs étant partout élus, ou du moins irrévocables, il en est résulté que nulle part on n'a pu introduire les règles de la hiérarchie. Il y a donc eu presque autant de fonctionnaires indépendants que de fonctions. Le pouvoir administratif s'est trouvé disséminé en une multitude de mains.

La hiérarchie administrative n'existant nulle part, les administrateurs étant élus et irrévocables jusqu'à la fin du mandat, il s'en est suivi l'obligation d'introduire plus ou moins les tribunaux dans l'administration. De là le système des amendes, au moyen desquelles les corps secondaires et leurs représentants sont contraints d'obéir aux lois. On retrouve ce système d'un bout à l'autre de l'Union.

Du reste, le pouvoir de réprimer les délits administratifs, ou de faire au besoin des actes d'administration, n'a point été accordé dans tous les États aux mêmes juges.

Les Anglo-Américains ont puisé à une source commune l'institution des juges de paix; on la retrouve dans tous les États. Mais ils n'en ont pas toujours tiré le même parti.

Partout les juges de paix concourent à l'administration des communes et des comtés (1), soit en administrant eux-mêmes, soit en réprimant certains délits administratifs; mais, dans la plupart des États, les plus graves de ces délits sont soumis aux tribunaux ordinaires.

Ainsi donc, élections des fonctionnaires administratifs, ou inamovibilité de leurs fonctions, absence de hiérarchie administrative, introduction des moyens judiciaires dans le gouvernement secondaire de la société, tels sont les caractères principaux auxquels on reconnaît l'administration américaine, depuis le Maine jusqu'aux Florides.

(1) Il y a même des États du Sud où les magistrats des *county-counts* sont chargés de tout le détail de l'administration. Voyez *The Statute of the state of Tennessee* aux art. *Judiciary, Taxes*.....

Il y a quelques États dans lesquels on commence à apercevoir les traces d'une centralisation administrative. L'État de New-York est le plus avancé dans cette voie.

Dans l'État de New-York, les fonctionnaires du gouvernement central exercent, en certains cas, une sorte de surveillance et de contrôle sur la conduite des corps secondaires (1). Ils forment, en certains autres, une espèce de tribunal d'appel pour la décision des affaires (2). Dans l'État de New-York, les peines judiciaires sont moins employées qu'ailleurs

(1) Exemple : la direction de l'instruction publique est centralisée dans les mains du gouvernement. La législature nomme les membres de l'Université, appelés régents ; le gouverneur et le lieutenant-gouverneur de l'État en font nécessairement partie. (*Revised statutes*, vol. 1, p. 456.) Les régents de l'Université visitent tous les ans les colléges et les académies, et font un rapport annuel à la législature ; leur surveillance n'est point illusoire, par les raisons particulières que voici : les colléges, afin de devenir des corps constitués (corporations) qui puissent acheter, vendre et posséder, ont besoin d'une charte ; or cette charte n'est accordée par la législature que de l'avis des régents. Chaque année l'État distribue aux colléges et académies les intérêts d'un fonds spécial créé pour l'encouragement des études. Ce sont les régents qui sont les distributeurs de cet argent. Voyez ch. xv, Instruction publique, *Revised statutes*, vol. 1, p. 455.

Chaque année les commissaires des écoles publiques sont tenus d'envoyer un rapport de la situation au surintendant de la république. *Id.*, p. 488.

Un rapport semblable doit lui être fait annuellement sur le nombre et l'état des pauvres. *Id.*, p. 681.

(2) Lorsque quelqu'un se croit lésé par certains actes émanés des commissaires des écoles (ce sont des fonctionnaires communaux), il peut en appeler au surintendant des écoles primaires, dont la décision est finale. *Revised statutes*, vol. 1, p. 487.

On trouve de loin en loin, dans les lois de l'État de New-York, des dispositions analogues à celles que je viens de citer comme exemples. Mais en général ces tentatives de centralisation sont faibles et peu productives. En donnant aux grands fonctionnaires de l'État le droit

comme moyen administratif. Le droit de poursuivre les délits administratifs y est aussi placé en moins de mains (1).

La même tendance se fait légèrement remarquer dans quelques autres États (2). Mais, en général, on peut dire que le caractère saillant de l'administration publique aux États-Unis est d'être prodigieusement décentralisée.

DE L'ÉTAT.

J'ai parlé des communes et de l'administration, il me reste à parler de l'État et du gouvernement.

Ici je puis me hâter, sans craindre de n'être pas compris; ce que j'ai à dire se trouve tout tracé dans des constitutions écrites que chacun peut aisément se

---

de surveiller et de diriger les agents inférieurs, on ne leur donne point le droit de les récompenser ou de les punir. Le même homme n'est presque jamais chargé de donner l'ordre et de réprimer la désobéissance; il a donc le droit de commander, mais non la faculté de se faire obéir.

En 1830, le surintendant des écoles, dans son rapport annuel à la législature, se plaignait de ce que plusieurs commissaires des écoles ne lui avaient pas transmis, malgré ses avis, les comptes qu'ils lui devaient. « Si cette omission se renouvelle, ajoutait-il, je serai réduit à les poursuivre, aux termes de la loi, devant les tribunaux compétents. »

(1) Exemple: l'officier du ministère dans chaque comté (*district-attorney*) est chargé de poursuivre le recouvrement de toutes les amendes s'élevant au-dessus de 50 dollars, à moins que le droit n'ait été donné expressément par la loi à un autre magistrat. *Revised statutes*, part. 1, ch. x, vol. 1, p. 383.

(2) Il y a plusieurs traces de centralisation administrative au Massachusetts. Exemple: les comités des écoles communales sont chargés de aire chaque année un rapport au secrétaire d'État. *Laws of Massachusetts*, vol. 1, p. 367.

procurer (1). Ces constitutions reposent elles-mêmes sur une théorie simple et rationnelle.

La plupart des formes qu'elles indiquent ont été adoptées par tous les peuples constitutionnels; elles nous sont ainsi devenues familières.

Je n'ai donc à faire ici qu'un court exposé. Plus tard je tâcherai de juger ce que je vais décrire.

POUVOIR LÉGISLATIF DE L'ÉTAT.

Division du corps législatif en deux chambres. — Sénat. — Chambre des représentants. — Différentes attributions de ces deux corps.

Le pouvoir législatif de l'État est confié à deux assemblées; la première porte en général le nom de sénat.

Le sénat est habituellement un corps législatif; mais quelquefois il devient un corps administratif et judiciaire.

Il prend part à l'administration de plusieurs manières, suivant les différentes constitutions (2); mais c'est en concourant au choix des fonctionnaires qu'il pénètre ordinairement dans la sphère du pouvoir exécutif.

Il participe au pouvoir judiciaire, en prononçant sur certains délits politiques, et aussi quelquefois en statuant sur certaines causes civiles (3).

(1) Voyez, à la fin du volume, le texte de la constitution de New-York.
(1) Dans le Massachusetts, le sénat n'est revêtu d'aucune fonction administrative.
(3) Comme dans l'État de New-York. Voyez la constitution à la fin du volume.

Ses membres sont toujours peu nombreux.

L'autre branche de la législature, qu'on appelle d'ordinaire la chambre des représentants, ne participe en rien au pouvoir administratif, et ne prend part au pouvoir judiciaire qu'en accusant les fonctionnaires publics devant le sénat.

Les membres des deux chambres sont soumis presque partout aux mêmes conditions d'éligibilité. Les uns et les autres sont élus de la même manière et par les mêmes citoyens.

La seule différence qui existe entre eux provient de ce que le mandat des sénateurs est en général plus long que celui des représentants. Les seconds restent rarement en fonction plus d'une année; les premiers siégent ordinairement deux ou trois ans.

En accordant aux sénateurs le privilége d'être nommés pour plusieurs années, et en les renouvelant par série, la loi a pris soin de maintenir au sein des législateurs un noyau d'hommes déjà habitués aux affaires, et qui pussent exercer une influence utile sur les nouveaux venus.

Par la division du corps législatif en deux branches, les Américains n'ont donc pas voulu créer une assemblée héréditaire et une autre élective, ils n'ont pas prétendu faire de l'une un corps aristocratique, et de l'autre un représentant de la démocratie; leur but n'a point été non plus de donner dans la première un appui au pouvoir, en laissant à la seconde les intérêts et les passions du peuple.

Diviser la force législative, ralentir ainsi le mouvement des assemblées politiques, et créer un tribunal d'appel pour la révision des lois, tels sont les seuls avantages qui résultent de la constitution actuelle de deux chambres aux États-Unis.

Le temps et l'expérience ont fait connaître aux Américains que, réduite à ces avantages, la division des pouvoirs législatifs est encore une nécessité du premier ordre. Seule, parmi toutes les républiques unies, la Pensylvanie avait d'abord essayé d'établir une assemblée unique. Franklin lui-même, entraîné par les conséquences logiques du dogme de la souveraineté du peuple, avait concouru à cette mesure. On fut bientôt obligé de changer de loi et de constituer les deux chambres. Le principe de la division du pouvoir législatif reçut ainsi sa dernière consécration; on peut donc désormais considérer comme une vérité démontrée la nécessité de partager l'action législative entre plusieurs corps. Cette théorie, à peu près ignorée des républiques antiques, introduite dans le monde presque au hasard, ainsi que la plupart des grandes vérités, méconnue de plusieurs peuples modernes, est enfin passée comme un axiome dans la science politique de nos jours.

DU POUVOIR EXÉCUTIF DE L'ÉTAT.

Ce qu'est le gouverneur dans un État américain. — Quelle position il occupe vis-à-vis de la législature. — Quels sont ses droits et ses devoirs. — Sa dépendance du peuple.

Le pouvoir exécutif de l'État a pour représentant le gouverneur.

Ce n'est pas au hasard que j'ai pris ce mot de représentant. Le gouverneur de l'État représente en effet le pouvoir exécutif; mais il n'exerce que quelques uns de ses droits.

Le magistrat suprême, qu'on nomme le gouverneur, est placé à côté de la législature comme un modérateur et un conseil. Il est armé d'un véto suspensif qui lui permet d'en arrêter ou du moins d'en ralentir à son gré les mouvements. Il expose au corps législatif les besoins du pays, et lui fait connaître les moyens qu'il juge utile d'employer afin d'y pourvoir; il est l'exécuteur naturel de ses volontés pour toutes les entreprises qui intéressent la nation entière (1). En l'absence de la législature, il doit prendre toutes les mesures propres à garantir l'État des chocs violents et des dangers imprévus.

Le gouverneur réunit dans ses mains toute la puissance militaire de l'État. Il est le commandant des milices et le chef de la force armée.

Lorsque la puissance d'opinion, que les hommes sont convenus d'accorder à la loi, se trouve méconnue, le gouverneur s'avance à la tête de la force matérielle de l'État; il brise la résistance, et rétablit l'ordre accoutumé.

Du reste, le gouverneur n'entre point dans l'administration des communes et des comtés, ou du moins il n'y prend part que très indirectement par la nomination des juges de paix qu'il ne peut ensuite révoquer (2).

(1) Dans la pratique, ce n'est pas toujours le gouverneur qui exécute les entreprises que la législature a conçues; il arrive souvent que cette dernière, en même temps qu'elle vote un principe, nomme des agents spéciaux pour en surveiller l'exécution.

(2) Dans plusieurs États, les juges de paix ne sont pas nommés par le gouverneur.

Le gouverneur est un magistrat électif. On a même soin en général de ne l'élire que pour un ou deux ans; de telle sorte qu'il reste toujours dans une étroite dépendance de la majorité qui l'a créé.

DES EFFETS POLITIQUES DE LA DÉCENTRALISATION ADMINISTRATIVE AUX ÉTATS-UNIS.

Distinction à établir entre la centralisation gouvernementale et la centralisation administrative. — Aux États-Unis, pas de centralisation administrative, mais très grande centralisation gouvernementale. — Quelques effets fâcheux qui résultent aux États-Unis de l'extrême décentralisation administrative. — Avantages administratifs de cet ordre de choses. — La force qui administre la société, moins réglée, moins éclairée, moins savante, bien plus grande qu'en Europe. — Avantages politiques du même ordre de choses. — Aux États-Unis, la patrie se fait sentir partout. — Appui que les gouvernés prêtent au gouvernement. — Les institutions provinciales plus nécessaires à mesure que l'état social devient plus démocratique. — Pourquoi.

La centralisation est un mot que l'on répète sans cesse de nos jours, et dont personne, en général, ne cherche à préciser le sens.

Il existe cependant deux espèces de centralisation très distinctes, et qu'il importe de bien connaître.

Certains intérêts sont communs à toutes les parties de la nation, tels que la formation des lois générales et les rapports du peuple avec les étrangers.

D'autres intérêts sont spéciaux à certaines parties de la nation, telles, par exemple, que les entreprises communales.

Concentrer dans un même lieu ou dans une même main le pouvoir de diriger les premiers, c'est fonder ce que j'appellerai la centralisation gouvernementale.

Concentrer de la même manière le pouvoir de diriger les seconds, c'est fonder ce que je nommerai la centralisation administrative.

Il est des points sur lesquels ces deux espèces de centralisation viennent à se confondre. Mais en prenant, dans leur ensemble, les objets qui tombent plus particulièrement dans le domaine de chacune d'elles, on parvient aisément à les distinguer.

On comprend que la centralisation gouvernementale acquiert une force immense quand elle se joint à la centralisation administrative. De cette manière elle habitue les hommes à faire abstraction complète et continuelle de leur volonté; à obéir, non pas une fois et sur un point, mais en tout et tous les jours. Non seulement alors elle les dompte par la force, mais encore elle les prend par leurs habitudes; elle les isole et les saisit ensuite un à un dans la masse commune.

Ces deux espèces de centralisation se prêtent un mutuel secours, s'attirent l'une l'autre; mais je ne saurais croire qu'elles soient inséparables.

Sous Louis XIV, la France a vu la plus grande centralisation gouvernementale qu'on pût concevoir, puisque le même homme faisait les lois générales et avait le pouvoir de les interpréter, représentait la France à l'extérieur et agissait en son nom. L'État, c'est moi, disait-il; et il avait raison.

Cependant, sous Louis XIV, il y avait beaucoup moins de centralisation administrative que de nos jours.

De notre temps, nous voyons une puissance, l'Angleterre, chez laquelle la centralisation gouvernementale est portée à un très haut degré : l'État semble s'y mouvoir comme un seul homme ; il soulève à sa volonté des masses immenses, réunit et porte partout où il le veut tout l'effort de sa puissance.

L'Angleterre, qui a fait de si grandes choses depuis cinquante ans, n'a pas de centralisation administrative.

Pour ma part, je ne saurais concevoir qu'une nation puisse vivre ni surtout prospérer sans une forte centralisation gouvernementale.

Mais je pense que la centralisation administrative n'est propre qu'à énerver les peuples qui s'y soumettent, parce qu'elle tend sans cesse à diminuer parmi eux l'esprit de cité. La centralisation administrative parvient, il est vrai, à réunir à une époque donnée, et dans un certain lieu, toutes les forces disponibles de la nation, mais elle nuit à la reproduction des forces. Elle la fait triompher le jour du combat, et diminue à la longue sa puissance. Elle peut donc concourir admirablement à la grandeur passagère d'un homme, non point à la prospérité durable d'un peuple.

Qu'on y prenne bien garde, quand on dit qu'un État ne peut agir parce qu'il n'a pas de centralisation, on parle presque toujours, sans le savoir, de la centralisation gouvernementale. L'empire d'Allemagne, répète-t-on, n'a jamais pu tirer de ses forces tout le parti possible. D'accord. Mais pourquoi ? parce que la force nationale n'y a jamais été centralisée ; parce que l'État n'a jamais pu faire obéir à ses lois générales; parce que les parties séparées de ce grand corps ont toujours eu le droit ou la possibilité de refuser leur concours aux dépositaires de l'autorité commune, dans les choses mêmes qui intéressaient tous les citoyens; en d'autres termes, parce qu'il n'y avait pas de centralisation gouvernementale. La même remarque est applicable au moyen âge : ce qui a produit toutes les misères de la société féodale, c'est que le pouvoir, non seulement d'administrer, mais de gouverner, était partagé entre mille mains et fractionné de mille manières; l'absence de toute centralisation gouvernementale empêchait alors les nations de l'Europe de marcher avec énergie vers aucun but.

Nous avons vu qu'aux États-Unis il n'existait point de centralisation administrative. On y trouve à peine la trace d'une hiérarchie. La décentralisation y a été portée à un degré qu'aucune nation européenne ne saurait souffrir, je pense, sans un profond malaise, et qui produit même des effets fâcheux en Amérique. Mais, aux États-Unis, la centralisation gouvernementale existe au plus haut point. Il serait facile de prouver que la puissance nationale y est plus concentrée qu'elle ne l'a été dans aucune des anciennes monarchies de l'Europe. Non seulement il n'y a dans chaque État qu'un seul corps qui fasse les lois; non seulement il n'y existe qu'une seule puissance qui puisse créer la vie politique autour d'elle; mais, en général, on a évité d'y réunir de nombreuses assemblées de districts ou de comtés, de peur que ces assemblées ne fussent tentées de sortir de leurs attributions administratives et d'entraver la marche du gouvernement. En Amérique, la législature de chaque État n'a devant elle aucun pouvoir capable de lui résister. Rien ne saurait l'arrêter dans sa voie, ni priviléges, ni immunité locale, ni influence personnelle, pas même l'autorité de la raison, car elle représente la majorité qui se prétend l'unique organe de la raison. Elle n'a donc d'autres limites, dans son action, que sa propre volonté. A côté d'elle, et sous sa main, se trouve placé le représentant du pouvoir exécutif, qui, à l'aide de la force matérielle, doit contraindre les mécontents à l'obéissance.

La faiblesse ne se rencontre que dans certains détails de l'action gouvernementale.

Les républiques américaines n'ont pas de force armée permanente pour comprimer les minorités; mais les minorités n'y ont jamais été réduites, jusqu'à présent, à faire la guerre, et la nécessité d'une armée n'a pas encore été sentie. L'État se sert, le plus souvent, des fonctionnaires de la commune ou du comté pour agir sur les citoyens. Ainsi, par exemple, dans la Nouvelle-Angleterre, c'est l'assesseur de la commune qui répartit la taxe; le percepteur de la commune la lève; le caissier de la commune en fait parvenir le produit au trésor public, et les réclamations qui s'élèvent sont soumises aux tribunaux ordinaires. Une semblable manière de percevoir l'impôt est lente, embarrassée; elle entraverait à chaque moment la marche d'un gouvernement qui aurait de grands besoins pécuniaires. En général, on doit désirer que, pour tout ce qui est essentiel à sa vie, le gouvernement ait des fonctionnaires à lui, choisis par lui, révocables par lui, et des formes rapides de procéder. Mais il sera toujours facile à la puissance centrale, organisée comme elle l'est en Amérique, d'introduire, suivant les besoins, des moyens d'action plus énergiques et plus efficaces.

Ce n'est donc pas, comme on le répète souvent, parce qu'il n'y a point de centralisation aux États-Unis, que les républiques du Nouveau-Monde périront; bien loin de n'être pas assez centralisées, on peut affirmer que les gouvernements américains le sont trop; je le prouverai plus tard. Les assemblées législatives engloutissent chaque jour quelques débris des pouvoirs gouvernementaux; elles tendent à les réunir tous en elles-mêmes, ainsi que l'avait fait la Convention. Le pouvoir social, ainsi centralisé, change sans cesse de mains, parce qu'il est subordonné à la puissance populaire. Souvent il lui arrive de manquer de sagesse et de prévoyance, parce qu'il peut tout. Là se trouve pour lui le danger. C'est donc à cause de sa force même, et non par suite de sa faiblesse, qu'il est menacé de périr un jour.

La décentralisation administrative produit en Amérique plusieurs effets divers.

Nous avons vu que les Américains avaient presque entièrement isolé l'administration du gouvernement; en cela ils me semblent avoir outrepassé les limites de la saine raison; car l'ordre, même dans les choses secondaires, est encore un intérêt national (1).

L'État n'ayant point de fonctionnaires administra-

(1) L'autorité qui représente l'État, lors même qu'elle n'administre pas elle-même, ne doit pas, je pense, se dessaisir du droit d'inspecter l'administration locale. Je suppose, par exemple, qu'un agent du gouvernement, placé à poste fixe dans chaque comté, pût déférer au pou-

tifs à lui, placés à poste fixe sur les différents points du territoire, et auxquels il puisse imprimer une impulsion commune, il en résulte qu'il tente rarement d'établir des règles générales de police. Or, le besoin de ces règles se fait vivement sentir. L'Européen en remarque souvent l'absence. Cette apparence de désordre qui règne à la surface, lui persuade, au premier abord, qu'il y a anarchie complète dans la société; ce n'est qu'en examinant le fond des choses qu'il se détrompe.

Certaines entreprises intéressent l'État entier, et ne peuvent cependant s'exécuter, parce qu'il n'y a point d'administration nationale qui les dirige. Abandonnées aux soins des communes et des comtés, livrées à des agents élus et temporaires, elles n'amènent aucun résultat, ou ne produisent rien de durable.

Les partisans de la centralisation en Europe soutiennent que le pouvoir gouvernemental administre mieux les localités qu'elles ne pourraient s'administrer elles-mêmes : cela peut être vrai, quand le pouvoir central est éclairé et les localités sans lumières, quand il est actif et qu'elles sont inertes, quand il a l'habitude d'agir et elles l'habitude d'obéir. On comprend même que plus la centralisation augmente, plus cette double tendance s'accroît, et plus la capa-

---

voir judiciaire des délits qui se commettent dans les communes et dans le comté; l'ordre n'en serait-il pas plus uniformément suivi sans que l'indépendance des localités fût compromise? Or, rien de semblable n'existe en Amérique. Au-dessus des cours des comtés, il n'y a rien; et ces cours ne sont, en quelque sorte, saisies que par hasard de la connaissance des délits administratifs qu'elles doivent réprimer.

cité d'une part et l'incapacité de l'autre deviennent saillantes.

Mais je nie qu'il en soit ainsi quand le peuple est éclairé, éveillé sur ses intérêts, et habitué à y songer comme il le fait en Amérique.

Je suis persuadé, au contraire, que dans ce cas la force collective des citoyens sera toujours plus puissante pour produire le bien-être social que l'autorité du gouvernement.

J'avoue qu'il est difficile d'indiquer d'une manière certaine le moyen de réveiller un peuple qui sommeille, pour lui donner des passions et des lumières qu'il n'a pas; persuader aux hommes qu'ils doivent s'occuper de leurs affaires, est, je ne l'ignore pas, une entreprise ardue. Il serait souvent moins malaisé de les intéresser aux détails de l'étiquette d'une cour qu'à la réparation de leur maison commune.

Mais je pense aussi que lorsque l'administration centrale prétend remplacer complétement le concours libre des premiers intéressés, elle se trompe ou veut vous tromper.

Un pouvoir central, quelque éclairé, quelque savant qu'on l'imagine, ne peut embrasser à lui seul tous les détails de la vie d'un grand peuple. Il ne le peut, parce qu'un pareil travail excède les forces humaines. Lorsqu'il veut, par ses seuls soins, créer et faire fonctionner tant de ressorts divers, il se contente d'un résultat fort incomplet, ou s'épuise en inutiles efforts.

La centralisation parvient aisément, il est vrai, à soumettre les actions extérieures de l'homme à une certaine uniformité qu'on finit par aimer pour elle-même, indépendamment des choses auxquelles elle s'applique; comme ces dévots qui adorent la statue oubliant la divinité qu'elle représente. La centralisation réussit sans peine à imprimer une allure régulière aux affaires courantes; à régenter savamment les détails de la police sociale; à réprimer très légers désordres et les petits délits; à maintenir la société dans un *statu quo* qui n'est proprement ni une décadence ni un progrès; à entretenir dans le corps social une sorte de somnolence administrative que les administrateurs ont coutume d'appeler le bon ordre et la tranquillité publique (1). Elle excelle, en un mot, à empêcher, non à faire. Lorsqu'il s'agit de remuer profondément la société, ou de lui imprimer une marche rapide, sa force l'abandonne. Pour peu que ses mesures aient besoin du concours des individus, on est tout surpris alors de la faiblesse de cette immense machine; elle se trouve tout-à-coup réduite à l'impuissance.

Il arrive quelquefois alors que la centralisation essaie, en désespoir de cause, d'appeler les citoyens à son aide; mais elle leur dit : Vous agirez comme je voudrai, autant que je voudrai, et précisément dans le sens que je voudrai. Vous vous chargerez de ces

---

(1) La Chine me paraît offrir le plus parfait emblème de l'espèce de bien-être social que peut fournir une administration très centralisée aux peuples qui s'y soumettent. Les voyageurs nous disent que les Chinois ont de la tranquillité sans bonheur, de l'industrie sans progrès, de la stabilité sans force, et de l'ordre matériel sans moralité publique. Chez eux, la société marche toujours assez bien, jamais très bien. J'imagine que quand la Chine sera ouverte aux Européens, ceux-ci y trouveront le plus beau modèle de centralisation administrative qui existe dans l'univers.

détails sans aspirer à diriger l'ensemble; vous travaillerez dans les ténèbres, et vous jugerez plus tard mon œuvre par ses résultats. Ce n'est point à de pareilles conditions qu'on obtient le concours de la volonté humaine. Il lui faut de la liberté dans ses allures, de la responsabilité dans ses actes. L'homme est ainsi fait qu'il préfère rester immobile que marcher sans indépendance vers un but qu'il ignore.

Je ne nierai pas qu'aux États-Unis on regrette souvent de ne point trouver ces règles uniformes qui semblent sans cesse veiller sur chacun de nous.

On y rencontre de temps en temps de grands exemples d'insouciance et d'incurie sociale. De loin en loin apparaissent des taches grossières qui semblent en désaccord complet avec la civilisation environnante.

Des entreprises utiles qui demandent un soin continuel et une exactitude rigoureuse pour réussir, finissent souvent par être abandonnées; car, en Amérique comme ailleurs, le peuple procède par efforts momentanés et impulsions soudaines.

L'Européen, accoutumé à trouver sans cesse sous sa main un fonctionnaire qui se mêle à peu près de tout, se fait difficilement à ces différents rouages de l'administration communale. En général, on peut dire que les petits détails de la police sociale qui rendent la vie douce et commode sont négligés en Amérique; mais les garanties essentielles à l'homme en société y existent autant que partout ailleurs. Chez les Américains, la force qui administre l'État est bien moins réglée, moins éclairée, moins savante, mais cent fois plus grande qu'en Europe. Il n'y a pas de pays au monde où les hommes fassent, en définitive, autant d'efforts pour créer le bien-être social. Je ne connais point de peuple qui soit parvenu à établir des écoles aussi nombreuses et aussi efficaces; des temples plus en rapport avec les besoins religieux des habitants; des routes communales mieux entretenues. Il ne faut donc pas chercher aux États-Unis l'uniformité et la permanence des vues, le soin minutieux des détails, la perfection des procédés administratifs (1); ce qu'on y trouve, c'est l'image de la force, un peu sauvage il est vrai, mais pleine de puissance; de la vie, accompagnée d'accidents, mais aussi de mouvements et d'efforts.

(1) Un écrivain de talent qui, dans une comparaison entre les finances des États-Unis et celles de la France, a prouvé que l'esprit ne pouvait pas toujours suppléer à la connaissance des faits, reproche avec raison aux Américains l'espèce de confusion qui règne dans leurs budgets communaux, et après avoir donné le modèle d'un budget départemental de France, il ajoute : « Grâce à la centralisation, création admirable d'un » grand homme, les budgets municipaux, d'un bout du royaume à l'autre, » ceux des grandes villes comme ceux des plus humbles communes, ne » présentent pas moins d'ordre et de méthode. » Voilà certes un résultat que j'admire; mais je vois la plupart de ces communes françaises, dont la comptabilité est si parfaite, plongées dans une profonde ignorance de leurs vrais intérêts, et livrées à une apathie si invincible, que la société semble plutôt y végéter qu'y vivre; d'un autre côté, j'aperçois dans ces mêmes communes américaines, dont les budgets ne sont pas dressés sur des plans méthodiques, ni surtout uniformes, une population éclairée, active, entreprenante; j'y contemple la société toujours en travail. Ce spectacle m'étonne; car à mes yeux le but principal d'un bon gouvernement est de produire le bien-être des peuples et non d'établir un certain ordre au sein de leur misère. Je me demande donc s'il ne serait pas possible d'attribuer à la même cause la prospérité de la commune américaine et le désordre apparent de ses finances, la détresse de la commune de France et le perfectionnement de son budget. En tous cas, je me défie d'un bien que je trouve mêlé à tant de maux, et je me console aisément d'un mal qui est compensé par tant de bien.

J'admettrai, du reste, si l'on veut, que les villages et les comtés des États-Unis seraient plus utilement administrés par une autorité centrale placée loin d'eux, et qui leur resterait étrangère, que par des fonctionnaires pris dans leur sein. Je reconnaîtrai, si on l'exige, qu'il règnerait plus de sécurité en Amérique, qu'on y ferait un emploi plus sage et plus judicieux des ressources sociales, si l'administration de tout le pays était concentrée dans une seule main. Les avantages *politiques* que les Américains retirent du système de la décentralisation me le feraient encore préférer au système contraire.

Que m'importe, après tout, qu'il y ait une autorité toujours sur pied, qui veille à ce que mes plaisirs soient tranquilles, qui vole au-devant de mes pas pour détourner tous les dangers, sans que j'aie même le besoin d'y songer; si cette autorité, en même temps qu'elle ôte ainsi les moindres épines sur mon passage, est maîtresse absolue de ma liberté et de ma vie; si elle monopolise le mouvement et l'existence à tel point qu'il faille que tout languisse autour d'elle quand elle languit, que tout dorme quand elle dort, que tout périsse si elle meurt?

Il y a telles nations de l'Europe où l'habitant se considère comme une espèce de colon indifférent à la destinée du lieu qu'il habite. Les plus grands changements surviennent dans son pays sans son concours; il ne sait même pas précisément ce qui s'est passé; il s'en doute; il a entendu raconter l'événement par hasard. Bien plus, la fortune de son village, la police de sa rue, le sort de son église et de son presbytère ne le touchent point; ils pense que toutes ces choses ne le regardent en aucune façon, et qu'elles appartiennent à un étranger puissant qu'on appelle le gouvernement. Pour lui, il jouit de ces biens comme un usufruitier, sans esprit de propriété et sans idées d'amélioration quelconque. Ce désintéressement de soi-même va si loin, que si sa propre sûreté ou celle de ses enfants est enfin compromise, au lieu de s'occuper d'éloigner le danger, il croise les bras pour attendre que la nation tout entière vienne à son aide. Cet homme, du reste, bien qu'il ait fait un sacrifice si complet de son libre arbitre, n'aime pas plus qu'un autre l'obéissance. Il se soumet, il est vrai, au bon plaisir d'un commis; mais il se plaît à braver la loi comme un ennemi vaincu, dès que la force se retire. Aussi le voit-on sans cesse osciller entre la servitude et la licence.

Quand les nations sont arrivées à ce point, il faut qu'elles modifient leurs lois et leurs mœurs, ou qu'elles périssent, car la source des vertus publiques y est comme tarie : on y trouve encore des sujets, mais on n'y voit plus de citoyens.

Je dis que de pareilles nations sont préparées pour la conquête. Si elles ne disparaissent pas de la scène du monde, c'est qu'elles sont environnées de nations semblables ou inférieures à elles; c'est qu'il reste encore dans leur sein une sorte d'instinct indéfinissable de la patrie, je ne sais quel orgueil irréfléchi du nom qu'elle porte, quel vague souvenir de leur gloire passée, qui, sans se rattacher précisément à rien, suffit pour leur imprimer au besoin une impulsion conservatrice.

On aurait tort de se rassurer en songeant que certains peuples ont fait de prodigieux efforts pour défendre une patrie dans laquelle ils vivaient pour ainsi dire en étrangers. Qu'on y prenne bien garde, et on verra que la religion était presque toujours alors leur principal mobile.

La durée, la gloire, ou la prospérité de la nation étaient devenues pour eux des dogmes sacrés, et en défendant leur patrie, ils défendaient aussi cette cité sainte dans laquelle ils étaient tous citoyens.

Les populations turques n'ont jamais pris aucune part à la direction des affaires de la société; elles ont cependant accompli d'immenses entreprises, tant qu'elles ont vu le triomphe de la religion de Mahomet dans les conquêtes des sultans. Aujourd'hui la religion s'en va; le despotisme seul leur reste : elles tombent.

Montesquieu, en donnant au despotisme une force qui lui fût propre, lui a fait, je pense, un honneur qu'il ne méritait pas. Le despotisme, à lui tout seul, ne peut rien maintenir de durable. Quand on y regarde de près, on aperçoit que ce qui a fait long-temps prospérer les gouvernements absolus, c'est la religion et non la crainte.

On ne rencontrera jamais, quoi qu'on fasse, de véritable puissance parmi les hommes, que dans le concours libre des volontés. Or, il n'y a au monde que le patriotisme, ou la religion, qui puisse faire marcher pendant long-temps vers un même but l'universalité des citoyens.

Il ne dépend pas des lois de ranimer des croyances qui s'éteignent; mais il dépend des lois d'intéresser les hommes aux destinées de leur pays. Il dépend des lois de réveiller et de diriger cet instinct vague de la patrie qui n'abandonne jamais le cœur de l'homme, et, en le liant aux pensées, aux passions, aux habitudes de chaque jour, d'en faire un sentiment réfléchi et durable. Et qu'on ne dise point qu'il est trop tard pour le tenter; les nations ne vieillissent point de la même manière que les hommes. Chaque génération qui naît dans leur sein est comme un peuple nouveau qui vient s'offrir à la main du législateur.

Ce que j'admire le plus en Amérique, ce ne sont pas les effets *administratifs* de la décentralisation, ce sont ses effets *politiques*. Aux États-Unis, la patrie se fait sentir partout. Elle est un objet de sollicitude depuis le village jusqu'à l'Union entière. L'habitant s'attache à chacun des intérêts de son pays comme aux siens mêmes. Il se glorifie de la gloire de la nation; dans les succès qu'elle obtient, il croit reconnaître son propre ouvrage, et il s'en élève; il se réjouit de la prospérité générale dont il profite. Il a pour sa patrie un sentiment analogue à celui qu'on éprouve pour sa famille, et c'est encore par une sorte d'égoïsme qu'il s'intéresse à l'Etat.

Souvent l'Européen ne voit dans le fonctionnaire public que la force; l'Américain y voit le droit. On peut donc dire qu'en Amérique l'homme n'obéit jamais à l'homme, mais à la justice ou à la loi.

Aussi a-t-il conçu de lui-même une opinion souvent exagérée, mais presque toujours salutaire. Il se confie sans crainte à ses propres forces, qui lui paraissent suffire à tout. Un particulier conçoit la pensée d'une entreprise quelconque; cette entreprise eût-elle un rapport direct avec le bien-être de la société, il ne lui vient pas l'idée de s'adresser à l'autorité publique pour obtenir son concours. Il fait connaître son plan, s'offre à l'exécuter, appelle les forces individuelles au secours de la sienne, et lutte corps à corps contre tous les obstacles. Souvent, sans doute, il réussit moins bien que si l'Etat était à sa place; mais, à la longue, le résultat général de toutes les entreprises individuelles dépasse de beaucoup ce que pourrait faire le gouvernement.

Comme l'autorité administrative est placée à côté des administrés, et les représente en quelque sorte eux-mêmes, elle n'excite ni jalousie ni haine. Comme ses moyens d'action sont bornés, chacun sent qu'il ne peut s'en reposer uniquement sur elle.

Lors donc que la puissance administrative intervient dans le cercle de ses attributions, elle ne se trouve point abandonnée à elle-même comme en Europe. On ne croit pas que les devoirs des particuliers aient cessé, parce que le représentant du public vient à agir. Chacun, au contraire, le guide, l'appuie et le soutient.

L'action des forces individuelles se joignant à l'action des forces sociales, on en arrive souvent à faire ce que l'administration la plus concentrée et la plus énergique serait hors d'état d'exécuter (*I*).

Je pourrais citer beaucoup de faits à l'appui de ce que j'avance; mais j'aime mieux n'en prendre qu'un seul, et choisir celui que je connais le mieux.

En Amérique, les moyens qui sont mis à la disposition de l'autorité pour découvrir les crimes et poursuivre les criminels, sont en petit nombre.

La police administrative n'existe pas; les passeports sont inconnus. La police judiciaire, aux Etats-Unis, ne saurait se comparer à la nôtre; les agents du ministère public sont peu nombreux, ils n'ont pas toujours l'initiative des poursuites; l'instruction est rapide et orale. Je doute cependant que, dans aucun pays, le crime échappe aussi rarement à la peine.

La raison en est que tout le monde se croit intéressé à fournir les preuves du délit et à saisir le délinquant.

J'ai vu, pendant mon séjour aux Etats-Unis, les habitants d'un comté où un grand crime avait été commis, former spontanément des comités, dans le but de poursuivre le coupable et de le livrer aux tribunaux.

En Europe, le criminel est un infortuné qui combat pour dérober sa tête aux agents du pouvoir; la population assiste en quelque sorte à la lutte. En Amérique, c'est un ennemi du genre humain, et il a contre lui l'humanité tout entière.

Je crois les institutions provinciales utiles à tous les peuples; mais aucun ne me semble avoir un besoin plus réel de ces institutions que celui dont l'état social est démocratique.

Dans une aristocratie, on est toujours sûr de maintenir un certain ordre au sein de la liberté.

Les gouvernants ayant beaucoup à perdre, l'ordre est un d'un grand intérêt pour eux.

On peut dire également que dans une aristocratie le peuple est à l'abri des excès du despotisme, parce qu'il se trouve toujours des forces organisées prêtes à résister au despote.

Une démocratie sans institutions provinciales ne possède aucune garantie contre de pareils maux.

Comment faire supporter la liberté dans les grandes choses à une multitude qui n'a pas appris à s'en servir dans les petites?

Comment résister à la tyrannie dans un pays où chaque individu est faible, et où les individus ne sont unis par aucun intérêt commun?

Ceux qui craignent la licence, et ceux qui redoutent le pouvoir absolu, doivent donc également désirer le développement graduel des libertés provinciales.

Je suis convaincu, du reste, qu'il n'y a pas de nations plus exposées à tomber sous le joug de la centralisation administrative que celles dont l'état social est démocratique.

Plusieurs causes concourent à ce résultat, mais entre autres celle-ci :

La tendance permanente de ces nations est de concentrer toute la puissance gouvernementale dans les mains du seul pouvoir qui représente directement le peuple, parce que, au-delà du peuple, on n'aperçoit plus que des individus égaux confondus dans une masse commune.

Or, quand un même pouvoir est déjà revêtu de tous les attributs du gouvernement, il lui est fort difficile de ne pas chercher à pénétrer dans les détails de l'administration, et il ne manque guère de trouver à la longue l'occasion de le faire. Nous en avons été témoins parmi nous.

Il y a eu, dans la révolution française, deux mouvements en sens contraire qu'il ne faut pas confondre : l'un favorable à la liberté, l'autre favorable au despotisme.

Dans l'ancienne monarchie, le roi faisait seul la loi.

au-dessous du pouvoir souverain se trouvaient placés quelques restes, à moitié détruits, d'institutions provinciales. Ces institutions provinciales étaient incohérentes, mal ordonnées, souvent absurdes. Dans les mains de l'aristocratie, elles avaient été quelquefois des instruments d'oppression.

La révolution s'est prononcée en même temps contre la royauté et contre les institutions provinciales. Elle a confondu dans une même haine tout ce qui l'avait précédé, le pouvoir absolu et ce qui pouvait tempérer ses rigueurs; elle a été tout à la fois républicaine et centralisante.

Ce double caractère de la révolution française est un fait dont les amis du pouvoir absolu se sont emparés avec grand soin. Lorsque vous les voyez défendre la centralisation administrative, vous croyez qu'ils travaillent en faveur du despotisme? Nullement, ils défendent une des grandes conquêtes de la révolution (*K*). De cette manière, on peut rester populaire et ennemi des droits du peuple; serviteur caché de la tyrannie et amant avoué de la liberté.

J'ai visité les deux nations qui ont développé au plus haut degré le système des libertés provinciales, et j'ai écouté la voix des partis qui divisent ces nations.

En Amérique, j'ai trouvé des hommes qui aspiraient en secret à détruire les institutions démocratiques de leur pays. En Angleterre, j'en ai trouvé d'autres qui attaquaient hautement l'aristocratie; je n'en ai pas rencontré un seul qui ne regardât la liberté provinciale comme un grand bien.

J'ai vu, dans ces deux pays, imputer les maux de l'État à une infinité de causes diverses, mais jamais à la **liberté communale**.

J'ai entendu les citoyens attribuer la grandeur ou la prospérité de leur patrie à une multitude de raisons; mais je les ai entendus tous mettre en première ligne et classer à la tête de tous les autres avantages la liberté provinciale.

Croirai-je que des hommes naturellement si divisés qu'ils ne s'entendent ni sur les doctrines religieuses, ni sur les théories politiques, tombent d'accord sur un seul fait, celui dont ils peuvent le mieux juger, puisqu'il se passe chaque jour sous leurs yeux, et que ce fait soit erroné?

Il n'y a que les peuples qui n'ont que peu ou point d'institutions provinciales qui nient leur utilité; c'est-à-dire que ceux-là seuls qui ne connaissent point la chose en médisent.

CHAPITRE VI.

DU POUVOIR JUDICIAIRE AUX ÉTATS-UNIS ET DE SON ACTION SUR LA SOCIÉTÉ POLITIQUE.

Les Anglo-Américains ont conservé au pouvoir judiciaire tous les caractères qui le distinguent chez les autres peuples. — Cependant ils en ont fait un grand pouvoir politique. — Comment. — En quoi le système judiciaire des Anglo-Américains diffère de tous les autres. — Pourquoi les juges américains ont le droit de déclarer les lois inconstitutionnelles. — Comment les juges américains usent de ce droit. — Précautions prises par le législateur pour empêcher l'abus de ce droit.

—

J'ai cru devoir consacrer un chapitre à part au pouvoir judiciaire. Son importance politique est si grande qu'il m'a paru que ce serait la diminuer aux yeux des lecteurs que d'en parler en passant.

Il y a eu des confédérations ailleurs qu'en Amérique; on a vu des républiques autre part que sur les rivages du Nouveau-Monde; le système représentatif est adopté dans plusieurs États de l'Europe; mais je ne pense pas que jusqu'à présent aucune nation du monde ait constitué le pouvoir judiciaire de la même manière que les Américains.

Ce qu'un étranger comprend avec le plus de peine, aux États-Unis, c'est l'organisation judiciaire. Il n'y a pour ainsi dire pas d'événement politique dans lequel il n'entende invoquer l'autorité du juge; et il en conclut naturellement qu'aux États-Unis le juge est une des premières puissances politiques. Lorsqu'il vient ensuite à examiner la constitution des tribunaux, il ne leur découvre, au premier abord, que des attributions et des habitudes judiciaires. A ses yeux, le magistrat ne semble jamais s'introduire dans les affaires publiques que par hasard; mais ce même hasard revient tous les jours.

Lorsque le parlement de Paris faisait des remontrances et refusait d'enregistrer un édit; lorsqu'il faisait citer lui-même à sa barre un fonctionnaire prévaricateur, on apercevait à découvert l'action politique du pouvoir judiciaire. Mais rien de pareil ne se voit aux États-Unis.

Les Américains ont conservé au pouvoir judiciaire tous les caractères auxquels on a coutume de le reconnaître. Ils l'ont exactement renfermé dans le cercle où il a l'habitude de se mouvoir.

Le premier caractère de la puissance judiciaire, chez tous les peuples, est de servir d'arbitre. Pour qu'il y ait lieu à action de la part des tribunaux, il faut qu'il y ait contestation. Pour qu'il y ait juge, il faut qu'il y ait procès. Tant qu'une loi ne donne pas lieu à une contestation, le pouvoir judiciaire n'a donc point occasion de s'en occuper. Il existe, mais il ne la voit pas. Lorsqu'un juge, à propos d'un procès, attaque une loi relative à ce procès, il étend le cercle de ses attributions, mais il n'en sort pas, puisqu'il lui a fallu, en quelque sorte, juger la loi pour arriver à juger le procès. Lorsqu'il prononce sur une loi, sans partir d'un procès, il sort complétement de sa sphère, et il pénètre dans celle du pouvoir législatif.

Le second caractère de la puissance judiciaire est de prononcer sur des cas particuliers et non sur des principes généraux. Qu'un juge, en tranchant une question particulière, détruise un principe général, par la certitude où l'on est que, chacune des conséquences de ce même principe étant frappée de la même manière, le principe devient stérile, il reste dans le cercle naturel de son action. Mais que le juge attaque directement le principe général, et le détruise sans avoir en vue un cas particulier, il sort du cercle où tous les peuples se sont accordés à l'enfermer. Il devient quelque chose de plus important, de plus utile peut-être qu'un magistrat, mais il cesse de représenter le pouvoir judiciaire.

Le troisième caractère de la puissance judiciaire est de ne pouvoir agir que quand on l'appelle, ou, suivant l'expression légale, quand elle est saisie. Ce caractère ne se rencontre point aussi généralement que les deux autres. Je crois cependant que, malgré les exceptions, on peut le considérer comme essentiel. De sa nature, le pouvoir judiciaire est sans action ; il faut le mettre en mouvement pour qu'il se remue. On lui dénonce un crime, et il punit le coupable ; on l'appelle à redresser une injustice, et il la redresse ; on lui soumet un acte, et il l'interprète ; mais il ne va pas de lui-même poursuivre les criminels, rechercher l'injustice et examiner les faits. Le pouvoir judiciaire ferait en quelque sorte violence à cette nature passive, s'il prenait de lui-même l'initiative et s'établissait en censeur des lois.

Les Américains ont conservé au pouvoir judiciaire ces trois caractères distinctifs. Le juge américain ne peut prononcer que lorsqu'il y a litige. Il ne s'occupe jamais que d'un cas particulier; et, pour agir, il doit toujours attendre qu'on l'ait saisi.

Le juge américain ressemble donc parfaitement aux magistrats des autres nations. Cependant il est revêtu d'un immense pouvoir politique.

D'où vient cela? Il se meut dans le même cercle et se sert des mêmes moyens que les autres juges; pourquoi possède-t-il une puissance que ces derniers n'ont pas?

La cause en est dans ce seul fait: les Américains ont reconnu aux juges le droit de fonder leurs arrêts sur la *constitution* plutôt que sur les *lois*. En d'autres termes, ils leur ont permis de ne point appliquer les lois qui leur paraîtraient inconstitutionnelles.

Je sais qu'un droit semblable a été quelquefois réclamé par les tribunaux d'autres pays; mais il ne leur a jamais été concédé. En Amérique, il est reconnu par tous les pouvoirs; on ne rencontre ni un parti, ni même un homme qui le conteste.

L'explication de ceci doit se trouver dans le principe même des constitutions américaines.

En France, la constitution est une œuvre immuable ou censée telle. Aucun pouvoir ne saurait y rien changer: telle est la théorie reçue (*L*).

En Angleterre, on reconnaît au parlement le droit de modifier la constitution. En Angleterre, la constitution peut donc changer sans cesse, ou plutôt elle n'existe point. Le parlement, en même temps qu'il est corps législatif, est corps constituant (*M*).

En Amérique, les théories politiques sont plus simples et plus rationnelles.

Une constitution américaine n'est point censée immuable comme en France; elle ne saurait être modifiée par les pouvoirs ordinaires de la société, comme en Angleterre. Elle forme une œuvre à part, qui, représentant la volonté de tout le peuple, oblige les législateurs comme les simples citoyens, mais qui peut être changée par la volonté du peuple, suivant des formes qu'on a établies, et dans des cas qu'on a prévus.

En Amérique, la constitution peut donc varier; mais, tant qu'elle existe, elle est l'origine de tous les pouvoirs. La force prédominante est en elle seule.

Il est facile de voir en quoi ces différences doivent influer sur la position et sur les droits du corps judiciaire dans les trois pays que j'ai cités.

Si, en France, les tribunaux pouvaient désobéir aux lois, sur le fondement qu'ils les trouvent inconstitutionnelles, le pouvoir constituant serait réellement dans leurs mains, puisque seuls ils auraient le droit d'interpréter une constitution dont nul ne pourrait changer les termes. Ils se mettraient donc à la place de la nation et domineraient la société, autant du moins que la faiblesse inhérente au pouvoir judiciaire leur permettrait de le faire.

Je sais qu'en refusant aux juges le droit de déclarer les lois inconstitutionnelles, nous donnons indirectement au corps législatif le pouvoir de changer la constitution, puisqu'il ne rencontre plus de barrière légale qui l'arrête. Mais mieux vaut encore accorder le pouvoir de changer la constitution du peuple à des hommes qui représentent imparfaitement les volontés du peuple, qu'à d'autres qui ne représentent qu'eux-mêmes.

Il serait bien plus déraisonnable encore de donner aux juges anglais le droit de résister aux volontés du corps législatif, puisque le parlement, qui fait la loi, fait également la constitution, et que, par conséquent, on ne peut, en aucun cas, appeler une loi inconstitutionnelle quand elle émane des trois pouvoirs.

Aucun de ces deux raisonnements n'est applicable à l'Amérique.

Aux États-Unis, la constitution domine les législateurs comme les simples citoyens. Elle est donc la première des lois, et ne saurait être modifiée par une loi. Il est donc juste que les tribunaux obéissent à la constitution, préférablement à toutes les lois. Ceci tient à l'essence même du pouvoir judiciaire : choisir entre les dispositions légales celles qui l'enchaînent le plus étroitement, est, en quelque sorte, le droit naturel du magistrat.

En France, la constitution est également la première des lois, et les juges ont un droit égal à la prendre pour base de leurs arrêts ; mais, en exerçant ce droit, ils ne pourraient manquer d'empiéter sur un autre plus sacré encore que le leur : celui de la société au nom de laquelle ils agissent. Ici la raison ordinaire doit céder devant la raison d'État.

En Amérique, où la nation peut toujours, en changeant sa constitution, réduire les magistrats à l'obéissance, un semblable danger n'est pas à craindre. Sur ce point, la politique et la logique sont donc d'accord, et le peuple ainsi que le juge y conservent également leurs priviléges.

Lorsqu'on invoque, devant les tribunaux des États-Unis, une loi que le juge estime contraire à la constitution, il peut donc refuser de l'appliquer. Ce pouvoir est le seul qui soit particulier au magistrat américain, mais une grande influence politique en découle.

Il est, en effet, bien peu de lois qui soient de nature à échapper pendant long-temps à l'analyse judiciaire; car il en est bien peu qui ne blessent un intérêt individuel, et que des plaideurs ne puissent ou ne doivent invoquer devant les tribunaux.

Or, du jour où le juge refuse d'appliquer une loi dans un procès, elle perd à l'instant une partie de sa force morale. Ceux qu'elle a lésés sont alors avertis qu'il existe un moyen de se soustraire à l'obligation de lui obéir : les procès se multiplient, et elle tombe dans l'impuissance. Il arrive alors l'une de ces deux choses : le peuple change sa constitution ou la législature rapporte sa loi.

Les Américains ont donc confié à leurs tribunaux un immense pouvoir politique; mais en les obligeant à n'attaquer les lois que par des moyens judiciaires, ils ont beaucoup diminué les dangers de ce pouvoir.

Si le juge avait pu attaquer les lois d'une façon théorique et générale; s'il avait pu prendre l'initiative et censurer le législateur, il fût entré avec éclat sur la scène politique; devenu le champion ou l'adversaire d'un parti, il eût appelé toutes les passions qui divisent le pays à prendre part à la lutte. Mais quand le juge attaque une loi dans un débat obscur et sur une application particulière, il dérobe en partie l'importance de l'attaque aux regards du public. Son arrêt n'a pour but que de frapper un intérêt individuel; la loi ne se trouve blessée que par hasard.

D'ailleurs, la loi ainsi censurée n'est pas détruite : sa force morale est diminuée, mais son effet matériel n'est point suspendu. Ce n'est que peu à peu, et sous les coups répétés de la jurisprudence, qu'enfin elle succombe.

De plus, on comprend sans peine qu'en chargeant l'intérêt particulier de provoquer la censure des lois, en liant intimement le procès fait à la loi au procès fait à un homme, on s'assure que la législation ne sera pas légèrement attaquée. Dans ce système, elle n'est plus exposée aux agressions journalières des partis. En signalant les fautes du législateur, on obéit à un besoin réel : on part d'un fait positif et appréciable, puisqu'il doit servir de base à un procès.

Je ne sais si cette manière d'agir des tribunaux américains, en même temps qu'elle est la plus favorable à l'ordre public, n'est pas aussi la plus favorable à la liberté.

Si le juge ne pouvait attaquer les législateurs que de front, il y a des temps où il craindrait de le faire; il en est d'autres où l'esprit de parti le pousserait chaque jour à l'oser. Ainsi il arriverait que les lois seraient attaquées quand le pouvoir dont elles émanent serait faible, et qu'on s'y soumettrait sans murmurer quand il serait fort; c'est-à-dire que souvent on attaquerait les lois lorsqu'il serait le plus ntile de les respecter, et qu'on les respecterait quand il deviendrait facile d'opprimer en leur nom.

Mais le juge américain est amené malgré lui sur le

terrain de la politique. Il ne juge la loi que parce qu'il a à juger un procès, et il ne peut s'empêcher de juger le procès. La question politique qu'il doit résoudre se rattache à l'intérêt des plaideurs, et il ne saurait refuser de la trancher sans faire un déni de justice. C'est en remplissant les devoirs étroits imposés à la profession du magistrat, qu'il fait l'acte du citoyen. Il est vrai que, de cette manière, la censure judiciaire, exercée par les tribunaux sur la législation, ne peut s'étendre sans distinction à toutes les lois, car il en est qui ne peuvent jamais donner lieu à cette sorte de contestation nettement formulée qu'on nomme un procès. Et lorsqu'une pareille contestation est possible, on peut encore concevoir qu'il ne se rencontre personne qui veuille en saisir les tribunaux.

Les Américains ont souvent senti cet inconvénient, mais ils ont laissé le remède incomplet, de peur de lui donner, dans tous les cas, une efficacité dangereuse.

Resserré dans ses limites, le pouvoir accordé aux tribunaux américains de prononcer sur l'inconstitutionnalité des lois, forme encore une des plus puissantes barrières qu'on ait jamais élevées contre la tyrannie des assemblées politiques.

AUTRES POUVOIRS ACCORDÉS AUX JUGES AMÉRICAINS.

Aux États-Unis tous les citoyens ont le droit d'accuser les fonctionnaires publics devant les tribunaux ordinaires. — Comment ils usent de ce droit. — Art. 75 de la constitution française de l'an VIII. — Les Américains et les Anglais ne peuvent comprendre le sens de cet article.

Je ne sais si j'ai besoin de dire que chez un peuple libre, comme les Américains, tous les citoyens ont le droit d'accuser les fonctionnaires publics devant les juges ordinaires, et que tous les juges ont le droit de condamner les fonctionnaires publics; tant la chose est naturelle.

Ce n'est pas accorder un privilége particulier aux tribunaux que de leur permettre de punir les agents du pouvoir exécutif, quand ils violent la loi. C'est leur enlever un droit naturel que de le leur défendre.

Il ne m'a pas paru qu'aux États-Unis, en rendant tous les fonctionnaires responsables des tribunaux, on eût affaibli les ressorts du gouvernement.

Il m'a semblé, au contraire, que les Américains, en agissant ainsi, avaient augmenté le respect qu'on doit aux gouvernants, ceux-ci prenant beaucoup plus de soin d'échapper à la critique.

Je n'ai point observé, non plus, qu'aux États-Unis on intentât beaucoup de procès politiques, et je me l'explique sans peine. Un procès est toujours, quelle que soit sa nature, une entreprise difficile et coûteuse. Il est aisé d'accuser un homme public dans les journaux, mais ce n'est pas sans de graves motifs qu'on se décide à le citer devant la justice. Pour poursuivre juridiquement un fonctionnaire, il faut donc avoir un juste motif de plainte ; et les fonctionnaires ne fournissent guère un semblable motif quand ils craignent d'être poursuivis.

Ceci ne tient à pas la forme républicaine qu'ont adoptée les Américains, car la même expérience peut se faire tous les jours en Angleterre.

Ces deux peuples n'ont pas cru avoir assuré leur indépendance, en permettant la mise en jugement des principaux agents du pouvoir. Ils ont pensé que c'était bien plutôt par de petits procès, mis chaque jour à la portée des moindres citoyens, qu'on parvenait à garantir la liberté, que par de grandes procédures auxquelles on n'a jamais recours ou qu'on emploie trop tard.

Dans le moyen-âge, où il était très difficile d'atteindre les criminels, quand les juges en saisissaient quelques uns, il leur arrivait souvent d'infliger à ces malheureux d'affreux supplices ; ce qui ne diminuait pas le nombre des coupables. On a découvert depuis qu'en rendant la justice tout à la fois plus sûre et plus douce, on la rendait en même temps plus efficace.

Les Américains et les Anglais pensent qu'il faut traiter l'arbitraire et la tyrannie comme le vol : faciliter la poursuite et adoucir la peine.

En l'an VIII de la république française, il parut une constitution dont l'art. 75 était ainsi conçu : « Les » agents du gouvernement, autres que les ministres, » ne peuvent être poursuivis, pour des faits relatifs à » leurs fonctions, qu'en vertu d'une décision du Conseil d'État ; en ce cas, la poursuite a lieu devant les » tribunaux ordinaires. »

La constitution de l'an VIII passa, mais non cet article, qui resta après elle; et on l'oppose, chaque jour encore, aux justes réclamations des citoyens.

J'ai souvent essayé de faire comprendre le sens de cet art. 75 à des Américains ou à des Anglais, et il m'a toujours été très difficile d'y parvenir.

Ce qu'ils apercevaient d'abord, c'est que le Conseil d'État, en France, étant un grand tribunal fixé au centre du royaume, il y avait une sorte de tyrannie à renvoyer préliminairement devant lui tous les plaignants.

Mais quand je cherchais à leur faire comprendre que le Conseil d'État n'était point un corps judiciaire, dans le sens ordinaire du mot, mais un corps administratif, dont les membres dépendaient du roi; de telle sorte que le roi, après avoir souverainement commandé à l'un de ses serviteurs, appelé préfet, de commettre une iniquité, pouvait commander souverainement à un autre de ses serviteurs, appelé conseiller d'État, d'empêcher qu'on ne fît punir le premier; quand je leur montrais le citoyen, lésé par l'ordre du prince, réduit à demander au prince lui-même l'autorisation d'obtenir justice, ils refusaient de croire à de semblables énormités, et m'accusaient de mensonge et d'ignorance.

Il arrivait souvent, dans l'ancienne monarchie, que le parlement décrétait de prise de corps le fonctionnaire public qui se rendait coupable d'un délit. Quelquefois l'autorité royale, intervenant, faisait annuler la procédure. Le despotisme se montrait alors à découvert, et, en obéissant, on ne se soumettait qu'à la force.

Nous avons donc bien reculé du point où étaient arrivés nos pères ; car nous laissons faire, sous couleur de justice, et consacrer au nom de la loi, ce que la violence seule leur imposait.

CHAPITRE VII.

DU JUGEMENT POLITIQUE AUX ÉTATS-UNIS.

Ce que l'auteur entend par jugement politique. — Comment on comprend le jugement politique en France, en Angleterre, aux Etats-Unis. — En Amérique le juge politique ne s'occupe que des fonctionnaires publics. — Il prononce des destitutions plutôt que des peines. — Le jugement politique, moyen habituel du gouvernement. — Le jugement politique, tel qu'on l'entend aux États-Unis, est, malgré sa douceur, et peut-être à cause de sa douceur, une arme très puissante dans les mains de la majorité.

J'entends par jugement politique, l'arrêt que prononce un corps politique momentanément revêtu du droit de juger.

Dans les gouvernements absolus, il est inutile de donner aux jugements des formes extraordinaires : le prince, au nom duquel on poursuit l'accusé, étant maître des tribunaux comme de tout le reste, n'a pas besoin de chercher de garantie ailleurs que dans l'idée qu'on a de sa puissance. La seule crainte qu'il puisse concevoir est qu'on ne garde même pas les apparences extérieures de la justice, et qu'on ne déshonore son autorité en voulant l'affermir.

Mais dans la plupart des pays libres, où la majorité ne peut jamais agir sur les tribunaux, comme le ferait un prince absolu, il est quelquefois arrivé de placer momentanément la puissance judiciaire entre les mains des représentants mêmes de la société. On a mieux aimé y confondre ainsi momentanément les pouvoirs, que d'y violer le principe nécessaire de l'unité du gouvernement. L'Angleterre, la France et les États-Unis ont introduit le jugement politique dans leurs lois : il est curieux d'examiner le parti que ces trois grands peuples en ont tiré.

En Angleterre et en France, la chambre des pairs forme la haute cour criminelle (1) de la nation. Elle ne juge pas tous les délits politiques, mais elle peut les juger tous.

A côté de la chambre des pairs se trouve un autre pouvoir politique, revêtu du droit d'accuser. La seule différence qui existe, sur ce point, entre les deux pays, est celle-ci : en Angleterre, les députés peuvent accuser qui bon leur plaît devant les pairs; tandis qu'en France ils ne peuvent poursuivre de cette manière que les ministres du roi.

Du reste, dans les deux pays, la chambre des pairs trouve à sa disposition toutes les lois pénales pour en frapper les délinquants.

Aux États-Unis, comme en Europe, l'une des deux branches de la législature est revêtue du droit d'accuser, et l'autre du droit de juger. Les représentants dénoncent le coupable, le sénat le punit.

Mais le sénat ne peut être *saisi* que par les *représentants*, et les représentants ne peuvent accuser de-

(1) La cour des pairs en Angleterre forme en outre le dernier degré de l'appel dans certaines affaires civiles. Voyez Blakstone, liv. III, ch. IV.

vant lui que des *fonctionnaires publics*. Ainsi le sénat a une compétence plus restreinte que la cour des pairs de France, et les représentants ont un droit d'accusation plus étendu que nos députés.

Mais voici la plus grande différence qui existe entre l'Amérique et l'Europe : en Europe, les tribunaux politiques peuvent appliquer toutes les dispositions du Code pénal; en Amérique, lorsqu'ils ont enlevé à un coupable le caractère public dont il était revêtu, et l'ont déclaré indigne d'occuper aucunes fonctions politiques à l'avenir, leur droit est épuisé, et la tâche des tribunaux ordinaires commence.

Je suppose que le président des États-Unis ait commis un crime de haute trahison.

La chambre des représentants l'accuse, les sénateurs prononcent sa déchéance. Il paraît ensuite devant un jury, qui seul peut lui enlever la liberté ou la vie.

Ceci achève de jeter une vive lumière sur le sujet qui nous occupe.

En introduisant le jugement politique dans leurs lois, les Européens ont voulu atteindre les grands criminels, quels que fussent leur naissance, leur rang ou leur pouvoir dans l'État. Pour y parvenir, ils ont réuni momentanément, dans le sein d'un grand corps politique, toutes les prérogatives des tribunaux.

Le législateur s'est transformé alors en magistrat; il a pu établir le crime, le classer et le punir. En lui donnant les droits de juge, la loi lui en a imposé toutes les obligations, et l'a lié à l'observation de toutes les formes de justice.

Lorsqu'un tribunal politique, français ou anglais,

a pour justiciable un fonctionnaire public, et qu'il prononce contre lui une condamnation, il lui enlève par le fait ses fonctions, et peut le déclarer indigne d'en occuper aucune à l'avenir ; mais ici la destitution et l'interdiction politiques sont une conséquence de l'arrêt et non l'arrêt lui-même.

En Europe, le jugement politique est donc plutôt un acte judiciaire qu'une mesure administrative.

Le contraire se voit aux États-Unis, et il est facile de se convaincre que le jugement politique y est bien plutôt une mesure administrative qu'un acte judiciaire.

Il est vrai que l'arrêt du sénat est judiciaire par la forme ; pour le rendre, les sénateurs sont obligés de se conformer à la solennité et aux usages de la procédure. Il est encore judiciaire par les motifs sur lesquels il se fonde ; le sénat est en général obligé de prendre pour base de sa décision un délit du droit commun. Mais il est administratif par son objet.

Si le but principal du législateur américain eût été réellement d'armer un corps politique d'un grand pouvoir judiciaire, il n'aurait pas resserré son action dans le cercle des fonctionnaires publics, car les plus dangereux ennemis de l'État peuvent n'être revêtus d'aucune fonction : ceci est vrai, surtout dans les républiques, où la faveur des partis est la première des puissances, et où l'on est souvent d'autant plus fort qu'on n'exerce légalement aucun pouvoir.

Si le législateur américain avait voulu donner à la société elle-même le droit de prévenir les grands crimes, à la manière du juge, par la crainte du châtiment, il aurait mis à la disposition des tribunaux politiques toutes les ressources du Code pénal; mais il ne leur a fourni qu'une arme incomplète, et qui ne saurait atteindre les plus dangereux d'entre les criminels. Car peu importe un jugement d'interdiction politique à celui qui veut renverser les lois elles-mêmes.

Le but principal du jugement politique, aux États-Unis, est donc de retirer le pouvoir à celui qui en fait un mauvais usage, et d'empêcher que ce même citoyen n'en soit revêtu à l'avenir. C'est, comme on le voit, un acte administratif auquel on a donné la solennité d'un arrêt.

En cette matière, les Américains ont donc créé quelque chose de mixte. Ils ont donné à la destitution administrative toutes les garanties du jugement politique, et ils ont ôté au jugement politique ses plus grandes rigueurs.

Ce point fixé, tout s'enchaîne; on découvre alors pourquoi les constitutions américaines soumettent tous les fonctionnaires civils à la juridiction du sénat, et en exemptent les militaires, dont les crimes sont cependant plus à redouter. Dans l'ordre civil, les Américains n'ont pour ainsi dire pas de fonctionnaires révocables : les uns sont inamovibles, les autres tiennent leurs droits d'un mandat qu'on ne peut abroger. Pour leur ôter le pouvoir, il faut donc les juger tous. Mais les militaires dépendent du chef de l'État, qui lui-même est un fonctionnaire civil. En atteignant le chef de l'État, on les frappe tous du même coup (1).

(1) Ce n'est pas qu'on puisse ôter à un officier son grade; mais on peut lui enlever son commandement.

Maintenant, si on en vient à comparer le système européen et le système américain, dans les effets que chacun produit ou peut produire, on découvre des différences non moins sensibles.

En France et en Angleterre, on considère le jugement politique comme une arme extraordinaire, dont la société ne doit se servir que pour se sauver dans les moments de grands périls.

On ne saurait nier que le jugement politique, tel qu'on l'entend en Europe, ne viole le principe conservateur de la division des pouvoirs, et qu'il ne menace sans cesse la liberté et la vie des hommes.

Le jugement politique, aux États-Unis, ne porte qu'une atteinte indirecte au principe de la division des pouvoirs ; il ne menace point l'existence des citoyens ; il ne plane pas, comme en Europe, sur toutes les têtes, puisqu'il ne frappe que ceux qui, en acceptant des fonctions publiques, se sont soumis d'avance à ses rigueurs.

Il est tout à la fois moins redoutable et moins efficace.

Aussi les législateurs des États-Unis ne l'ont-ils pas considéré comme un remède extrême aux grands maux de la société, mais comme un moyen habituel de gouvernement.

Sous ce point de vue, il exerce peut-être plus d'influence réelle sur le corps social en Amérique qu'en Europe. Il ne faut pas en effet se laisser prendre à l'apparente douceur de la législation américaine, dans ce qui a rapport aux jugements politiques. On doit remarquer, en premier lieu, qu'aux États-Unis le tribunal qui prononce ces jugements est composé des mêmes éléments et soumis aux mêmes influences que le corps chargé d'accuser, ce qui donne une impulsion presque irrésistible aux passions vindicatives des partis. Si les juges politiques, aux États-Unis, ne peuvent prononcer des peines aussi sévères que les juges politiques d'Europe, il y a donc moins de chances d'être acquitté par eux. La condamnation est moins redoutable et plus certaine.

Les Européens, en établissant les tribunaux politiques, ont eu pour principal objet de *punir* les coupables; les Américains, de leur *enlever le pouvoir*. Le jugement politique, aux États-Unis, est en quelque façon une mesure préventive. On ne doit donc pas y enchaîner le juge dans des définitions criminelles bien exactes.

Rien de plus effrayant que le vague des lois américaines, quand elles définissent les crimes politiques proprement dits. « Les crimes qui motiveront la con- » damnation du président (dit la constitution des » États-Unis, section 4, art. 1er) sont la haute tra- » hison, la corruption, ou autres grands crimes et » délits. » La plupart des constitutions d'États sont bien plus obscures encore.

« Les fonctionnaires publics, dit la constitution du » Massachusetts, seront condamnés pour la conduite » coupable qu'ils auront tenue et pour leur mauvaise » administration (1). Tous les fonctionnaires qui au- » ront mis l'État en danger, par mauvaise adminis- » tration, corruption, ou autres délits, dit la con- » stitution de Virginie, pourront être accusés par la

---

(1) Chap. 1, sect. 2, § 8.

« chambre des députés. » Il y a des constitutions qui ne spécifient aucun crime, afin de laisser peser sur les fonctionnaires publics une responsabilité illimitée (1).

Mais ce qui rend, en cette matière, les lois américaines si redoutables, naît, j'oserai le dire, de leur douceur même.

Nous avons vu qu'en Europe la destitution d'un fonctionnaire, et son interdiction politique, étaient une des conséquences de la peine, et qu'en Amérique c'était la peine même. Il en résulte ceci : en Europe, les tribunaux politiques sont revêtus de droits terribles dont quelquefois ils ne savent comment user; et il leur arrive de ne pas punir, de peur de punir trop. Mais, en Amérique, on ne recule pas devant une peine qui ne fait pas gémir l'humanité : condamner un ennemi politique à mort, pour lui enlever le pouvoir, est aux yeux de tous un horrible assassinat; déclarer son adversaire indigne de posséder ce même pouvoir, et le lui ôter, en lui laissant la liberté et la vie, peut paraître le résultat honnête de la lutte.

Or, ce jugement si facile à prononcer n'en est pas moins le comble du malheur pour le commun de ceux auxquels il s'applique. Les grands criminels braveront sans doute ses vaines rigueurs; les hommes ordinaires verront en lui un arrêt qui détruit leur position, entache leur honneur, et qui les condamne à une honteuse oisiveté pire que la mort.

Le jugement politique, aux États-Unis, exerce donc sur la marche de la société une influence d'au-

_____

(1) Voyez la constitution des Illinois, du Maine, du Connecticut et de la Géorgie.

tant plus grande qu'elle semble moins redoutable. Il n'agit pas directement sur les gouvernés, mais il rend la majorité entièrement maîtresse de ceux qui gouvernent; il ne donne point à la législature un immense pouvoir qu'elle ne pourrait exercer que dans un jour de crise; il lui laisse prendre une puissance modérée et régulière, dont elle peut user tous les jours. Si la force est moins grande, d'un autre côté l'emploi en est plus commode et l'abus plus facile.

En empêchant les tribunaux politiques de prononcer des peines judiciaires, les Américains me semblent donc avoir prévenu les conséquences les plus terribles de la tyrannie législative, plutôt que la tyrannie elle-même. Et je ne sais si, à tout prendre, le jugement politique, tel qu'on l'entend aux États-Unis, n'est point l'arme la plus formidable qu'on ait jamais remise aux mains de la majorité.

Lorsque les républiques américaines commenceront à dégénérer, je crois qu'on pourra aisément le reconnaître : il suffira de voir si le nombre des jugements politiques augmente (*N*).

CHAPITRE VIII.

DE LA CONSTITUTION FÉDÉRALE.

J'ai considéré jusqu'à présent chaque État comme formant un tout complet, et j'ai montré les différents ressorts que le peuple y fait mouvoir, ainsi que les moyens d'action dont il se sert. Mais tous ces États que j'ai envisagés comme indépendants, sont pourtant forcés d'obéir, en certains cas, à une autorité supérieure, qui est celle de l'Union. Le temps est venu d'examiner la part de souveraineté qui a été concédée à l'Union, et de jeter un coup d'œil rapide sur la constitution fédérale (1).

HISTORIQUE DE LA CONSTITUTION FÉDÉRALE.

Origine de la première Union. — Sa faiblesse. — Le congrès en appelle au pouvoir constituant. — Intervalle de deux années qui s'écoule entre ce moment et celui où la nouvelle constitution est promulguée.

Les treize colonies qui secouèrent simultanément le joug de l'Angleterre à la fin du siècle dernier

(1) Voyez à la fin du volume le texte de la constitution fédérale.

avaient, comme je l'ai déjà dit, la même religion, la même langue, les mêmes mœurs, presque les mêmes lois ; elles luttaient contre un ennemi commun ; elles devaient donc avoir de fortes raisons pour s'unir intimement les unes aux autres, et s'absorber dans une seule et même nation.

Mais chacune d'elles, ayant toujours eu une existence à part et un gouvernement à sa portée, s'était créé des intérêts ainsi que des usages particuliers, et répugnait à une union solide et complète qui eût fait disparaître son importance individuelle dans une importance commune. De là, deux tendances opposées : l'une qui portait les Anglo-Américains à s'unir, l'autre qui les portait à se diviser.

Tant que dura la guerre avec la mère-patrie, la nécessité fit prévaloir le principe de l'union. Et quoique les lois qui constituaient cette union fussent défectueuses, le lien commun subsista en dépit d'elles (1).

Mais dès que la paix fut conclue, les vices de la législation se montrèrent à découvert : l'État parut se dissoudre tout-à-coup. Chaque colonie, devenue une république indépendante, s'empara de la souveraineté entière. Le gouvernement fédéral, que sa constitution même condamnait à la faiblesse, et que le sentiment du danger public ne soutenait plus, vit son pavillon abandonné aux outrages des grands peuples de l'Europe, tandis qu'il ne pouvait trouver assez de

---

(1) Voyez les articles de la première confédération formée en 1778. Cette constitution fédérale ne fut adoptée par tous les États qu'en 1781.

Voyez également l'analyse que fait de cette constitution le *Fédéraliste*, depuis le n° 15 jusqu'au n° 22 inclusivement, et M. Story dans ses Commentaires sur la constitution des États-Unis, p. 85-115.

ressource pour tenir tête aux nations indiennes, et payer l'intérêt des dettes contractées pendant la guerre de l'Indépendance. Près de périr, il déclara lui-même officiellement son impuissance et en appela au pouvoir constituant (1).

Si jamais l'Amérique sut s'élever pour quelques instants à ce haut degré de gloire où l'imagination orgueilleuse de ses habitants voudrait sans cesse nous la montrer, ce fut dans ce moment suprême, où le pouvoir national venait en quelque sorte d'abdiquer l'empire.

Qu'un peuple lutte avec énergie pour conquérir son indépendance, c'est un spectacle que tous les siècles ont pu fournir. On a beaucoup exagéré, d'ailleurs, les efforts que firent les Américains pour se soustraire au joug des Anglais. Séparés par 1,300 lieues de mer de leurs ennemis, secourus par un puissant allié, les États-Unis durent la victoire à leur position bien plus encore qu'à la valeur de leurs armées, ou au patriotisme de leurs citoyens. Qui oserait comparer la guerre d'Amérique aux guerres de la révolution française, et les efforts des Américains aux nôtres, alors que la France, en butte aux attaques de l'Europe entière, sans argent, sans crédit, sans alliés, jetait le vingtième de sa population au-devant de ses ennemis, étouffant d'une main l'incendie qui dévorait ses entrailles, et de l'autre promenant la torche autour d'elle? Mais ce qui est nouveau dans l'histoire des sociétés, c'est de voir un grand peuple, averti par ses législateurs que les rouages du gouvernement s'arrê-

(1) Ce fut le 21 février 1787 que le congrès fit cette déclaration.

tent, tourner sans précipitation et sans crainte ses regards sur lui-même, sonder la profondeur du mal, se contenir pendant deux ans entiers, afin d'en découvrir à loisir le remède, et, lorsque ce remède est indiqué, s'y soumettre volontairement sans qu'il en coûte une larme ni une goutte de sang à l'humanité.

Lorsque l'insuffisance de la première constitution fédérale se fit sentir, l'effervescence des passions politiques qu'avait fait naître la révolution était en partie calmée, et tous les grands hommes qu'elle avait créés existaient encore. Ce fut un double bonheur pour l'Amérique. L'assemblée peu nombreuse (1), qui se chargea de rédiger la seconde constitution, renfermait les plus beaux esprits et les plus nobles caractères qui eussent jamais paru dans le Nouveau-Monde. Georges Washington la présidait.

Cette commission nationale, après de longues et mûres délibérations, offrit enfin à l'adoption du peuple le corps de lois organiques qui régit encore de nos jours l'Union. Tous les États l'adoptèrent successivement (2). Le nouveau gouvernement fédéral entra en fonctions en 1789, après deux ans d'interrègne. La révolution d'Amérique finit donc précisément au moment où commençait la nôtre.

(1) Elle n'était composée que de 25 membres. Washington, Madisson, Hamilton, les deux Morris, en faisaient partie.
(2) Ce ne furent point les législateurs qui l'adoptèrent. Le peuple nomma pour ce seul objet des députés. La nouvelle constitution fut dans chacune de ces assemblées l'objet de discussions approfondies.

TABLEAU SOMMAIRE DE LA CONSTITUTION FÉDÉRALE.

Division des pouvoirs entre la souveraineté fédérale et celle des États. — Le gouvernement des États reste le droit commun ; — le gouvernement fédéral, l'exception.

Une première difficulté dut se présenter à l'esprit des Américains. Il s'agissait de partager la souveraineté de telle sorte que les différents États qui formaient l'Union continuassent à se gouverner eux-mêmes dans tout ce qui ne regardait que leur prospérité intérieure, sans que la nation entière, représentée par l'Union, cessât de faire un corps et de pourvoir à tous ses besoins généraux. Question complexe et difficile à résoudre.

Il était impossible de fixer d'avance d'une manière exacte et complète la part de puissance qui devait revenir à chacun des deux gouvernements entre lesquels la souveraineté allait se partager. Qui pourrait prévoir à l'avance tous les détails de la vie d'un peuple?

Les devoirs et les droits du gouvernement fédéral étaient simples et assez faciles à définir, parce que l'Union avait été formée dans le but de répondre à quelques grands besoins généraux. Les devoirs et les droits du gouvernement des États étaient, au contraire, multiples et compliqués, parce que ce gouvernement pénétrait dans tous les détails de la vie sociale.

On définit donc avec soin les attributions du gouvernement fédéral, et l'on déclara que tout ce qui n'était pas compris dans la définition rentrait dans les attributions du gouvernement des États. Ainsi le gouvernement des États resta le droit commun; le gouvernement fédéral fut l'exception (1).

Mais comme on prévoyait que, dans la pratique, des questions pourraient s'élever relativement aux limites exactes de ce gouvernement exceptionnel, et qu'il eût été dangereux d'abandonner la solution de ces questions aux tribunaux ordinaires institués dans les différents États par ces États eux-mêmes, on créa une haute-cour (2) fédérale, tribunal unique, dont l'une des attributions fut de maintenir entre les deux gouvernements rivaux la division des pouvoirs telle que la constitution l'avait établie (3).

(1) Voyez amendement à la constitution fédérale. *Fédéraliste*, n° 32. Story, p. 711. *Kent's commentaries*, vol. 1, p. 364.

Remarquez même que, toutes les fois que la constitution n'a pas réservé au congrès le droit *exclusif* de régler certaines matières, les États peuvent le faire, en attendant qu'il lui plaise de s'en occuper. Exemple : Le congrès a le droit de faire une loi générale de banqueroute, il ne la fait pas : chaque État pourrait en faire une à sa manière. Au reste, ce point n'a été établi qu'après discussion devant les tribunaux. Il n'est que de jurisprudence.

(2) L'action de cette cour est indirecte, comme nous le verrons plus bas.

(3) C'est ainsi que le *Fédéraliste*, dans le n° 45, explique ce partage de la souveraineté entre l'Union et les États particuliers : « Les pouvoirs
» que la constitution délègue au gouvernement fédéral, dit-il, sont dé-
» finis, et en petit nombre. Ceux qui restent à la disposition des États
» particuliers sont au contraire indéfinis, et en grand nombre. Les pre-
» miers s'exercent principalement dans les objets extérieurs, tels que la
» paix, la guerre, les négociations, le commerce. Les pouvoirs que les
» États particuliers se réservent s'étendent à tous les objets qui suivent
» le cours ordinaire des affaires, intéressent la vie, la liberté et la pro-
» spérité de l'État. »

J'aurai souvent occasion de citer le *Fédéraliste* dans cet ouvrage. Lorsque le projet de loi qui depuis est devenu la constitution des États-Unis était encore devant le peuple, et soumis à son adoption, trois hommes déjà célèbres, et qui le sont devenus encore plus depuis, John

ATTRIBUTIONS DU GOUVERNEMENT FÉDÉRAL.

Pouvoir accordé au gouvernement fédéral de faire la paix, la guerre, d'établir des taxes générales. — Objet de politique intérieure dont il peut s'occuper. — Le gouvernement de l'Union, plus centralisé sur quelques points que ne l'était le gouvernement royal sous l'ancienne monarchie française.

Les peuples entre eux ne sont que des individus. C'est surtout pour paraître avec avantage vis-à-vis des étrangers qu'une nation a besoin d'un gouvernement unique.

A l'Union fut donc accordé le droit exclusif de faire la paix et la guerre; de conclure les traités de commerce; de lever des armées, d'équiper des flottes (1).

La nécessité d'un gouvernement national ne se fait pas aussi impérieusement sentir dans la direction des affaires intérieures de la société.

Toutefois, il est certains intérêts généraux auxquels une autorité générale peut seule utilement pourvoir.

A l'Union fut abandonné le droit de régler tout ce qui a rapport à la valeur de l'argent; on la chargea du service des postes; on lui donna le droit d'ouvrir les

---

Jay, Hamilton et Madisson, s'associèrent dans le but de faire ressortir aux yeux de la nation les avantages du projet qui leur était soumis. Dans ce dessein, ils publièrent sous la forme d'un journal une suite d'articles dont l'ensemble forme un traité complet. Ils avaient donné à leur journal le nom de *Fédéraliste*, qui est resté à l'ouvrage.

Le *Fédéraliste* est un beau livre, qui, quoique spécial à l'Amérique, devrait être familier aux hommes d'État de tous les pays.

(1) Voyez constitution, sect. VIII. *Fédéraliste*, n°s 41 et 42. *Kent's commentaries*, vol. I, p. 207 et suiv. *Story*, p. 358-382; *id.*, p. 409-426.

grandes communications qui devaient unir les diverses parties du territoire (1).

En général, le gouvernement des différents États fut considéré comme libre dans sa sphère; cependant il pouvait abuser de cette indépendance, et compromettre, par d'imprudentes mesures, la sûreté de l'Union entière; pour ces cas rares et définis d'avance, on permit au gouvernement fédéral d'intervenir dans les affaires intérieures des États (2). C'est ainsi que, tout en reconnaissant à chacune des républiques confédérées le pouvoir de modifier et de changer sa législation, on lui défendit cependant de faire des lois rétroactives, et de créer dans son sein un corps de nobles (3).

Enfin, comme il fallait que le gouvernement fédéral pût remplir les obligations qui lui étaient imposées, on lui donna le droit illimité de lever des taxes (4).

Lorsqu'on fait attention au partage des pouvoirs tel que la constitution fédérale l'a établi; quand, d'une part, on examine la portion de souveraineté que se sont réservée les États particuliers, et de l'autre la part de puissance que l'Union a prise, on

---

(1) Il y a encore plusieurs autres droits de cette espèce, tels que celui de faire une loi générale sur les banqueroutes, d'accorder des brevets d'invention...... On sent assez ce qui rendait nécessaire l'intervention de l'Union entière dans ces matières.

(2) Même dans ce cas, son intervention est indirecte. L'Union intervient par ses tribunaux, comme nous le verrons plus loin.

(3) Constitution fédérale, sect. x, art. 1.

(4) Constitution, sect. VIII, IX et X. *Fédéraliste*, n° 30-36, inclusivement. *Id.*, 41, 42, 43, 44. *Kent's commentaries*, vol. 1, p. 207 et 381, *Story, id.*, p. 329, 514.

découvre aisément que les législateurs fédéraux s'étaient formé des idées très nettes et très justes de ce que j'ai nommé précédemment la centralisation gouvernementale.

Non seulement les États-Unis forment une république, mais encore une confédération. Cependant l'autorité nationale y est, à quelques égards, plus centralisée qu'elle ne l'était à la même époque dans plusieurs des monarchies absolues de l'Europe. Je n'en citerai que deux exemples.

La France comptait treize cours souveraines, qui le plus souvent avaient le droit d'interpréter la loi sans appel. Elle possédait, de plus, certaines provinces appelées pays d'États, qui, après que l'autorité souveraine, chargée de représenter la nation, avait ordonné la levée d'un impôt, pouvaient refuser leur concours.

L'Union n'a qu'un seul tribunal pour interpréter la loi, comme une seule législature pour la faire; l'impôt voté par les représentants de la nation oblige tous les citoyens. L'Union est donc plus centralisée sur ces deux points essentiels que ne l'était la monarchie française; cependant, l'Union n'est qu'un assemblage de républiques confédérées.

En Espagne, certaines provinces avaient le pouvoir d'établir un système de douanes qui leur fût propre, pouvoir qui tient, par son essence même, à la souveraineté nationale.

En Amérique, le congrès seul a droit de régler les rapports commerciaux des États entre eux. Le gouvernement de la confédération est donc plus centralisé sur ce point que celui du royaume d'Espagne.

Il est vrai qu'en France et en Espagne le pouvoir royal étant toujours en état d'exécuter au besoin, par la force, ce que la constitution du royaume lui refusait le droit de faire, on en arrivait, en définitive, au même point. Mais je parle ici de la théorie.

POUVOIRS FÉDÉRAUX.

Après avoir renfermé le gouvernement fédéral dans un cercle d'actions nettement tracé, il s'agissait de savoir comment on l'y ferait mouvoir.

POUVOIRS LÉGISLATIFS.

Division du corps législatif en deux branches. — Différences dans la manière de former les deux chambres. — Le principe de l'indépendance des États triomphe dans la formation du sénat. — Le dogme de la souveraineté nationale, dans la composition de la chambre des représentants. — Effets singuliers qui résultent de ceci, que les constitutions ne sont logiques que quand les peuples sont jeunes.

Dans l'organisation des pouvoirs de l'Union, on suivit en beaucoup de points le plan qui était tracé d'avance par la constitution particulière de chacun des États.

Le corps législatif fédéral de l'Union se composa d'un sénat et d'une chambre des représentants.

L'esprit de conciliation fit suivre dans la formation de chacune de ces assemblées des règles diverses.

J'ai fait sentir plus haut que, quand on avait voulu établir la constitution fédérale, deux intérêts opposés s'étaient trouvés en présence. Ces deux intérêts avaient donné naissance à deux opinions.

Les uns voulaient faire de l'Union une ligue d'États indépendants, une sorte de congrès, où les représentants de peuples distincts viendraient discuter certains points d'intérêt commun.

Les autres voulaient réunir tous les habitants des anciennes colonies dans un seul et même peuple, et leur donner un gouvernement qui, bien que sa sphère fût bornée, pût agir cependant, dans cette sphère, comme le seul et unique représentant de la nation. Les conséquences pratiques de ces deux théories étaient fort diverses.

Ainsi, s'agissait-il d'organiser une ligue et non un gouvernement national, c'était à la majorité des États à faire la loi, et non point à la majorité des habitants de l'Union. Car chaque État, grand ou petit, conservait alors son caractère de puissance indépendante, et entrait dans l'Union sur le pied d'une égalité parfaite.

Du moment, au contraire, où l'on considérait les habitants des États-Unis comme formant un seul et même peuple, il était naturel que la majorité seule des citoyens de l'Union fît la loi.

On comprend que les petits États ne pouvaient consentir à l'application de cette doctrine sans abdiquer complétement leur existence, dans ce qui regardait la souveraineté fédérale ; car de puissance corégulatrice, ils devenaient fraction insignifiante d'un grand peuple. Le premier système leur eût accordé une puissance déraisonnable ; le second les annulait.

Dans cet état de choses, il arriva ce qui arrive presque toujours lorsque les intérêts sont en opposition avec les raisonnements : on fit plier les règles de la logique. Les législateurs adoptèrent un terme moyen qui conciliait de force deux systèmes théoriquement inconciliables.

Le principe de l'indépendance des États triompha dans la formation du sénat ; le dogme de la souveraineté nationale, dans la composition de la chambre des représentants.

Chaque État dut envoyer deux sénateurs au congrès et un certain nombre de représentants, en proportion de sa population (1).

Il résulte de cet arrangement que, de nos jours, l'État de New-York a au congrès quarante représentants et seulement deux sénateurs ; l'État de Delaware deux sénateurs et seulement un représentant. L'État de Delaware est donc, dans le sénat, l'égal de l'État de New-York ; tandis que celui-ci a, dans la chambre

---

(1) Tous les dix ans, le congrès fixe de nouveau le nombre des députés que chaque État doit envoyer à la chambre des représentants. Le nombre total était de 69 en 1789 ; il était en 1833 de 240. (*American almanac*, 1834, p. 194.)

La constitution avait dit qu'il n'y aurait pas plus d'un représentant par 30,000 personnes ; mais elle n'avait pas fixé de limite en moins. Le congrès n'a pas cru devoir accroître le nombre des représentants dans la proportion de l'accroissement de la population. Par la première loi qui intervint sur ce sujet, le 14 avril 1792 (voyez *laws of the United States by Story*, vol. 1, p. 235), il fut décidé qu'il y aurait un représentant par 33,000 habitants. La dernière loi, qui est intervenue en 1832, fixa le nombre à 1 représentant par 48,000 habitants. La population représentée se compose de tous les hommes libres, et des trois cinquièmes du nombre des esclaves.

des représentants, quarante fois plus d'influence que le premier. Ainsi, il peut arriver que la minorité de la nation, dominant le sénat, paralyse entièrement les volontés de la majorité, représentée par l'autre chambre; ce qui est contraire à l'esprit des gouvernements constitutionnels.

Tout ceci montre bien à quel degré il est rare et difficile de lier entre elles d'une manière logique et rationnelle toutes les parties de la législation.

Le temps fait toujours naître à la longue, chez le même peuple, des intérêts différents, et consacre des droits divers. Lorsqu'il s'agit ensuite d'établir une constitution générale, chacun de ces intérêts et de ces droits forme comme autant d'obstacles naturels qui s'opposent à ce qu'aucun principe politique ne suive toutes ses conséquences. C'est donc seulement à la naissance des sociétés qu'on peut être complétement logique dans les lois. Lorsque vous voyez un peuple jouir de cet avantage, ne vous hâtez pas de conclure qu'il est sage; pensez plutôt qu'il est jeune.

A l'époque où la constitution fédérale a été formée, il n'existait encore parmi les Anglo-Américains que deux intérêts positivement opposés l'un à l'autre: l'intérêt d'individualité pour les États particuliers, l'intérêt d'union pour le peuple entier; et il a fallu en venir à un compromis.

On doit reconnaître, toutefois, que cette partie de la constitution n'a point, jusqu'à présent, produit les maux qu'on pouvait craindre.

Tous les États sont jeunes; ils sont rapprochés les uns des autres; ils ont des mœurs, des idées et des besoins homogènes; la différence qui résulte de leur plus ou moins de grandeur, ne suffit pas pour leur donner des intérêts fort opposés. On n'a donc jamais vu les petits États se liguer, dans le sénat, contre les desseins des grands. D'ailleurs, il y a une force tellement irrésistible dans l'expression légale des volontés de tout un peuple, que, la majorité venant à s'exprimer par l'organe de la chambre des représentants, le sénat se trouve bien faible en sa présence.

De plus, il ne faut pas oublier qu'il ne dépendait pas des législateurs américains de faire une seule et même nation du peuple auquel ils voulaient donner des lois. Le but de la constitution fédérale n'était pas de détruire l'existence des États, mais seulement de la restreindre. Du moment donc où on laissait un pouvoir réel à ces corps secondaires (et on ne pouvait le leur ôter), on renonçait d'avance à employer habituellement la contrainte pour les plier aux volontés de la majorité. Ceci posé, l'introduction de leurs forces individuelles dans les rouages du gouvernement fédéral n'avait rien d'extraordinaire. Elle ne faisait que constater un fait existant, celui d'une puissance reconnue qu'il fallait ménager et non violenter.

AUTRE DIFFÉRENCE ENTRE LE SÉNAT ET LA CHAMBRE DES REPRÉSENTANTS.

Le sénat nommé par les législateurs provinciaux. — Les représentants, par le peuple. — Deux degrés d'élection pour le premier. — Un seul pour le second. — Durée des différents mandats. — Attributions.

Le sénat ne diffère pas seulement de l'autre chambre par le principe même de la représentation, mais aussi par le mode de l'élection, par la durée du mandat et par la diversité des attributions.

La chambre des représentants est nommée par le peuple ; le sénat, par les législateurs de chaque État.

L'une est le produit de l'élection directe, l'autre de l'élection à deux degrés.

Le mandat des représentants ne dure que deux ans ; celui des sénateurs, six.

La chambre des représentants n'a que des fonctions législatives ; elle ne participe au pouvoir judiciaire qu'en accusant les fonctionnaires publics ; le sénat concourt à la formation des lois ; il juge les délits politiques qui lui sont déférés par la chambre des représentants ; il est, de plus, le grand conseil exécutif de la nation. Les traités conclus par le président doivent être validés par le sénat ; ses choix, pour être définitifs, ont besoin de recevoir l'approbation du même corps (1).

(1) Voyez *Fédéraliste*, n° 52-66, inclusivement. *Story*, p. 199-314. Constitution, sect. II et III.

DU POUVOIR EXÉCUTIF (1).

Dépendance du président. — Électif et responsable. — Libre dans sa sphère, le sénat le surveille et ne le dirige pas. — Le traitement du président fixé à son entrée en fonctions. — Véto suspensif.

Les législateurs américains avaient une tâche difficile à remplir : ils voulaient créer un pouvoir exécutif qui dépendît de la majorité, et qui pourtant fût assez fort par lui-même pour agir avec liberté dans sa sphère.

Le maintien de la forme républicaine exigeait que le représentant du pouvoir exécutif fût soumis à la volonté nationale.

Le président est un magistrat électif. Son honneur, ses biens, sa liberté, sa vie, répondent sans cesse au peuple du bon emploi qu'il fera de son pouvoir. En exerçant ce pouvoir, il n'est pas d'ailleurs complétement indépendant : le sénat le surveille dans ses rapports avec les puissances étrangères, ainsi que dans la distribution des emplois; de telle sorte qu'il ne peut ni être corrompu ni corrompre.

Les législateurs de l'Union reconnurent que le pouvoir exécutif ne pourrait remplir dignement et utilement sa tâche, s'ils ne parvenaient à lui donner plus de stabilité et plus de force qu'on ne lui en avait accordé dans les États particuliers.

Le président fut nommé pour quatre ans, et put être réélu. Avec de l'avenir, il eut le courage de travailler au bien public, et les moyens de l'opérer.

(1) *Fédéraliste*, n° 67-77, inclusivement. Constitution, art. 2. *Story*, p. 315, p. 515-780. *Kent's commentaries*, p. 255.

On fit du président le seul et unique représentant de la puissance exécutive de l'Union. On se garda même de subordonner ses volontés à celles d'un conseil : moyen dangereux, qui, tout en affaiblissant l'action du gouvernement, diminue la responsabilité des gouvernants. Le sénat a le droit de frapper de stérilité quelques uns des actes du président; mais il ne saurait le forcer à agir, ni partager avec lui la puissance exécutive.

L'action de la législature sur le pouvoir exécutif peut être directe; nous venons de voir que les Américains avaient pris soin qu'elle ne le fût pas. Elle peut aussi être indirecte.

Les chambres, en privant le fonctionnaire public de son traitement, lui ôtent une partie de son indépendance; maîtresses de faire les lois, on doit craindre qu'elles ne lui enlèvent peu à peu la portion de pouvoir que la constitution avait voulu lui conserver.

Cette dépendance du pouvoir exécutif est un des vices inhérents aux constitutions républicaines. Les Américains n'ont pu détruire la pente qui entraîne les assemblées législatives à s'emparer du gouvernement, mais ils ont rendu cette pente moins irrésistible.

Le traitement du président est fixé, à son entrée en fonctions, pour tout le temps que doit durer sa magistrature. De plus, le président est armé d'un véto suspensif, qui lui permet d'arrêter à leur passage les lois qui pourraient détruire la portion d'indépendance que la constitution lui a laissée. Il ne saurait pourtant y avoir qu'une lutte inégale entre le président et la législature, puisque celle-ci, en persévérant dans ses desseins, est toujours maîtresse de vaincre la résistance qu'on lui oppose; mais le véto suspensif la force du moins à retourner sur ses pas; il l'oblige à considérer de nouveau la question, et, cette fois, elle ne peut plus la trancher qu'à la majorité des deux tiers des opinants. Le véto, d'ailleurs, est une sorte d'appel au peuple. Le pouvoir exécutif, qu'on eût pu, sans cette garantie, opprimer en secret, plaide alors sa cause, et fait entendre ses raisons.

Mais si la législature persévère dans ses desseins, ne peut-elle pas toujours vaincre la résistance qu'on lui oppose? A cela, je répondrai qu'il y a dans la constitution de tous les peuples, quelle que soit du reste sa nature, un point où le législateur est obligé de s'en rapporter au bon sens et à la vertu des citoyens. Ce point est plus rapproché et plus visible dans les républiques, plus éloigné et caché avec plus de soin dans les monarchies; mais il se trouve toujours quelque part. Il n'y a pas de pays où la loi puisse tout prévoir, et où les institutions doivent tenir lieu de la raison et des mœurs.

EN QUOI LA POSITION DU PRÉSIDENT AUX ÉTATS-UNIS DIFFÈRE DE CELLE D'UN ROI CONSTITUTIONNEL EN FRANCE.

Le pouvoir exécutif, aux États-Unis, borné et exceptionnel comme la souveraineté au nom de laquelle il agit. — Le pouvoir exécutif en France s'étend à tout comme elle. — Le roi est un des auteurs de la loi. — Le président n'est que l'exécuteur de la loi. — Autres différences qui naissent de la durée des deux pouvoirs. — Le président gêné dans la sphère du pouvoir exécutif. — Le roi y est libre. — La France, malgré ces différences, ressemble plus à une république que l'Union à une monarchie. — Comparaison du nombre des fonctionnaires qui, dans les deux pays, dépendent du pouvoir exécutif.

Le pouvoir exécutif joue un si grand rôle dans la destinée des nations, que je veux m'arrêter un instant ici, pour mieux faire comprendre quelle place il occupe chez les Américains.

Afin de concevoir une idée claire et précise de la position du président des États-Unis, il est utile de la comparer à celle du roi, dans l'une des monarchies constitutionnelles d'Europe.

Dans cette comparaison, je m'attacherai peu aux signes extérieurs de la puissance; ils trompent l'œil de l'observateur plus qu'ils ne le guident.

Lorsqu'une monarchie se transforme peu à peu en république, le pouvoir exécutif y conserve des titres, des honneurs, des respects, et même de l'argent, longtemps après qu'il y a perdu la réalité de la puissance. Les Anglais, après avoir tranché la tête à l'un de leurs rois et en avoir chassé un autre du trône, se mettaient encore à genoux pour parler aux successeurs de ces princes.

D'un autre côté, lorsque les républiques tombent

sous le joug d'un seul, le pouvoir continue à s'y montrer simple, uni et modeste dans ses manières, comme s'il ne s'élevait point déjà au-dessus de tous. Quand les empereurs disposaient despotiquement de la fortune et de la vie de leurs concitoyens, on les appelait encore Césars en leur parlant, et ils allaient souper familièrement chez leurs amis.

Il faut donc abandonner la surface et pénétrer plus avant.

La souveraineté, aux États-Unis, est divisée entre l'Union et les États, tandis que, parmi nous, elle est une et compacte; de là naît la première et la plus grande différence que j'aperçoive entre le président des États-Unis et le roi en France.

Aux États-Unis, le pouvoir exécutif est borné et exceptionnel, comme la souveraineté même au nom de laquelle il agit; en France il s'étend à tout comme elle.

Les Américains ont un gouvernement fédéral; nous avons un gouvernement national.

Voilà une première cause d'infériorité qui résulte de la nature même des choses; mais elle n'est pas seule. La seconde en importance est celle-ci: on peut, à proprement parler, définir la souveraineté, le droit de faire les lois.

Le roi, en France, constitue réellement une partie du souverain, puisque les lois n'existent point s'il refuse de les sanctionner; il est, de plus, l'exécuteur des lois.

Le président est également l'exécuteur de la loi, mais il ne concourt pas réellement à la faire, puisque, en refusant son assentiment, il ne peut l'empêcher d'exister. Il ne fait donc point partie du souverain; il n'en est que l'agent.

Non seulement le roi, en France, constitue une portion du souverain, mais encore il participe à la formation de la législature, qui en est l'autre portion. Il y participe en nommant les membres d'une chambre, et en faisant cesser à sa volonté la durée du mandat de l'autre. Le président des États-Unis ne concourt en rien à la composition du corps législatif et ne saurait le dissoudre.

Le roi partage avec les chambres le droit de proposer la loi.

Le président n'a point d'initiative semblable.

Le roi est représenté, au sein des chambres, par un certain nombre d'agents qui exposent ses vues, soutiennent ses opinions, et font prévaloir ses maximes de gouvernement.

Le président n'a point entrée au congrès; ses ministres en sont exclus comme lui-même, et ce n'est que par des voies indirectes qu'il fait pénétrer dans ce grand corps son influence et ses avis.

Le roi de France marche donc d'égal à égal avec la législature, qui ne peut agir sans lui, comme il ne saurait agir sans elle.

Le président est placé à côté de la législature, comme un pouvoir inférieur et dépendant.

Dans l'exercice du pouvoir exécutif proprement dit, point sur lequel sa position semble le plus se rapprocher de celle du roi en France, le président a encore plusieurs causes d'infériorité très grandes.

Le pouvoir du roi, en France, a d'abord, sur celui du président, l'avantage de la durée. Or, la durée est un des premiers éléments de la force. On n'aime et on ne craint que ce qui doit exister long-temps.

Le président des États-Unis est un magistrat élu pour quatre ans. Le roi, en France, est un chef héréditaire.

Dans l'exercice du pouvoir exécutif, le président des États-Unis est continuellement soumis à une surveillance jalouse. Il prépare les traités, mais il ne les fait pas; il désigne aux emplois, mais il n'y nomme point (1).

Le roi de France est maître absolu dans la sphère du pouvoir exécutif.

Le président des États-Unis est responsable de ses actes. La loi française dit que la personne du roi de France est inviolable.

Cependant, au-dessus de l'un comme au-dessus de l'autre, se tient un pouvoir dirigeant, celui de l'opinion publique. Ce pouvoir est moins défini en France qu'aux États-Unis; moins reconnu, moins formulé dans les lois; mais de fait il y existe. En Amérique, il procède par des élections et des arrêts, en France par des révolutions. La France et les États-Unis ont ainsi, malgré la diversité de leur constitution, ce point de commun, que l'opinion publique y est, en résultat, le pouvoir dominant. Le principe généra-

(1) La constitution avait laissé douteux le point de savoir si le président était tenu à prendre l'avis du sénat, en cas de discussion, comme en cas de nomination d'un fonctionnaire fédéral. Le *Fédéraliste*, dans son n° 77, semblait établir l'affirmative; mais en 1789, le congrès décida avec toute raison que, puisque le président était responsable, on ne pouvait le forcer de se servir d'agents qui n'avaient pas sa confiance. Voyez *Kent's commentaries*, vol. 1, p. 289.

teur des lois est donc, à vrai dire, le même chez les deux peuples, quoique ses développements y soient plus ou moins libres, et que les conséquences qu'on en tire soient souvent différentes. Ce principe, de sa nature, est essentiellement républicain. Ainsi pensé-je que la France, avec son roi, ressemble plus à une république, que l'Union, avec son président, à une monarchie.

Dans tout ce qui précède, j'ai pris soin de ne signaler que les points capitaux de différence. Si j'eusse voulu entrer dans les détails, le tableau eût été bien plus frappant encore. Mais j'ai trop à dire pour ne pas vouloir être court.

J'ai remarqué que le pouvoir du président des États-Unis ne s'exerce que dans la sphère d'une souveraineté restreinte, tandis que celui du roi, en France, agit dans le cercle d'une souveraineté complète.

J'aurais pu montrer le pouvoir gouvernemental du roi en France dépassant même ses limites naturelles, quelque étendues qu'elles soient, et pénétrant, de mille manières, dans l'administration des intérêts individuels.

A cette cause d'influence, je pouvais joindre celle qui résulte du grand nombre des fonctionnaires publics qui, presque tous, doivent leur mandat à la puissance exécutive. Ce nombre a dépassé chez nous toutes les bornes connues; il s'élève à 138,000 (1). Chacune de ces 138,000 nominations doit être considérée comme un élément de force. Le président n'a

---

(1) Les sommes payées par l'État à ces divers fonctionnaires montent chaque année à 200,000,000 de francs.

pas le droit absolu de nommer aux emplois publics, et ces emplois n'excèdent guère 12,000 (1).

CAUSES ACCIDENTELLES QUI PEUVENT ACCROÎTRE L'INFLUENCE DU POUVOIR EXÉCUTIF.

Sécurité extérieure dont jouit l'Union. — Politique expectante. — Armée de 6,000 soldats. — Quelques vaisseaux seulement. — Le président possède de grandes prérogatives dont il n'a pas l'occasion de se servir. — Dans ce qu'il a occasion d'exécuter il est faible.

Si le pouvoir exécutif est moins fort en Amérique qu'en France, il faut en attribuer la cause aux circonstances plus encore peut-être qu'aux lois.

C'est principalement dans ses rapports avec les étrangers que le pouvoir exécutif d'une nation trouve l'occasion de déployer de l'habileté et de la force.

Si la vie de l'Union était sans cesse menacée, si ses grands intérêts se trouvaient tous les jours mêlés à ceux d'autres peuples puissants, on verrait le pouvoir exécutif grandir dans l'opinion, par ce qu'on attendrait de lui, et par ce qu'il exécuterait.

Le président des États-Unis est, il est vrai, le chef de l'armée, mais cette armée se compose de 6,000 soldats; il commande la flotte, mais la flotte ne compte que quelques vaisseaux; il dirige les affaires de l'Union

(1) On publie chaque année aux États-Unis un almanach appelé *National calendar;* on y trouve le nom de tous les fonctionnaires fédéraux. C'est le *National calendar* de 1833 qui m'a fourni le chiffre que je donne ici.

Il résulterait de ce qui précède que le roi de France dispose de onze fois plus de places que le président des États-Unis, quoique la population de la France ne soit qu'une fois et demie plus considérable que celle de l'Union.

vis-à-vis des peuples étrangers, mais les États-Unis n'ont pas de voisins. Séparés du reste du monde par l'Océan, trop faibles encore pour vouloir dominer la mer, ils n'ont point d'ennemis, et leurs intérêts ne sont que rarement en contact avec ceux des autres nations du globe.

Ceci fait bien voir qu'il ne faut pas juger de la pratique du gouvernement par la théorie.

Le président des États-Unis possède des prérogatives presque royales, dont il n'a pas l'occasion de se servir, et les droits dont, jusqu'à présent, il peut user sont très circonscrits : les lois lui permettent d'être fort, les circonstances le maintiennent faible.

Ce sont, au contraire, les circonstances qui, plus encore que les lois, donnent à l'autorité royale de France sa plus grande force.

En France, le pouvoir exécutif lutte sans cesse contre d'immenses obstacles, et dispose d'immenses ressources pour les vaincre. Il s'accroît de la grandeur des choses qu'il exécute et de l'importance des événements qu'il dirige, sans pour cela modifier sa constitution.

Les lois l'eussent-elles créé aussi faible et aussi circonscrit que celui de l'Union, son influence deviendrait bientôt beaucoup plus grande.

POURQUOI LE PRÉSIDENT DES ÉTATS-UNIS N'A PAS BESOIN POUR DIRIGER LES AFFAIRES D'AVOIR LA MAJORITÉ DANS LES CHAMBRES.

C'est un axiome établi en Europe, qu'un roi constitutionnel ne peut gouverner quand l'opinion des chambres législatives ne s'accorde pas avec la sienne.

On a vu plusieurs présidents des États-Unis perdre l'appui de la majorité dans le corps législatif, sans être obligés d'abandonner le pouvoir, ni sans qu'il en résultât pour la société un grand mal.

J'ai entendu citer ce fait pour prouver l'indépendance et la force du pouvoir exécutif en Amérique. Il suffit de réfléchir quelques instants pour y voir, au contraire, la preuve de son impuissance.

Un roi d'Europe a besoin d'obtenir l'appui du corps législatif pour remplir la tâche que la constitution lui impose, parce que cette tâche est immense. Un roi constitutionnel d'Europe n'est pas seulement l'exécuteur de la loi : le soin de son exécution lui est si complétement dévolu, qu'il pourrait, si elle lui était contraire, en paralyser les forces. Il a besoin des chambres pour faire la loi, les chambres ont besoin de lui pour l'exécuter : ce sont deux puissances qui ne peuvent vivre l'une sans l'autre ; les rouages du gouvernement s'arrêtent au moment où il y a désaccord entre elles.

En Amérique, le président ne peut empêcher la formation des lois; il ne saurait se soustraire à l'obligation de les exécuter. Son concours zélé et sincère est sans doute utile, mais n'est point nécessaire à la marche du gouvernement. Dans tout ce qu'il fait d'essentiel, on le soumet directement ou indirectement à la législature; où il est entièrement indépendant d'elle, il ne peut presque rien. C'est donc sa faiblesse, et non sa force, qui lui permet de vivre en opposition avec le pouvoir législatif.

En Europe, il faut qu'il y ait accord entre le roi et les chambres, parce qu'il peut y avoir lutte sérieuse entre eux. En Amérique, l'accord n'est pas obligé, parce que la lutte est impossible.

DE L'ÉLECTION DU PRÉSIDENT.

Le danger du système d'élection augmente en proportion de l'étendue des prérogatives du pouvoir exécutif. — Les Américains peuvent adopter ce système, parce qu'ils peuvent se passer d'un pouvoir exécutif fort. — Comment les circonstances favorisent l'établissement du système électif. — Pourquoi l'élection du président ne fait point varier les principes du gouvernement. — Influence que l'élection du président exerce sur le sort des fonctionnaires secondaires.

Le système de l'élection, appliqué au chef du pouvoir exécutif chez un grand peuple, présente des dangers que l'expérience et les historiens ont suffisamment signalés.

Aussi je ne veux en parler que par rapport à l'Amérique.

Les dangers qu'on redoute du système de l'élection sont plus ou moins grands, suivant la place que le pouvoir exécutif occupe, et son importance dans l'État, suivant le mode de l'élection et les circonstances dans lesquelles se trouve le peuple qui élit.

Ce qu'on reproche non sans raison au système électif, appliqué au chef de l'État, c'est d'offrir un appât si grand aux ambitions particulières, et de les enflammer si fort à la poursuite du pouvoir, que souvent les moyens légaux ne leur suffisant plus, elles en appellent à la force quand le droit vient à leur manquer.

Il est clair que plus le pouvoir exécutif a de prérogatives, plus l'appât est grand; plus l'ambition des prétendants est excitée, plus aussi elle trouve d'appui dans une foule d'ambitions secondaires qui espèrent se partager la puissance après que leur candidat aura triomphé.

Les dangers du système d'élection croissent donc en proportion directe de l'influence exercée par le pouvoir exécutif sur les affaires de l'État.

Les révolutions de Pologne ne doivent pas seulement être attribuées au système électif en général, mais à ce que le magistrat élu était le chef d'une grande monarchie.

Avant de discuter la bonté absolue du système électif, il y a donc toujours une question préjudicielle à décider, celle de savoir si la position géographique, les lois, les habitudes, les mœurs et les opinions du peuple chez lequel on veut l'introduire permettent d'y établir un pouvoir exécutif faible et dépendant; car vouloir tout à la fois que le représentant de l'État reste armé d'une vaste puissance et soit élu, c'est exprimer, suivant moi, deux volontés contradictoires. Pour ma part, je ne connais qu'un seul moyen de faire passer la royauté héréditaire à l'état de pouvoir électif : il faut rétrécir d'avance sa sphère d'action, diminuer graduellement ses prérogatives, et habituer peu à peu le peuple à vivre sans son aide. Mais c'est ce dont les républicains d'Europe ne s'occupent guère. Comme beaucoup d'entre eux ne haïssent la tyrannie que parce qu'ils sont en butte à ses rigueurs, l'étendue du pouvoir exécutif ne les blesse point; ils n'attaquent que son origine, sans apercevoir le lien étroit qui lie ces deux choses.

Il ne s'est encore rencontré personne qui se souciât d'exposer son honneur et sa vie pour devenir président des États-Unis, parce que le président n'a qu'un pouvoir temporaire, borné et dépendant. Il faut que la fortune mette un prix immense en jeu pour qu'il se présente des joueurs désespérés dans la lice. Nul candidat, jusqu'à présent, n'a pu soulever en sa faveur d'ardentes sympathies et de dangereuses passions populaires. La raison en est simple : parvenu à la tête du gouvernement, il ne peut distribuer à ses amis ni beaucoup de puissance, ni beaucoup de richesses, ni beaucoup de gloire, et son influence dans l'État est trop faible pour que les factions voient leurs succès ou leur ruine dans son élévation au pouvoir.

Les monarchies héréditaires ont un grand avantage : l'intérêt particulier d'une famille y étant continuellement lié d'une manière étroite à l'intérêt de l'État, il ne se passe jamais un seul moment où celui-ci reste abandonné à lui-même. Je ne sais si dans ces monarchies les affaires sont mieux dirigées qu'ailleurs ; mais du moins il y a toujours quelqu'un qui, bien ou mal, suivant sa capacité, s'en occupe.

Dans les États électifs, au contraire, à l'approche de l'élection et long-temps avant qu'elle n'arrive, les rouages du gouvernement ne fonctionnent plus, en quelque sorte, que d'eux-mêmes. On peut sans doute combiner les lois de manière à ce que l'élection s'opérant d'un seul coup et avec rapidité, le siége de la puissance exécutive ne reste pour ainsi dire jamais vacant ; mais, quoi qu'on fasse, le vide existe dans les esprits en dépit des efforts du législateur.

A l'approche de l'élection, le chef du pouvoir exécutif ne songe qu'à la lutte qui se prépare; il n'a plus d'avenir; il ne peut rien entreprendre, et ne poursuit qu'avec mollesse ce qu'un autre peut-être va achever. « Je suis si près du moment de ma retraite, écrivait » le président Jefferson, le 21 janvier 1809 (six se- » maines avant l'élection), que je ne prends plus part » aux affaires que par l'expression de mon opinion. » Il me semble juste de laisser à mon successeur l'ini- » tiative des mesures dont il aura à suivre l'exécution » et à supporter la responsabilité. »

De son côté, la nation n'a les yeux tournés que sur un seul point; elle n'est occupée qu'à surveiller le travail d'enfantement qui se prépare.

Plus la place qu'occupe le pouvoir exécutif dans la direction des affaires est vaste, plus son action habituelle est grande et nécessaire, et plus un pareil état de choses est dangereux. Chez un peuple qui a contracté l'habitude d'être gouverné par le pouvoir exécutif, et à plus forte raison d'être administré par lui, l'élection ne pourrait manquer de produire une perturbation profonde.

Aux États-Unis, l'action du pouvoir exécutif peut se ralentir impunément, parce que cette action est faible et circonscrite.

Lorsque le chef du gouvernement est élu, il en résulte presque toujours un défaut de stabilité dans la politique intérieure et extérieure de l'État. C'est là un des vices principaux de ce système.

Mais ce vice est plus ou moins sensible suivant la part de puissance accordée au magistrat élu. A Rome, les principes du gouvernement ne variaient point, quoique les consuls fussent changés tous les ans, parce que le sénat était le pouvoir dirigeant, et que le sénat était un corps héréditaire. Dans la plupart des monarchies de l'Europe, si on élisait le roi, le royaume changerait de face à chaque nouveau choix.

En Amérique, le président exerce une assez grande influence sur les affaires de l'État, mais il ne les conduit point ; le pouvoir prépondérant réside dans la représentation nationale tout entière. C'est donc la masse du peuple qu'il faut changer, et non pas seulement le président, pour que les maximes de la politique varient. Aussi, en Amérique, le système de l'élection, appliqué au chef du pouvoir exécutif, ne nuit-il pas d'une manière très sensible à la fixité du gouvernement.

Du reste, le manque de fixité est un mal tellement inhérent au système électif, qu'il se fait encore vivement sentir dans la sphère d'action du président, quelque circonscrite qu'elle soit.

Les Américains ont pensé avec raison que le chef du pouvoir exécutif, pour remplir sa mission et porter le poids de la responsabilité tout entière, devait rester, autant que possible, libre de choisir lui-même ses agents et de les révoquer à volonté ; le corps législatif surveille le président plutôt qu'il ne le dirige. Il suit de là qu'à chaque élection nouvelle, le sort de tous les employés fédéraux est comme en suspens.

On se plaint, dans les monarchies constitutionnelles d'Europe, de ce que la destinée des agents obscurs de l'administration dépend souvent du sort des ministres. C'est bien pis encore dans les États où le chef du gouvernement est élu. La raison en est simple : dans les monarchies constitutionnelles, les ministres se succèdent rapidement ; mais le représentant principal du pouvoir exécutif ne change jamais, ce qui renferme l'esprit d'innovation entre certaines limites. Les systèmes administratifs y varient donc dans les détails plutôt que dans les principes ; on ne saurait les substituer brusquement les uns aux autres sans causer une sorte de révolution. En Amérique, cette révolution se fait tous les quatre ans au nom de la loi.

Quant aux misères individuelles qui sont la suite naturelle d'une pareille législation, il faut avouer que le défaut de fixité dans le sort des fonctionnaires ne produit pas en Amérique les maux qu'on pourrait en attendre ailleurs. Aux États-Unis, il est si facile de se créer une existence indépendante, qu'ôter à un fonctionnaire la place qu'il occupe, c'est quelquefois lui enlever l'aisance de la vie, mais jamais les moyens de la soutenir.

J'ai dit au commencement de ce chapitre que les dangers du mode de l'élection appliqué au chef du pouvoir exécutif étaient plus ou moins grands, suivant les circonstances au milieu desquelles se trouve le peuple qui élit.

Vainement on s'efforce d'amoindrir le rôle du pouvoir exécutif, il est une chose sur laquelle ce pouvoir exerce une grande influence, quelle que soit la place que les lois lui aient faite, c'est la politique extérieure : une négociation ne peut guère être entamée et suivie avec fruit que par un seul homme.

Plus un peuple se trouve dans une position précaire et périlleuse, et plus le besoin de suite et de fixité se fait sentir dans la direction des affaires extérieures, plus aussi l'application du système de l'élection au chef de l'État devient dangereuse.

La politique des Américains vis-à-vis du monde entier est simple ; on pourrait presque dire que personne n'a besoin d'eux, et qu'ils n'ont besoin de personne. Leur indépendance n'est jamais menacée.

Chez eux le rôle du pouvoir exécutif est donc aussi restreint par les circonstances que par les lois. Le président peut fréquemment changer de vues sans que l'État souffre ou périsse.

Quelles que soient les prérogatives dont le pouvoir exécutif est revêtu, on doit toujours considérer le temps qui précède immédiatement l'élection, et celui pendant lequel elle se fait, comme une époque de crise nationale.

Plus la situation intérieure d'un pays est embarrassée, et plus ses périls extérieurs sont grands, plus ce moment de crise est dangereux pour lui. Parmi les peuples de l'Europe, il en est bien peu qui n'eussent à craindre la conquête ou l'anarchie, toutes les fois qu'ils se donneraient un nouveau chef.

En Amérique, la société est ainsi constituée qu'elle peut se soutenir d'elle-même et sans aide ; les dangers extérieurs n'y sont jamais pressants. L'élection du président est une cause d'agitation, non de ruine.

MODE DE L'ÉLECTION.

Habileté dont les législateurs américains ont fait preuve dans le choix du mode d'élection. — Création d'un corps électoral spécial. — Vote séparé des électeurs spéciaux. — Dans quel cas la chambre des représentants est appelée à choisir le président. — Ce qui s'est passé aux douze élections qui ont eu lieu depuis que la constitution est en vigueur.

Indépendamment des dangers inhérents au principe, il en est beaucoup d'autres qui naissent des formes mêmes de l'élection, et qui peuvent être évités par les soins du législateur.

Lorsqu'un peuple se réunit en armes sur la place publique pour choisir son chef, il s'expose non seulement aux dangers que présente le système électif en lui-même, mais encore à tous ceux de la guerre civile qui naissent d'un semblable mode d'élection.

Quand les lois polonaises faisaient dépendre le roi du choix du *veto* d'un seul homme, elles invitaient au meurtre de cet homme, ou constituaient d'avance l'anarchie.

A mesure qu'on étudie les institutions des États-Unis et qu'on jette un regard plus attentif sur la situation politique et sociale de ce pays, on y remarque un merveilleux accord entre la fortune et les efforts de l'homme. L'Amérique était une contrée nouvelle; cependant le peuple qui l'habitait avait déjà fait ailleurs un long usage de la liberté : deux grandes causes d'ordre intérieur. De plus, l'Amérique ne redoutait point la conquête. Les législateurs américains, s'emparant de ces circonstances favorables, n'eurent point de peine à établir un pouvoir exécutif faible et dépendant; l'ayant créé tel, ils purent sans danger le rendre électif.

Il ne leur restait plus qu'à choisir, parmi les différents systèmes d'élection, le moins dangereux; les règles qu'ils tracèrent à cet égard complètent admirablement les garanties que la constitution physique et politique du pays fournissait déjà.

Le problème à résoudre était de trouver le mode d'élection qui, tout en exprimant les volontés réelles du peuple, excitât peu ses passions et le tînt le moins possible en suspens. On admit d'abord que la majorité *simple* ferait la loi. Mais c'était encore une chose fort difficile que d'obtenir cette majorité sans avoir à craindre des délais qu'avant tout on voulait éviter.

Il est rare en effet de voir un homme réunir du premier coup la majorité des suffrages chez un grand peuple. La difficulté s'accroît encore dans une république d'États confédérés, où les influences locales sont beaucoup plus développées et plus puissantes.

Pour obvier à ce second obstacle, il se présentait un moyen, c'était de déléguer les pouvoirs électoraux de la nation à un corps qui la représentât.

Ce mode d'élection rendait la majorité plus probable; car, moins les électeurs sont nombreux, plus il leur est facile de s'entendre. Il présentait aussi plus de garanties pour la bonté du choix.

Mais devait-on confier le droit d'élire au corps législatif lui-même, représentant habituel de la nation, ou fallait-il, au contraire, former un collége électoral dont l'unique objet fût de procéder à la nomination du président?

Les Américains préférèrent ce dernier parti. Ils

pensèrent que les hommes qu'on envoyait pour faire les lois ordinaires ne représenteraient qu'incomplétement les vœux du peuple relativement à l'élection de son premier magistrat. Étant d'ailleurs élus pour plus d'une année, ils auraient pu représenter une volonté déjà changée. Ils jugèrent que si l'on chargeait la législature d'élire le chef du pouvoir exécutif, ses membres deviendraient, long-temps avant l'élection, l'objet de manœuvres corruptrices et le jouet de l'intrigue; tandis que, semblables aux jurés, les électeurs spéciaux resteraient inconnus dans la foule, jusqu'au jour où ils devraient agir, et n'apparaîtraient un instant que pour prononcer leur arrêt.

On établit donc que chaque État nommerait un certain nombre d'électeurs (1), lesquels éliraient à leur tour le président. Et comme on avait remarqué que les assemblées chargées de choisir les chefs du gouvernement dans les pays électifs devenaient inévitablement des foyers de passions et de brigue; que quelquefois elles s'emparaient de pouvoirs qui ne leur appartenaient pas, et que souvent leurs opérations, et l'incertitude qui en était la suite, se prolongeaient assez long-temps pour mettre l'État en péril, on régla que les électeurs voteraient tous à un jour fixé, mais sans s'être réunis (2).

Le mode de l'élection à deux degrés rendait la majorité probable, mais ne l'assurait pas, car il se pou-

(1) Autant qu'il envoyait de membres au congrès. Le nombre des électeurs à l'élection de 1833 était de 288. (*The National calendar.*)

(2) Les électeurs du même État se réunissent; mais ils transmettent au siége du gouvernement central la liste des votes individuels, et non le produit du vote de la majorité.

vait que les électeurs différassent entre eux comme leurs commettants l'auraient pu faire.

Ce cas venant à se présenter, on était nécessairement amené à prendre l'une de ces trois mesures : il fallait ou faire nommer de nouveaux électeurs, ou consulter de nouveau ceux déjà nommés, ou enfin déférer le choix à une autorité nouvelle.

Les deux premières méthodes, indépendamment de ce qu'elles étaient peu sûres, amenaient des lenteurs, et perpétuaient une agitation toujours dangereuse.

On s'arrêta donc à la troisième, et l'on convint que les votes des électeurs seraient transmis cachetés au président du sénat; qu'au jour fixé, et en présence des deux chambres, celui-ci en ferait le dépouillement. Si aucun des candidats n'avait réuni la majorié, la chambre des représentants procéderait immédiatement elle-même à l'élection; mais on eut soin de limiter son droit. Les représentants ne purent élire que l'un des trois candidats qui avaient obtenu le plus de suffrages (1).

Ce n'est, comme on le voit, que dans un cas rare et difficile à prévoir d'avance, que l'élection est confiée aux représentants ordinaires de la nation, et en-

---

(1) Dans cette circonstance, c'est la majorité des États, et non la majorité des membres, qui décide la question. De telle sorte que New-York n'a pas plus d'influence sur la délibération que Rhode-Island. Ainsi on consulte d'abord les citoyens de l'Union comme ne formant qu'un seul et même peuple; et quand ils ne peuvent pas s'accorder, on fait revivre la division par État, et l'on donne à chacun de ces derniers un vote séparé et indépendant.

C'est encore là une des bizarreries que présente la constitution fédérale, et que le choc d'intérêts contraires peut seul expliquer.

core ne peuvent-ils choisir qu'un citoyen déjà désigné par une forte minorité des électeurs spéciaux; combinaison heureuse, qui concilie le respect qu'on doit à la volonté du peuple avec la rapidité d'exécution, et les garanties d'ordre qu'exige l'intérêt de l'État. Du reste, en faisant décider la question par la chambre des représentants, en cas de partage, on n'arrivait point encore à la solution complète de toutes les difficultés; car la majorité pouvait à son tour se trouver douteuse dans la chambre des représentants, et cette fois la constitution n'offrait point de remède. Mais en établissant des candidatures obligées, en restreignant leur nombre à trois, en s'en rapportant au choix de quelques hommes éclairés, elle avait aplani tous les obstacles (1) sur lesquels elle pouvait avoir quelque puissance; les autres étaient inhérents au système électif lui-même.

Depuis quarante-quatre ans que la constitution fédérale existe, les États-Unis ont déjà élu douze fois leur président.

Dix élections se sont faites en un instant, par le vote simultané des électeurs spéciaux placés sur les différents points du territoire.

La chambre des représentants n'a encore usé que deux fois du droit exceptionnel dont elle est revêtue en cas de partage. La première, en 1801, lors de l'élection de M. Jefferson; et la seconde, en 1825, quand M. Quincy Adams a été nommé.

(1) Jefferson, en 1801, ne fut cependant nommé qu'au trente-sixième tour de scrutin.

CRISE DE L'ÉLECTION.

On peut considérer le moment de l'élection du président comme un moment de crise nationale. — Pourquoi. — Passion du peuple. — Préoccupation du président. — Calme qui succède à l'agitation de l'élection.

J'ai dit dans quelles circonstances favorables se trouvaient les États-Unis pour l'adoption du système électif, et j'ai fait connaître les précautions qu'avaient prises les législateurs, afin d'en diminuer les dangers. Les Américains sont habitués à procéder à toutes sortes d'élections. L'expérience leur a appris à quel degré d'agitation ils peuvent parvenir et doivent s'arrêter. La vaste étendue de leur territoire et la dissémination des habitants y rend une collision entre les différents partis moins probable et moins périlleuse que partout ailleurs. Les circonstances politiques au milieu desquelles la nation s'est trouvée lors des élections n'ont jusqu'ici présenté aucun danger réel.

Cependant on peut encore considérer le moment de l'élection du président des États-Unis comme une époque de crise nationale.

L'influence qu'exerce le président sur la marche des affaires est sans doute faible et indirecte, mais elle s'étend sur la nation entière; le choix du président n'importe que modérément à chaque citoyen, mais il importe à tous les citoyens. Or, un intérêt, quelque petit qu'il soit, prend un grand caractère d'importance, du moment qu'il devient un intérêt général.

Comparé à un roi d'Europe, le président a sans doute peu de moyens de se créer des partisans; toutefois, les places dont il dispose sont en assez grand nombre pour que plusieurs milliers d'électeurs soient directement ou indirectement intéressés à sa cause.

De plus, les partis, aux États-Unis comme ailleurs, sentent le besoin de se grouper autour d'un homme, afin d'arriver ainsi plus aisément jusqu'à l'intelligence de la foule. Ils se servent donc, en général, du nom du candidat à la présidence comme d'un symbole; ils personnifient en lui leurs théories. Ainsi, les partis ont un grand intérêt à déterminer l'élection en leur faveur, non pas tant pour faire triompher leurs doctrines à l'aide du président élu, que pour montrer, par son élection, que ces doctrines ont acquis la majorité.

Long-temps avant que le moment fixé n'arrive, l'élection devient la plus grande, et pour ainsi dire l'unique affaire, qui préoccupe les esprits. Les factions redoublent alors d'ardeur; toutes les passions factices que l'imagination peut créer, dans un pays heureux et tranquille, s'agitent en ce moment au grand jour.

De son côté, le président est absorbé par le soin de se défendre. Il ne gouverne plus dans l'intérêt de l'État, mais dans celui de sa réélection; il se prosterne devant la majorité, et souvent, au lieu de résister à ses passions, comme son devoir l'y oblige, il court au-devant de ses caprices.

A mesure que l'élection approche, les intrigues deviennent plus actives, l'agitation plus vive et plus répandue. Les citoyens se divisent en plusieurs camps, dont chacun prend le nom de son candidat. La nation entière tombe dans un état fébrile, l'élection est alors le texte journalier des papiers publics, le sujet des conversations particulières, le but de toutes les démarches, l'objet de toutes les pensées, le seul intérêt du présent.

Aussitôt, il est vrai, que la fortune a prononcé, cette ardeur se dissipe, tout se calme, et le fleuve, un moment débordé, rentre paisiblement dans son lit. Mais ne doit-on pas s'étonner que l'orage ait pu naître?

DE LA RÉÉLECTION DU PRÉSIDENT.

Quand le chef du pouvoir exécutif est rééligible, c'est l'État lui-même qui intrigue et corrompt. — Désir d'être réélu qui domine toutes les pensées du président des États-Unis. — Inconvénient de la réélection spécial à l'Amérique. — Le vice naturel des démocraties est l'asservissement graduel de tous les pouvoirs aux moindres désirs de la majorité. — La réélection du président favorise ce vice.

Les législateurs des États-Unis ont-ils eu tort ou raison de permettre la réélection du président?

Empêcher que le chef du pouvoir exécutif ne puisse être réélu, paraît, au premier abord, contraire à la raison. On sait quelle influence les talents ou le caractère d'un seul homme exercent sur la destinée de tout un peuple, surtout dans les circonstances difficiles et en temps de crise. Les lois qui défendraient aux citoyens de réélire leur premier magistrat leur ôteraient le meilleur moyen de faire prospérer l'État ou de le sauver. On arriverait d'ailleurs ainsi à ce résultat bizarre, qu'un homme serait exclu du gouvernement au moment même où il aurait achevé de prouver qu'il était capable de bien gouverner.

Ces raisons sont puissantes, sans doute; ne peut-on pas cependant leur en opposer de plus fortes encore?

L'intrigue et la corruption sont des vices naturels aux gouvernements électifs. Mais lorsque le chef de l'État peut être réélu, ces vices s'étendent indéfiniment et compromettent l'existence même du pays. Quand un simple candidat veut parvenir par l'intrigue, ses manœuvres ne sauraient s'exercer que sur un espace circonscrit. Lorsque au contraire le chef de l'État lui-même se met sur les rangs, il emprunte pour son propre usage la force du gouvernement.

Dans le premier cas, c'est un homme avec ses faibles moyens; dans le second, c'est l'État lui-même, avec ses immenses ressources, qui intrigue et qui corrompt.

Le simple citoyen qui emploie des manœuvres coupables pour parvenir au pouvoir, ne peut nuire que d'une manière indirecte à la prospérité publique; mais si le représentant de la puissance exécutive descend dans la lice, le soin du gouvernement devient pour lui l'intérêt secondaire; l'intérêt principal est son élection. Les négociations, comme les lois, ne sont plus pour lui que des combinaisons électorales; les places deviennent la récompense des services rendus, non à la nation, mais à son chef. Alors même que l'action du gouvernement ne serait pas toujours contraire à l'intérêt du pays, du moins elle ne lui sert plus. Cependant c'est pour son usage seul qu'elle est faite.

Il est impossible de considérer la marche ordinaire

des affaires aux États-Unis, sans s'apercevoir que le désir d'être réélu domine les pensées du président; que toute la politique de son administration tend vers ce point; que ses moindres démarches sont subordonnées à cet objet; qu'à mesure surtout que le moment de la crise approche, l'intérêt individuel se substitue dans son esprit à l'intérêt général.

Le principe de la réélection rend donc l'influence corruptrice des gouvernements électifs plus étendue et plus dangereuse. Il tend à dégrader la morale politique du peuple, et à remplacer par l'habileté le patriotisme.

En Amérique, il attaque de plus près encore les sources de l'existence nationale.

Chaque gouvernement porte en lui-même un vice naturel qui semble attaché au principe même de sa vie; le génie du législateur consiste à le bien discerner. Un État peut triompher de beaucoup de mauvaises lois, et l'on s'exagère souvent le mal qu'elles causent. Mais toute loi dont l'effet est de développer ce germe de mort, ne saurait manquer, à la longue, de devenir fatale, bien que ses mauvais effets ne se fassent pas immédiatement apercevoir.

Le principe de ruine, dans les monarchies absolues, est l'extension illimitée et hors de raison du pouvoir royal. Une mesure qui enlèverait les contre-poids que la constitution avait laissés à ce pouvoir, serait donc radicalement mauvaise, quand même ses effets paraîtraient long-temps insensibles.

De même, dans les pays où la démocratie gouverne, et où le peuple attire sans cesse tout à lui, les lois qui rendent son action de plus en plus prompte et irrésistible attaquent d'une manière directe l'existence du gouvernement.

Le plus grand mérite des législateurs américains est d'avoir aperçu clairement cette vérité, et d'avoir eu le courage de la mettre en pratique.

Ils conçurent qu'il fallait qu'en dehors du peuple il y eût un certain nombre de pouvoirs qui, sans être complétement indépendants de lui, jouissent pourtant, dans leur sphère, d'un assez grand degré de liberté ; de telle sorte que, forcés d'obéir à la direction permanente de la majorité, ils pussent cependant lutter contre ses caprices, et se refuser à ses exigences dangereuses.

A cet effet, ils concentrèrent tout le pouvoir exécutif de la nation dans une seule main ; ils donnèrent au président des prérogatives étendues, et l'armèrent du véto, pour résister aux empiétements de la législature.

Mais en introduisant le principe de la réélection, ils ont détruit en partie leur ouvrage. Ils ont accordé au président un grand pouvoir, et lui ont ôté la volonté d'en faire usage.

Non rééligible, le président n'était point indépendant du peuple, car il ne cessait pas d'être responsable envers lui ; mais la faveur du peuple ne lui était pas tellement nécessaire qu'il dût se plier en tout à ses volontés.

Rééligible (et ceci est vrai, surtout de nos jours, où la morale politique se relâche, et où les grands caractères disparaissent), le président des États-Unis n'est qu'un instrument docile dans les mains de la majorité. Il aime ce qu'elle aime, hait ce qu'elle hait ;

il vole au-devant de ses volontés, prévient ses plaintes, se plie à ses moindres désirs: les législateurs voulaient qu'il la guidât, et il la suit.

Ainsi, pour ne pas priver l'État des talents d'un homme, ils ont rendu ces talents presque inutiles; et, pour se ménager une ressource dans des circonstances extraordinaires, ils ont exposé le pays à des dangers de tous les jours.

DES TRIBUNAUX FÉDÉRAUX (1).

Importance politique du pouvoir judiciaire aux États-Unis. — Difficulté de traiter ce sujet. — Utilité de la justice dans les confédérations. — De quels tribunaux l'Union pouvait-elle se servir? — Nécessité d'établir des cours de justice fédérale. — Organisation de la justice fédérale. — La cour suprême. — En quoi elle diffère de toutes les cours de justice que nous connaissons.

J'ai examiné le pouvoir législatif et le pouvoir exécutif de l'Union. Il me reste encore à considérer la puissance judiciaire.

Ici je dois exposer mes craintes aux lecteurs.

Les institutions judiciaires exercent une grande influence sur la destinée des Anglo-Américains; elles tiennent une place très importante parmi les institutions politiques proprement dites. Sous ce point de

(1) Voyez le chapitre VI, intitulé: *Du pouvoir judiciaire aux États-Unis.* Ce chapitre fait connaître les principes généraux des Américains en fait de justice. Voyez aussi la constitution fédérale, art. III.

Voyez l'ouvrage ayant pour titre: *The Federalist*, n° 78-83 inclusivement, *Constitutional law, being a view of the practice and jurisdiction of the courts of the United States, by Thomas Sergeant.*

Voyez *Story*, p. 134-162, 489-511, 581, 668. Voyez la loi organique du 24 septembre 1789, dans le recueil intitulé: *Laws of the United States*, par Story, vol. 1, p. 53.

vue, elles méritent particulièrement d'attirer nos regards.

Mais comment faire comprendre l'action politique des tribunaux américains, sans entrer dans quelques détails techniques sur leur constitution et sur leurs formes; et comment descendre dans les détails sans rebuter, par l'aridité naturelle d'un pareil sujet, la curiosité du lecteur? Comment rester clair, sans cesser d'être court?

Je ne me flatte point d'avoir échappé à ces différents périls. Les hommes du monde trouveront encore que je suis trop long; les légistes penseront que je suis trop bref. Mais c'est là un inconvénient attaché à mon sujet, en général, et à la matière spéciale que je traite dans ce moment.

La plus grande difficulté n'était pas de savoir comment on constituerait le gouvernement fédéral, mais comment on ferait obéir à ses lois.

Les gouvernements, en général, n'ont que deux moyens de vaincre les résistances que leur opposent les gouvernés : la force matérielle qu'ils trouvent en eux-mêmes; la force morale que leur prêtent les arrêts des tribunaux.

Un gouvernement qui n'aurait que la guerre pour faire obéir à ses lois serait bien près de sa ruine. Il lui arriverait probablement l'une de ces deux choses : s'il était faible et modéré, il n'emploierait la force qu'à la dernière extrémité, et laisserait passer inaperçues une foule de désobéissances partielles; alors l'État tomberait peu à peu en anarchie.

S'il était audacieux et puissant, il recourrait chaque jour à l'usage de la violence, et bientôt on le verrait dégénérer en pur despotisme militaire. Son inaction et son activité seraient également funestes aux gouvernés.

Le grand objet de la justice est de substituer l'idée du droit à celle de la violence; de placer des intermédiaires entre le gouvernement et l'emploi de la force matérielle.

C'est une chose surprenante que la puissance d'opinion accordée en général, par les hommes, à l'intervention des tribunaux. Cette puissance est si grande, qu'elle s'attache encore à la forme judiciaire quand la substance n'existe plus; elle donne un corps à l'ombre.

La force morale dont les tribunaux sont revêtus rend l'emploi de la force matérielle infiniment plus rare, en se substituant à elle dans la plupart des cas; et quand il faut enfin que cette dernière agisse, elle double son pouvoir en s'y joignant.

Un gouvernement fédéral doit désirer plus qu'un autre d'obtenir l'appui de la justice, parce que, de sa nature, il est plus faible, et qu'on peut plus aisément organiser contre lui des résistances (1). S'il lui fallait arriver toujours et de prime-abord à l'emploi de la force, il ne suffirait point à sa tâche.

Pour faire obéir les citoyens à ses lois, ou repousser les agressions dont elles seraient l'objet, l'Union avait donc un besoin particulier des tribunaux.

(1) Ce sont les lois fédérales qui ont le plus besoin de tribunaux, et ce sont elles pourtant qui les ont le moins admis. La cause en est que la plupart des confédérations ont été formées par des États indépendants, qui n'avaient pas l'intention réelle d'obéir au gouvernement central, et qui, tout en lui donnant le droit de commander, se réservaient soigneusement la faculté de lui désobéir.

Mais de quels tribunaux devait-elle se servir? Chaque État avait déjà un pouvoir judiciaire organisé dans son sein. Fallait-il recourir à ses tribunaux? fallait-il créer une justice fédérale? Il est facile de prouver que l'Union ne pouvait adapter à son usage la puissance judiciaire établie dans les Etats.

Il importe sans doute à la sécurité de chacun et à la liberté de tous que la puissance judiciaire soit séparée de toutes les autres; mais il n'est pas moins nécessaire à l'existence nationale que les différents pouvoirs de l'Etat aient la même origine, suivent les mêmes principes et agissent dans la même sphère, en un mot, qu'ils soient *corrélatifs* et *homogènes*. Personne, j'imagine, n'a jamais pensé à faire juger par des tribunaux étrangers les délits commis en France, afin d'être plus sûr de l'impartialité des magistrats.

Les Américains ne forment qu'un seul peuple, par rapport à leur gouvernement fédéral; mais, au milieu de ce peuple, on a laissé subsister des corps politiques dépendant du gouvernement national en quelques points, indépendants sur tous les autres; qui ont leur origine particulière, leurs doctrines propres et leurs moyens spéciaux d'agir. Confier l'exécution des lois de l'Union aux tribunaux institués par ces corps politiques, c'était livrer la nation à des juges étrangers.

Bien plus, chaque Etat n'est pas seulement un étranger par rapport à l'Union, c'est encore un adversaire de tous les jours, puisque la souveraineté de l'Union ne saurait perdre qu'au profit de celle des Etats.

En faisant appliquer les lois de l'Union par les tribunaux des Etats particuliers, on livrait donc la nation, non seulement à des juges étrangers, mais encore à des juges partiaux.

D'ailleurs ce n'était pas leur caractère seul qui rendait les tribunaux des États incapables de servir dans un but national; c'était surtout leur nombre.

Au moment où la constitution fédérale a été formée, il se trouvait déjà aux États-Unis treize cours de justice jugeant sans appel. On en compte vingt-quatre aujourd'hui. Comment admettre qu'un Etat puisse subsister, lorsque ses lois fondamentales peuvent être interprétées et appliquées de vingt-quatre manières différentes à la fois! Un pareil système est aussi contraire à la raison qu'aux leçons de l'expérience.

Les législateurs de l'Amérique convinrent donc de créer un pouvoir judiciaire fédéral, pour appliquer les lois de l'Union, et décider certaines questions d'intérêt général, qui furent définies d'avance avec soin.

Toute la puissance judiciaire de l'Union fut concentrée dans un seul tribunal, appelé la cour suprême des Etats-Unis. Mais pour faciliter l'expédition des affaires, on lui adjoignit des tribunaux intérieurs, chargés de juger souverainement les causes peu importantes, ou de statuer, en première instance, sur des contestations plus graves. Les membres de la cour suprême ne furent pas élus par le peuple ou la législature; le président des États-Unis dut les choisir après avoir pris l'avis du sénat.

Afin de les rendre indépendants des autres pouvoirs, on les rendit inamovibles, et l'on décida que leur traitement, une fois fixé, échapperait au contrôle de la législature (1).

Il était assez facile de proclamer en principe l'établissement d'une justice fédérale, mais les difficultés naissaient en foule dès qu'il s'agissait de fixer ses attributions.

---

(1) On divisa l'Union en districts; dans chacun de ces districts, on plaça à demeure un *juge fédéral*. La cour que présida ce juge se nomma la Cour du district (*district-court*).

De plus, chacun des juges composant la Cour suprême dut parcourir tous les ans une certaine portion du territoire de la république, afin de décider sur les lieux mêmes certains procès plus importants : la cour présidée par ce magistrat fut désignée sous le nom de Cour du circuit (*circuit-court*).

Enfin, les affaires les plus graves durent parvenir, soit *directement*, soit par appel, devant la Cour suprême, au siége de laquelle tous les juges de circuit se réunissent une fois par an, pour tenir une session solennelle.

Le système du jury fut introduit dans les cours fédérales, de la même manière que dans les cours d'État, et pour des cas semblables.

Il n'y a presque aucune analogie, comme on le voit, entre la Cour suprême des États-Unis et notre Cour de cassation. La Cour suprême peut être saisie en première instance, et la Cour de cassation ne peut l'être qu'en second ou en troisième ordre. La Cour suprême forme à la vérité, comme la Cour de cassation, un tribunal unique chargé d'établir une jurisprudence uniforme; mais la Cour suprême juge le fait comme le droit, et prononce *elle-même*, sans renvoyer devant un autre tribunal; deux choses que la Cour de cassation ne saurait faire.

Voyez la loi organique du 24 septembre 1789, *Laws of the United States*, par Story, vol. 1, p. 53.

MANIÈRE DE FIXER LA COMPÉTENCE DES TRIBUNAUX FÉDÉRAUX.

Difficulté de fixer la compétence des divers tribunaux dans les confédérations. — Les tribunaux de l'Union obtinrent le droit de fixer leur propre compétence. — Pourquoi cette règle attaque la portion de souveraineté que les États particuliers s'étaient réservée. — La souveraineté de ces États restreinte par les lois et par l'interprétation des lois. — Les États particuliers courent ainsi un danger plus apparent que réel.

Une première question se présentait : la constitution des États-Unis, mettant en regard deux souverainetés distinctes, représentées, quant à la justice, par deux ordres de tribunaux différents, quelque soin qu'on prît d'établir la juridiction de chacun de ces deux ordres de tribunaux, on ne pouvait empêcher qu'il n'y eût de fréquentes collisions entre eux. Or, dans ce cas, à qui devait appartenir le droit d'établir la compétence?

Chez les peuples qui ne forment qu'une seule et même société politique, lorsqu'une question de compétence s'élève entre deux tribunaux, elle est portée en général devant un troisième qui sert d'arbitre.

Ceci se fait sans peine, parce que, chez ces peuples, les questions de compétence judiciaire n'ont aucun rapport avec les questions de souveraineté nationale.

Mais, au-dessus de la cour supérieure d'un État particulier et de la cour supérieure des États-Unis, il était impossible d'établir un tribunal quelconque qui ne fût ni l'un ni l'autre.

Il fallait donc nécessairement donner à l'une des deux cours le droit de juger dans sa propre cause, et de prendre ou de retenir la connaissance de l'affaire qu'on lui contestait. On ne pouvait accorder ce privilége aux diverses cours des États; c'eût été détruire la souveraineté de l'Union en fait après l'avoir établie en droit; car l'interprétation de la constitution eût bientôt rendu aux États particuliers la portion d'indépendance que les termes de la constitution leur ôtaient.

En créant un tribunal fédéral, on avait voulu enlever aux cours des États le droit de trancher, chacun à sa manière, des questions d'intérêt national, et parvenir ainsi à former un corps de jurisprudence uniforme pour l'interprétation des lois de l'Union. Le but n'aurait point été atteint si les cours des États particuliers, tout en s'abstenant de juger les procès comme fédéraux, avaient pu les juger en prétendant qu'ils n'étaient pas fédéraux.

La cour suprême des États-Unis fut donc revêtue du droit de décider de toutes les questions de compétence (1).

Ce fut là le coup le plus dangereux porté à la souveraineté des États. Elle se trouva ainsi restreinte, non seulement par les lois, mais encore par l'interprétation des lois; par une borne connue et par une

(1) Au reste, pour rendre ces procès de compétence moins fréquents, on décida que, dans un très grand nombre de procès fédéraux, les tribunaux des États particuliers auraient droit de prononcer concurremment avec les tribunaux de l'Union; mais alors la partie condamnée eut toujours la faculté de former appel devant la cour suprême des États-Unis. La cour suprême de la Virginie contesta à la cour suprême des États-Unis le droit de juger l'appel de ses sentences, mais inutilement. Voyez *Kent's commentaries*, vol. 1, p. 300, 370 et suivantes. Voyez *Story's comm.*, p. 646, et la loi organique de 1789; *Laws of the United States*, vol. 1, p. 53.

autre qui ne l'était point; par une règle fixe et par une règle arbitraire. La constitution avait posé, il est vrai, des limites précises à la souveraineté fédérale; mais chaque fois que cette souveraineté est en concurrence avec celle des États, un tribunal fédéral doit prononcer.

Du reste, les dangers dont cette manière de procéder semblait menacer la souveraineté des États, n'étaient pas aussi grands en réalité qu'ils paraissaient l'être.

Nous verrons plus loin qu'en Amérique la force réelle réside dans les gouvernements provinciaux, plus que dans le gouvernement fédéral. Les juges fédéraux sentent la faiblesse relative du pouvoir au nom duquel ils agissent, et ils sont plus près d'abandonner un droit de juridiction dans des cas où la loi le leur donne, que portés à le réclamer illégalement.

DIFFÉRENTS CAS DE JURIDICTION.

La manière et la personne, bases de la juridiction fédérale. — Procès faits à des ambassadeurs, — à l'Union, — à un État particulier. — Par qui jugés. — Procès qui naissent des lois de l'Union. — Pourquoi jugés par les tribunaux fédéraux. — Procès relatifs à l'inexécution des contrats jugés par la justice fédérale. — Conséquence de ceci.

Après avoir reconnu le moyen de fixer la compétence fédérale, les législateurs de l'Union déterminèrent les cas de juridiction sur lesquels elle devait s'exercer.

On admit qu'il y avait certains plaideurs qui ne pouvaient être jugés que par les cours fédérales, quel que fût d'ailleurs l'objet du procès.

On établit ensuite qu'il y avait certains procès qui ne pouvaient être décidés que par ces mêmes cours, quelle que fût d'ailleurs la qualité des plaideurs.

La personne et la matière devinrent donc les deux bases de la compétence fédérale.

Les ambassadeurs représentent les nations amies de l'Union; tout ce qui intéresse les ambassadeurs intéresse en quelque sorte l'Union entière. Lorsqu'un ambassadeur est partie dans un procès, le procès devient une affaire qui touche au bien-être de la nation; il est naturel que ce soit un tribunal fédéral qui prononce.

L'Union elle-même peut avoir des procès : dans ce cas, il eût été contraire à la raison, ainsi qu'à l'usage des nations, d'en appeler au jugement des tribunaux représentant une autre souveraineté que la sienne. C'est aux cours fédérales seules à prononcer.

Lorsque deux individus, appartenant à deux États différents, ont un procès, on ne peut, sans inconvénient, les faire juger par les tribunaux de l'un des deux États. Il est plus sûr de choisir un tribunal qui ne puisse exciter les soupçons d'aucune des parties, et le tribunal qui se présente tout naturellement, c'est celui de l'Union.

Lorsque les deux plaideurs sont, non plus des individus isolés, mais des États, à la même raison d'équité vient se joindre une raison politique du premier ordre. Ici la qualité des plaideurs donne une importance nationale à tous les procès; la moindre question litigieuse entre deux États intéresse la paix de l'Union tout entière (1).

(1) La constitution dit également que les procès qui pourront naître

Souvent la nature même des procès dut servir de règle à la compétence. C'est ainsi que toutes les questions qui se rattachent au commerce maritime durent être tranchées par les tribunaux fédéraux (1).

La raison est facile à indiquer : presque toutes ces questions rentrent dans l'appréciation du droit des gens. Sous ce rapport, elles intéressent essentiellement l'Union entière vis-à-vis des étrangers. D'ailleurs, la mer n'étant point renfermée dans une circonscription judiciaire plutôt que dans une autre, il n'y a que la justice nationale qui puisse avoir un titre à connaître des procès qui ont une origine maritime.

La constitution a renfermé dans une seule catégorie presque tous les procès qui, par leur nature, doivent ressortir des cours fédérales.

La règle qu'elle indique à cet égard est simple, mais elle comprend à elle seule un vaste système d'idées et une multitude de faits.

Les cours fédérales, dit-elle, devront juger tous les procès qui prendront *naissance dans les lois des États-Unis.*

---

entre un État et les citoyens d'un autre État seront du ressort des cours fédérales. Bientôt s'éleva la question de savoir si la constitution avait voulu parler de tous les procès qui peuvent naître entre un État et les citoyens d'un autre État, soit que les uns ou les autres fussent *demandeurs.* La Cour suprême se prononça pour l'affirmative ; mais cette décision alarma les États particuliers, qui craignirent d'être traduits malgré eux, à tout propos, devant la justice fédérale. Un amendement fut donc introduit dans la constitution, en vertu duquel le pouvoir judiciaire de l'Union ne put s'étendre jusqu'à juger les procès qui auraient été *intentés* contre l'un des États-Unis par les citoyens d'un autre.

Voyez *Story's commentaries,* p. 624.

(1) Exemple : tous les faits de piraterie.

Deux exemples feront parfaitement comprendre la pensée du législateur.

La constitution interdit aux États le droit de faire des lois sur la circulation de l'argent; malgré cette prohibition, un État fait une loi semblable. Les parties intéressées refusent d'obéir, attendu qu'elle est contraire à la constitution. C'est devant un tribunal fédéral qu'il faut aller, parce que le moyen d'attaque est pris dans les lois des États-Unis.

Le congrès établit un droit d'importation. Des difficultés s'élèvent sur la perception de ce droit. C'est encore devant les tribunaux fédéraux qu'il faut se présenter, parce que la cause du procès est dans l'interprétation d'une loi des États-Unis.

Cette règle est parfaitement d'accord avec les bases adoptées pour la constitution fédérale.

L'Union, telle qu'on l'a constituée en 1789, n'a, il est vrai, qu'une souveraineté restreinte, mais on a voulu que dans ce cercle elle ne formât qu'un seul et même peuple (1). Dans ce cercle, elle est souveraine. Ce point posé et admis, tout le reste devient facile; car si vous reconnaissez que les États-Unis, dans les limites posées par leur constitution, ne forment qu'un peuple, il faut bien leur accorder les droits qui appartiennent à tous les peuples.

Or, depuis l'origine des sociétés, on est d'accord sur ce point : que chaque peuple a le droit de faire

---

(1) On a bien apporté quelques restrictions à ce principe en introduisant les États particuliers comme puissance indépendante dans le sénat, et en les faisant voter séparément dans la chambre des représentants en cas d'élection du président; mais ce sont des exceptions. Le principe contraire est dominateur.

juger par ses tribunaux toutes les questions qui se rapportent à l'exécution de ses propres lois. Mais on répond : L'Union est dans cette position singulière qu'elle ne forme un peuple que relativement à certains objets; pour tous les autres elle n'est rien. Qu'en résulte-t-il? C'est que, du moins pour toutes les lois qui se rapportent à ces objets, elle a les droits qu'on accorderait à une souveraineté complète. Le point réel de la difficulté est de savoir quels sont ces objets. Ce point tranché (et nous avons vu plus haut, en traitant de la compétence, comment il l'avait été), il n'y a plus, à vrai dire, de questions; car une fois qu'on a établi qu'un procès était fédéral, c'est-à-dire rentrait dans la part de souveraineté réservée à l'Union par la constitution, il s'ensuivait naturellement qu'un tribunal fédéral devait seul prononcer.

Toutes les fois donc qu'on veut attaquer les lois des États-Unis, ou les invoquer pour se défendre, c'est aux tribunaux fédéraux qu'il faut s'adresser.

Ainsi, la juridiction des tribunaux de l'Union s'étend ou se resserre suivant que la souveraineté de l'Union se resserre ou s'étend elle-même.

Nous avons vu que le but principal des législateurs de 1789 avait été de diviser la souveraineté en deux parts distinctes. Dans l'une, ils placèrent la direction de tous les intérêts généraux de l'Union, dans l'autre, la direction de tous les intérêts spéciaux à quelques unes de ses parties.

Leur principal soin fut d'armer le gouvernement fédéral d'assez de pouvoirs pour qu'il pût, dans sa sphère, se défendre contre les empiétements des États particuliers.

Quant à ceux-ci, on adopta comme principe général de les laisser libres dans la leur. Le gouvernement central ne peut ni les diriger, ni même y inspecter leur conduite.

J'ai indiqué au chapitre de la division des pouvoirs que ce dernier principe n'avait pas toujours été respecté. Il y a certaines lois qu'un État particulier ne peut faire, quoiqu'elles n'intéressent en apparence que lui seul.

Lorsqu'un État de l'Union rend une loi de cette nature, les citoyens qui sont lésés par l'exécution de cette loi peuvent en appeler aux cours fédérales.

Ainsi, la juridiction des cours fédérales s'étend non seulement à tous les procès qui prennent leur source dans les lois de l'Union, mais encore à tous ceux qui naissent dans les lois que les États particuliers ont faites contrairement à la constitution.

On interdit aux États de promulguer des lois rétroactives en matière criminelle; l'homme qui est condamné en vertu d'une loi de cette espèce peut en appeler à la justice fédérale.

La constitution a également interdit aux États de faire des lois qui puissent détruire ou altérer les droits acquis en vertu d'un contrat (*impairing the obligations of contracts*) (1).

---

(1) Il est parfaitement clair, dit M. Story, p. 503, que toute loi qui étend, resserre ou change de quelque manière que ce soit l'intention des parties, telles qu'elles résultent des stipulations contenues dans un contrat, altère (*impairs*) ce contrat. Le même auteur définit avec soin au même endroit ce que la jurisprudence fédérale entend par un contrat. La définition est fort large. Une concession faite par l'État à un particulier et acceptée par lui est un contrat, et ne peut être enlevée par l'effet d'une nouvelle loi. Une charte accordée par l'État à une

GOUVERNEMENT FÉDÉRAL.   137

Du moment où un particulier croit voir qu'une loi de son État blesse un droit de cette espèce, il peut refuser d'obéir, et en appeler à la justice fédérale (1).

Cette disposition me paraît attaquer plus profondément que tout le reste la souveraineté des États.

Les droits accordés au gouvernement fédéral, dans des buts évidemment nationaux, sont définis et faciles à comprendre. Ceux que lui concède indirectement l'article que je viens de citer ne tombent pas facilement sous le sens, et leurs limites ne sont pas nettement tracées. Il y a en effet une multitude de lois politiques qui réagissent sur l'existence des contrats, et qui pourraient ainsi fournir matière à un empiétement du pouvoir central.

compagnie est un contrat, et fait la loi à l'État aussi bien qu'au concessionnaire. L'article de la constitution dont nous parlons assure donc l'existence d'une grande partie *des droits acquis*, mais non de tous. Je puis posséder très légitimement une propriété sans qu'elle soit passée dans mes mains par suite d'un contrat. Sa possession est pour moi un droit acquis, et ce droit n'est pas garanti par la constitution fédérale.

(1) Voici un exemple remarquable cité par M. Story, p. 508. Le college de Darmouth, dans le New-Hampshire, avait été fondé en vertu d'une charte accordée à certains individus avant la révolution d'Amérique. Ses administrateurs formaient, en vertu de cette charte, un corps constitué, ou, suivant l'expression américaine, une *corporation*. La législature du New-Hampshire crut devoir changer les termes de la charte originaire, et transporta à de nouveaux administrateurs tous les droits, priviléges et franchises qui résultaient de cette charte. Les anciens administrateurs résistèrent, et en appelèrent à la cour fédérale, qui leur donna gain de cause, attendu que la charte originaire étant un véritable contrat entre l'État et les concessionnaires, la loi nouvelle ne pouvait changer les dispositions de cette charte sans violer les droits acquis en vertu d'un contrat, et en conséquence violer l'article 1, section x, de la constitution des États-Unis.

MANIÈRE DE PROCÉDER DES TRIBUNAUX FÉDÉRAUX.

Faiblesse naturelle de la justice dans les confédérations. — Efforts que doivent faire les législateurs pour ne placer, autant que possible, que des individus isolés, et non des États, en face des tribunaux fédéraux. — Comment les Américains y sont parvenus. — Action directe des tribunaux fédéraux sur les simples particuliers. — Attaque indirecte contre les États qui violent les lois de l'Union. — L'arrêt de la justice fédérale ne détruit pas la loi provinciale, il l'énerve.

J'ai fait connaître quels étaient les droits des cours fédérales; il n'importe pas moins de savoir comment elles les exercent.

La force irrésistible de la justice, dans les pays où la souveraineté n'est point partagée, vient de ce que les tribunaux, dans ces pays, représentent la nation tout entière en lutte avec le seul individu que l'arrêt a frappé. A l'idée du droit se joint l'idée de la force qui appuie le droit.

Mais dans les pays où la souveraineté est divisée, il n'en est pas toujours ainsi. La justice y trouve le plus souvent en face d'elle, non un individu isolé, mais une fraction de la nation. Sa puissance morale et sa force matérielle en deviennent moins grandes.

Dans les États fédéraux, la justice est donc naturellement plus faible et le justiciable plus fort.

Le législateur, dans les confédérations, doit travailler sans cesse à donner aux tribunaux une place analogue à celle qu'ils occupent chez les peuples qui n'ont pas partagé la souveraineté; en d'autres termes, ses plus constants efforts doivent tendre à ce que la justice fédérale représente la nation, et le justiciable un intérêt particulier.

Un gouvernement, de quelque nature qu'il soit, a besoin d'agir sur les gouvernés, pour les forcer à lui rendre ce qui lui est dû ; il a besoin d'agir contre eux pour se défendre de leurs attaques.

Quant à l'action directe du gouvernement sur les gouvernés, pour les forcer d'obéir aux lois, la constitution des États-Unis fit en sorte (et ce fut là son chef-d'œuvre) que les cours fédérales, agissant au nom de ces lois, n'eussent jamais affaire qu'à des individus. En effet, comme on avait déclaré que la confédération ne formait qu'un seul et même peuple dans le cercle tracé par la constitution, il en résultait que le gouvernement créé par cette constitution et agissant dans ses limites, était revêtu de tous les droits d'un gouvernement national, dont le principal est de faire parvenir ses injonctions sans intermédiaire jusqu'au simple citoyen. Lors donc que l'Union ordonna la levée d'un impôt, par exemple, ce ne fut point aux États qu'elle dut s'adresser pour le percevoir, mais à chaque citoyen américain, suivant sa cote. La justice fédérale, à son tour, chargée d'assurer l'exécution de cette loi de l'Union, eut à condamner, non l'État récalcitrant, mais le contribuable. Comme la justice des autres peuples, elle ne trouva vis-à-vis d'elle qu'un individu.

Remarquez qu'ici l'Union a choisi elle-même son adversaire. Elle l'a choisi faible ; il est tout naturel qu'il succombe.

Mais quand l'Union, au lieu d'attaquer, en est réduite elle-même à se défendre, la difficulté augmente. La constitution reconnaît aux États le pouvoir de faire des lois. Ces lois peuvent violer les droits de l'Union. Ici, nécessairement, on se trouve en lutte avec la souveraineté de l'Etat qui a fait la loi. Il ne reste plus qu'à choisir, parmi les moyens d'action, le moins dangereux. Ce moyen était indiqué d'avance par les principes généraux que j'ai précédemment énoncés (1).

On conçoit que dans le cas que je viens de supposer, l'Union aurait pu citer l'Etat devant un tribunal fédéral, qui eût déclaré la loi nulle; c'eût été suivre la marche la plus naturelle des idées. Mais, de cette manière, la justice fédérale se serait trouvée directement en face d'un Etat, ce qu'on voulait, autant que possible, éviter.

Les Américains ont pensé qu'il était presque impossible qu'une loi nouvelle ne lésât pas dans son exécution quelque intérêt particulier.

C'est sur cet intérêt particulier que les auteurs de la constitution fédérale se reposent pour attaquer la mesure législative dont l'Union peut avoir à se plaindre. C'est à lui qu'ils offrent un abri.

Un Etat vend des terres à une compagnie; un an après, une nouvelle loi dispose autrement des mêmes terres, et viole ainsi cette partie de la constitution qui défend de changer les droits acquis par un contrat. Lorsque celui qui a acheté en vertu de la nouvelle loi se présente pour entrer en possession, le possesseur, qui tient ses droits de l'ancienne, l'actionne devant les tribunaux de l'Union, et fait déclarer son titre nul (2). Ainsi, en réalité, la justice fédérale se trouve aux prises avec la souveraineté de

(1) Voyez le chapitre intitulé : *Du pouvoir judiciaire en Amérique.*
(2) Voyez *Kent's commentaries*, vol. 1, p. 387.

l'État; mais elle ne l'attaque qu'indirectement et sur une application de détail. Elle frappe ainsi la loi dans ses conséquences, non dans son principe; elle ne la détruit pas, elle l'énerve.

Restait enfin une dernière hypothèse :

Chaque État formait une corporation qui avait une existence et des droits civils à part; conséquemment, il pouvait actionner ou être actionné devant les tribunaux. Un État pouvait, par exemple, poursuivre en justice un autre État.

Dans ce cas, il ne s'agissait plus pour l'Union d'attaquer une loi provinciale, mais de juger un procès dans lequel un État était partie. C'était un procès comme un autre; la qualité seule des plaideurs était différente. Ici le danger signalé au commencement de ce chapitre existe encore; mais cette fois on ne saurait l'éviter; il est inhérent à l'essence même des constitutions fédérales, dont le résultat sera toujours de créer au sein de la nation des particuliers assez puissants pour que la justice s'exerce contre eux avec peine.

RANG ÉLEVÉ QU'OCCUPE LA COUR SUPRÊME PARMI LES GRANDS POUVOIRS DE L'ÉTAT.

Aucun peuple n'a constitué un aussi grand pouvoir judiciaire que les Américains. — Étendue de ses attributions. — Son influence politique. — La paix et l'existence même de l'Union dépendent de la sagesse des sept juges fédéraux.

Quand, après avoir examiné en détail l'organisation de la cour suprême, on arrive à considérer dans leur ensemble les attributions qui lui ont été données, on découvre sans peine que jamais un plus immense pouvoir judiciaire n'a été constitué chez aucun peuple.

La cour suprême est placée plus haut qu'aucun tribunal connu, et par la *nature* de ses droits et par l'*espèce* de ses justiciables.

Chez toutes les nations policées de l'Europe, le gouvernement a toujours montré une grande répugnance à laisser la justice ordinaire trancher des questions qui l'intéressaient lui-même. Cette répugnance est naturellement plus grande lorsque le gouvernement est plus absolu. A mesure, au contraire, que la liberté augmente, le cercle des attributions des tribunaux va toujours en s'élargissant; mais aucune des nations européennes n'a encore pensé que toute question judiciaire, quelle qu'en fût l'origine, pût être abandonnée aux juges du droit commun.

En Amérique, on a mis cette théorie en pratique. La cour suprême des États-Unis est le seul et unique tribunal de la nation.

Elle est chargée de l'interprétation des lois et de celle des traités; les questions relatives au commerce maritime, et toutes celles en général qui se rattachent au droit des gens, sont de sa compétence exclusive. On peut même dire que ses attributions sont presque entièrement politiques, quoique sa constitution soit entièrement judiciaire. Son unique but est de faire exécuter les lois de l'Union, et l'Union ne règle que les rapports du gouvernement avec les gouvernés, et de la nation avec les étrangers; les rapports des citoyens entre eux sont presque tous régis par la souveraineté des États.

A cette première cause d'importance, il faut en ajouter une autre plus grande encore. Chez les nations de l'Europe, les tribunaux n'ont que des particuliers pour justiciables; mais on peut dire que la cour suprême des États-Unis fait comparaître des souverains à sa barre. Lorsque l'huissier, s'avançant sur les degrés du tribunal, vient à prononcer ce peu de mots: « L'État de New-York contre celui de l'Ohio, » on sent qu'on n'est point là dans l'enceinte d'une cour de justice ordinaire. Et quand on songe que l'un de ces plaideurs représente un million d'hommes, et l'autre deux millions, on s'étonne de la responsabilité qui pèse sur les sept juges dont l'arrêt va réjouir ou attrister un si grand nombre de leurs concitoyens.

Dans les mains des sept juges fédéraux reposent incessamment la paix, la prospérité, l'existence même de l'Union. Sans eux, la constitution est une œuvre morte; c'est à eux qu'en appelle le pouvoir exécutif pour résister aux empiétements du corps législatif; la législature, pour se défendre des entreprises du pouvoir exécutif; l'Union, pour se faire obéir des États; les États, pour repousser les prétentions exagérées de l'Union; l'intérêt public contre l'intérêt privé; l'esprit de conservation contre l'instabilité démocratique. Leur pouvoir est immense; mais c'est un pouvoir d'opinion. Ils sont tout-puissants tant que le peuple consent à obéir à la loi; ils ne peuvent rien dès qu'il la méprise. Or, la puissance d'opinion est celle dont il est le plus difficile de faire usage, parce qu'il est impossible de dire exactement où sont ses limites. Il est souvent aussi dangereux de rester en deçà que de les dépasser.

Les juges fédéraux ne doivent donc pas seulement être de bons citoyens, des hommes instruits et probes, qualités nécessaires à tous magistrats, il faut encore trouver en eux des hommes d'État; il faut qu'ils sachent discerner l'esprit de leur temps, affronter les obstacles qu'on peut vaincre, et se détourner du courant lorsque le flot menace d'emporter avec eux-mêmes la souveraineté de l'Union et l'obéissance due à ses lois.

Le président peut faillir sans que l'État souffre, parce que le président n'a qu'un pouvoir borné. Le congrès peut errer sans que l'Union périsse, parce qu'au-dessus du congrès réside le corps électoral qui peut en changer l'esprit en changeant ses membres.

Mais si la cour suprême venait jamais à être composée d'hommes imprudents ou corrompus, la confédération aurait à craindre l'anarchie ou la guerre civile.

Du reste, qu'on ne s'y trompe point, la cause originaire du danger n'est point dans la constitution du tribunal, mais dans la nature même des gouvernements fédéraux. Nous avons vu que nulle part il n'est plus nécessaire de constituer fortement le pouvoir judiciaire que chez les peuples confédérés, parce que nulle part les existences individuelles, qui peuvent lutter contre le corps social, ne sont plus grandes et mieux en état de résister à l'emploi de la force matérielle du gouvernement.

Or, plus il est nécessaire qu'un pouvoir soit fort, plus il faut lui donner d'étendue et d'indépendance. Plus un pouvoir est étendu et indépendant, et plus l'abus qu'on en peut faire est dangereux. L'origine du mal n'est donc point dans la constitution de ce pouvoir, mais dans la constitution même de l'État qui nécessite l'existence d'un pareil pouvoir.

EN QUOI LA CONSTITUTION FÉDÉRALE EST SUPÉRIEURE A LA CONSTITUTION DES ÉTATS.

Comment on peut comparer la constitution de l'Union à celle des États particuliers. — On doit particulièrement attribuer à la sagesse des législateurs fédéraux la supériorité de la constitution de l'Union. — La législature de l'Union moins dépendante du peuple que celle des États. — Le pouvoir exécutif plus libre dans sa sphère. — Le pouvoir judiciaire moins assujetti aux volontés de la majorité. — Conséquences pratiques de ceci. — Les législateurs fédéraux ont atténué les dangers inhérents au gouvernement de la démocratie; les législateurs des États ont accru ces dangers.

La constitution fédérale diffère essentiellement de la constitution des États par le but qu'elle se propose, mais elle s'en rapproche beaucoup quant aux moyens d'atteindre ce but. L'objet du gouvernement est différent, mais les formes du gouvernement sont les mêmes. Sous ce point de vue spécial, on peut utilement les comparer.

Je pense que la constitution fédérale est supérieure à toutes les constitutions d'État. Cette supériorité tient à plusieurs causes.

La constitution actuelle de l'Union n'a été formée que postérieurement à celles de la plupart des États ; on a donc pu profiter de l'expérience acquise.

On se convaincra toutefois que cette cause n'est que secondaire, si l'on songe que, depuis l'établissement de la constitution fédérale, la confédération américaine s'est accrue de onze nouveaux États, et que ceux-ci ont presque toujours exagéré plutôt qu'atténué les défauts existants dans les constitutions de leurs devanciers.

La grande cause de la supériorité de la constitution fédérale est dans le caractère même des législateurs.

A l'époque où elle fut formée, la ruine de la confédération paraissait imminente; elle était pour ainsi dire présente à tous les yeux. Dans cette extrémité le peuple choisit, non pas peut-être les hommes qu'il aimait le mieux, mais ceux qu'il estimait le plus.

J'ai déjà fait observer plus haut que les législateurs de l'Union avaient presque tous été remarquables par leurs lumières, plus remarquables encore par leur patriotisme.

Ils s'étaient tous élevés au milieu d'une crise sociale, pendant laquelle l'esprit de liberté avait eu continuellement à lutter contre une autorité forte et dominatrice. La lutte terminée, et tandis que, suivant l'usage, les passions excitées de la foule s'attachaient encore à combattre des dangers qui depuis longtemps n'existaient plus, eux s'étaient arrêtés; ils avaient jeté un regard plus tranquille et plus pénétrant sur leur patrie; ils avaient vu qu'une révolution définitive était accomplie, et que désormais les périls qui menaçaient le peuple ne pouvaient naître que des abus de la liberté. Ce qu'ils pensaient, ils eurent le courage de le dire, parce qu'ils sentaient au fond de leur cœur un amour sincère et ardent pour cette même liberté; ils osèrent parler de la restreindre, parce qu'ils étaient sûrs de ne pas vouloir la détruire (1).

---

(1) A cette époque, le célèbre Alexandre Hamilton, l'un des rédac-

La plupart des constitutions d'État ne donnent au mandat de la chambre des représentants qu'un an de durée, et deux à celui du sénat. De telle sorte que les membres du corps législatif sont liés sans cesse, et de la manière la plus étroite, aux moindres désirs de leurs constituants.

teurs les plus influents de la constitution, ne craignait pas de publier ce qui suit dans le *Fédéraliste*, n° 71 :

« Je sais, disait-il, qu'il y a des gens près desquels le pouvoir exécutif ne saurait mieux se recommander qu'en se pliant avec servilité aux désirs du peuple ou de la législature; mais ceux-là me paraissent posséder des notions bien grossières sur l'objet de tout gouvernement, ainsi que sur les vrais moyens de produire la prospérité publique.

» Que les opinions du peuple, quand elles sont raisonnées et mûries, dirigent la conduite de ceux auxquels il confie ses affaires, c'est ce qui résulte de l'établissement d'une constitution républicaine; mais les principes républicains n'exigent point qu'on se laisse emporter au moindre vent des passions populaires, ni qu'on se hâte d'obéir à toutes les impulsions momentanées que la multitude peut recevoir par la main artificieuse des hommes qui flattent ses préjugés pour trahir ses intérêts.

» Le peuple ne veut, le plus ordinairement, qu'arriver au bien public, ceci est vrai; mais il se trompe souvent en le cherchant. Si on venait lui dire qu'il juge toujours sainement les moyens à employer pour produire la prospérité nationale, son bon sens lui ferait mépriser de pareilles flatteries; car il a appris par expérience qu'il lui est arrivé quelquefois de se tromper; et ce dont on doit s'étonner, c'est qu'il ne se trompe pas plus souvent, poursuivi comme il l'est toujours par les ruses des parasites et des sycophantes; environné par les piéges que lui tendent sans cesse tant d'hommes avides et sans ressources, déçu chaque jour par les artifices de ceux qui possèdent sa confiance sans la mériter, ou qui cherchent plutôt à la posséder qu'à s'en rendre dignes.

» Lorsque les vrais intérêts du peuple sont contraires à ses désirs, le devoir de tous ceux qu'il a préposés à la garde de ces intérêts est de combattre l'erreur dont il est momentanément la victime, afin de lui donner le temps de se reconnaître et d'envisager les choses de sang-froid. Et il est arrivé plus d'une fois qu'un peuple, sauvé ainsi des fatales conséquences de ses propres erreurs, s'est plu à élever des monuments de sa reconnaissance aux hommes qui avaient eu le magnanime courage de s'exposer à lui déplaire pour le servir. »

Les législateurs de l'Union pensèrent que cette extrême dépendance de la législature dénaturait les principaux effets du système représentatif, en plaçant dans le peuple lui-même non seulement l'origine des pouvoirs, mais encore le gouvernement.

Ils accrurent la durée du mandat électoral pour laisser au député un plus grand emploi de son libre arbitre.

La constitution fédérale, comme les différentes constitutions d'États, divisa le corps législatif en deux branches.

Mais, dans les États, on composa ces deux parties de la législature des mêmes éléments et suivant le même mode, l'élection. Il en résulta que les passions et les volontés de la majorité se firent jour avec la même facilité, et trouvèrent aussi rapidement un organe et un instrument dans l'une que dans l'autre chambre. Ce qui donna un caractère violent et précipité à la formation des lois.

La constitution fédérale fit aussi sortir les deux chambres des votes du peuple; mais elle varia les conditions d'éligibilité et le mode de l'élection; afin que si, comme chez certaines nations, l'une des deux branches de la législature ne représentait pas des intérêts différents de l'autre, elle représentât au moins une sagesse supérieure.

Il fallut avoir atteint un âge mûr pour être sénateur, et ce fut une assemblée déjà choisie elle-même et peu nombreuse qui fut chargée d'élire.

Les démocraties sont naturellement portées à concentrer toute la force sociale dans les mains du corps législatif. Celui-ci étant le pouvoir qui émane le plus directement du peuple, est aussi celui qui participe le plus de sa toute-puissance.

On remarque donc en lui une tendance habituelle qui le porte à réunir toute espèce d'autorité dans son sein.

Cette concentration des pouvoirs, en même temps qu'elle nuit singulièrement à la bonne conduite des affaires, fonde le despotisme de la majorité.

Les législateurs des États se sont fréquemment abandonnés à ces instincts de la démocratie; ceux de l'Union ont toujours courageusement lutté contre eux.

Dans les États, le pouvoir exécutif est remis aux mains d'un magistrat placé en apparence à côté de la législature, mais qui, en réalité, n'est qu'un agent aveugle et un instrument passif de ses volontés. Où puiserait-il sa force? Dans la durée des fonctions? Il n'est en général nommé que pour une année. Dans ses prérogatives? Il n'en a point pour ainsi dire. La législature peut le réduire à l'impuissance, en chargeant de l'exécution de ses lois des commissions spéciales prises dans son sein. Si elle le voulait, elle pourrait en quelque sorte l'annuler en lui retranchant son traitement.

La constitution fédérale a concentré tous les droits du pouvoir exécutif, comme toute sa responsabilité, sur un seul homme. Elle a donné au président quatre ans d'existence; elle lui a assuré, pendant toute la durée de sa magistrature, la jouissance de son traitement; elle lui a composé une clientèle, et l'a armé d'un véto suspensif. En un mot, après avoir soigneusement tracé la sphère du pouvoir exécutif, elle a cherché à lui donner autant que possible, dans cette sphère, une position forte et libre.

Le pouvoir judiciaire est de tous les pouvoirs celui qui, dans les constitutions d'État, est resté le moins dépendant de la puissance législative.

Toutefois, dans tous les États, la législature est demeurée maîtresse de fixer les émoluments des juges, ce qui soumet nécessairement ces derniers à son influence immédiate.

Dans certains États, les juges ne sont nommés que pour un temps, ce qui leur ôte encore une grande partie de leur force et de leur liberté.

Dans d'autres, on voit les pouvoirs législatifs et judiciaires entièrement confondus. Le sénat de New-York, par exemple, forme pour certains procès le tribunal supérieur de l'État.

La constitution fédérale a pris soin, au contraire, de séparer le pouvoir judiciaire de tous les autres. Elle a de plus rendu les juges indépendants, en déclarant leur traitement fixe et leurs fonctions irrévocables.

Les conséquences pratiques de ces différences sont faciles à apercevoir. Il est évident, pour tout observateur attentif, que les affaires de l'Union sont infiniment mieux conduites que les affaires particulières d'aucun État.

Le gouvernement fédéral est plus juste et plus modéré dans sa marche que celui des États. Il y a plus de sagesse dans ses vues, plus de durée et de combinaison savante dans ses projets, plus d'habileté, de suite et de fermeté dans l'exécution de ses mesures.

Peu de mots suffisent pour résumer ce chapitre.

Deux dangers principaux menacent l'existence des démocraties :

L'asservissement complet du pouvoir législatif aux volontés du corps électoral.

La concentration, dans le pouvoir législatif, de tous les autres pouvoirs du gouvernement.

Les législateurs des États ont favorisé le développement de ces dangers. Les législateurs de l'Union ont fait ce qu'ils ont pu pour les rendre moins redoutables.

CE QUI DISTINGUE LA CONSTITUTION FÉDÉRALE DES ÉTATS-UNIS D'AMÉRIQUE DE TOUTES LES AUTRES CONSTITUTIONS FÉDÉRALES.

La confédération américaine ressemble en apparence à toutes les autres confédérations. — Cependant ses effets sont différents. — D'où vient cela ? — En quoi cette confédération s'éloigne de toutes les autres. — Le gouvernement américain n'est point un gouvernement fédéral, mais un gouvernement national incomplet.

Les États-Unis d'Amérique n'ont pas donné le premier et unique exemple d'une confédération. Sans parler de l'antiquité, l'Europe moderne en a fourni plusieurs. La Suisse, l'Empire germanique, la république des Pays-Bas, ont été ou sont encore des confédérations.

Quand on étudie les constitutions de ces différents pays, on remarque avec surprise que les pouvoirs conférés par elles au gouvernement fédéral sont à peu près les mêmes que ceux accordés par la constitution américaine au gouvernement des États-Unis. Comme cette dernière, elle donne à la puissance centrale le droit de faire la paix et la guerre, le droit de lever les hommes et l'argent, de pourvoir aux besoins généraux et de régler les intérêts communs de la nation.

Cependant le gouvernement fédéral, chez ces différents peuples, est presque toujours resté débile et impuissant, tandis que celui de l'Union conduit les affaires avec vigueur et facilité.

Il y a plus, la première Union américaine n'a pas pu subsister, à cause de l'excessive faiblesse de son gouvernement, et pourtant ce gouvernement si faible avait reçu des droits aussi étendus que le gouvernement fédéral de nos jours. On peut même dire qu'à certains égards ses priviléges étaient plus grands.

Il se trouve donc dans la constitution actuelle des États-Unis quelques principes nouveaux qui ne frappent point d'abord, mais dont l'influence se fait profondément sentir.

Cette constitution, qu'à la première vue on est tenté de confondre avec les constitutions fédérales qui l'ont précédée, repose en effet sur une théorie entièrement nouvelle, et qui doit marquer comme une grande découverte dans la science politique de nos jours.

Dans toutes les confédérations qui ont précédé la confédération américaine de 1789, les peuples qui s'alliaient dans un but commun consentaient à obéir aux injonctions d'un gouvernement fédéral; mais ils gardaient le droit d'ordonner et de surveiller chez eux l'exécution des lois de l'Union.

Les États américains qui s'unirent en 1789 ont non

seulement consenti à ce que le gouvernement fédéral leur dictât des lois, mais encore à ce qu'il fît exécuter lui-même ses lois.

Dans les deux cas le droit est le même, l'exercice seul du droit est différent. Mais cette seule différence produit d'immenses résultats.

Dans toutes les confédérations qui ont précédé l'Union américaine de nos jours, le gouvernement fédéral, afin de pourvoir à ses besoins, s'adressait aux gouvernements particuliers. Dans le cas où la mesure prescrite déplaisait à l'un d'eux, ce dernier pouvait toujours se soustraire à la nécessité d'obéir. S'il était fort, il en appelait aux armes; s'il était faible, il tolérait la résistance aux lois de l'Union devenues les siennes, prétextait l'impuissance, et recourait à la force d'inertie.

Aussi a-t-on constamment vu arriver l'une de ces deux choses : le plus puissant des peuples unis, prenant en main les droits de l'autorité fédérale, a dominé tous les autres en son nom (1); ou le gouvernement fédéral est resté abandonné à ses propres forces, et alors l'anarchie s'est établie parmi les confédérés, et l'Union est tombée dans l'impuissance d'agir (2).

En Amérique, l'Union a pour gouvernés, non des

---

(1) C'est ce qu'on a vu chez les Grecs, sous Philippe, lorsque ce prince se chargea d'exécuter le décret des amphictyons. C'est ce qui est arrivé à la république des Pays-Bas, où la province de Hollande a toujours fait la loi. La même chose se passe encore de nos jours dans le corps germanique. L'Autriche et la Prusse se font les agents de la diète, et dominent toute la confédération en son nom.

(2) Il en a toujours été ainsi pour la confédération suisse. — Il y a des siècles que la Suisse n'existerait plus sans les jalousies de ses voisins.

États, mais de simples citoyens. Quand elle veut lever une taxe, elle ne s'adresse pas au gouvernement du Massachusetts, mais à chaque habitant du Massachusetts. Les anciens gouvernements fédéraux avaient en face d'eux des peuples, celui de l'Union a des individus. Il n'emprunte point sa force, mais il la puise en lui-même. Il a ses administrateurs à lui, ses tribunaux, ses officiers de justice et son armée.

Sans doute l'esprit national, les passions collectives, les préjugés provinciaux de chaque État, tendent encore singulièrement à diminuer l'étendue du pouvoir fédéral ainsi constitué, et à créer des centres de résistance à ses volontés; restreint dans sa souveraineté, il ne saurait être aussi fort que celui qui la possède tout entière; mais c'est là un mal inhérent au système fédératif.

En Amérique, chaque État a beaucoup moins d'occasions et de tentations de résister; et si la pensée lui en vient, il ne peut la mettre à exécution qu'en violant ouvertement les lois de l'Union, en interrompant le cours ordinaire de la justice, en levant l'étendard de la révolte; il lui faut, en un mot, prendre tout d'un coup un parti extrême, ce que les hommes hésitent long-temps à faire.

Dans les anciennes confédérations, les droits accordés à l'Union étaient pour elle des causes de guerres et non de puissance, puisque ces droits multipliaient ses exigences, sans augmenter ses moyens de se faire obéir. Aussi a-t-on presque toujours vu la faiblesse réelle des gouvernements fédéraux croître en raison directe de leur pouvoir nominal.

Il n'en est pas ainsi dans l'Union américaine; comme

la plupart des gouvernements ordinaires, le gouvernement fédéral peut faire tout ce qu'on lui donne le droit d'exécuter.

L'esprit humain invente plus facilement les choses que les mots : de là vient l'usage de tant de termes impropres et d'expressions incomplètes.

Plusieurs nations forment une ligue permanente et établissent une autorité suprême, qui, sans avoir action sur les simples citoyens, comme pourrait le faire un gouvernement national, a cependant action sur chacun des peuples confédérés, pris en corps.

Ce gouvernement, si différent de tous les autres, reçoit le nom de fédéral.

On découvre ensuite une forme de société dans laquelle plusieurs peuples se fondent réellement en un seul quant à certains intérêts communs, et restent séparés et seulement confédérés pour tous les autres.

Ici le pouvoir central agit sans intermédiaire sur les gouvernés, les administre et les juge lui-même, comme le font les gouvernements nationaux, mais il n'agit ainsi que dans un cercle restreint. Evidemment ce n'est plus là un gouvernement fédéral, c'est un gouvernement national incomplet. Ainsi on a trouvé une forme de gouvernement qui n'était précisément ni nationale ni fédérale; mais on s'est arrêté là, et le mot nouveau qui doit exprimer la chose nouvelle n'existe point encore.

C'est pour n'avoir pas connu cette nouvelle espèce de confédération, que toutes les Unions sont arrivées à la guerre civile, à l'asservissement, ou à l'inertie. Les peuples qui les composaient ont tous manqué de lumières pour voir le remède à leurs maux, ou de courage pour l'appliquer.

La première Union américaine était aussi tombée dans les mêmes défauts.

Mais en Amérique, les États confédérés, avant d'arriver à l'indépendance, avaient long-temps fait partie du même empire; ils n'avaient donc point encore contracté l'habitude de se gouverner complétement eux-mêmes, et les préjugés nationaux n'avaient pu jeter de profondes racines; plus éclairés que le reste du monde, ils étaient entre eux égaux en lumières, ils ne sentaient que faiblement les passions qui, d'ordinaire, s'opposent chez les peuples à l'extension du pouvoir fédéral, et ces passions étaient combattues par les plus grands citoyens. Les Américains, en même temps qu'ils sentirent le mal, envisagèrent avec fermeté le remède. Ils corrigèrent leurs lois et sauvèrent le pays.

DES AVANTAGES DU SYSTÈME FÉDÉRATIF, EN GÉNÉRAL, ET DE SON UTILITÉ SPÉCIALE POUR L'AMÉRIQUE.

Bonheur et liberté dont jouissent les petites nations. — Puissance des grandes nations. — Les grands empires favorisent les développements de la civilisation. — Que la force est souvent pour les nations le premier élément de prospérité. — Le système fédéral a pour but d'unir les avantages que les peuples tirent de la grandeur et de la petitesse de leur territoire. — Avantages que les États-Unis retirent de ce système. — La loi se plie aux besoins des populations, et les populations ne se plient pas aux nécessités de la loi. — Activité, progrès, goût et usage de la liberté parmi les peuples américains. — L'esprit public de l'Union n'est que le *résumé* du patriotisme provincial. — Les choses et les idées circulent librement sur le territoire des États-Unis. — L'Union est libre et heureuse comme une petite nation, respectée comme une grande.

Chez les petites nations, l'œil de la société pénètre partout; l'esprit d'amélioration descend jusque dans les moindres détails : l'ambition du peuple étant fort tempérée par sa faiblesse, ses efforts et ses ressources se tournent presque entièrement vers son bien-être intérieur, et ne sont point sujets à se dissiper en vaine fumée de gloire. De plus, les facultés de chacun y étant généralement bornées, les désirs le sont également. La médiocrité des fortunes y rend les conditions à peu près égales; les mœurs y ont une allure simple et paisible. Ainsi, à tout prendre et en faisant état des divers degrés de moralité et de lumière, on rencontre ordinairement chez les petites nations plus d'aisance, de population et de tranquillité que chez les grandes.

Lorsque la tyrannie vient à s'établir dans le sein d'une petite nation, elle y est plus incommode que partout ailleurs, parce qu'agissant dans un cercle plus restreint, elle s'étend à tout dans ce cercle. Ne pouvant se prendre à quelque grand objet, elle s'occupe d'une multitude de petits; elle se montre à la fois violente et tracassière. Du monde politique, qui est, à proprement parler, son domaine, elle pénètre dans la vie privée. Après les actions, elle aspire à régenter les goûts; après l'État, elle veut gouverner les familles. Mais cela arrive rarement; la liberté forme, à vrai dire, la condition naturelle des petites sociétés. Le gouvernement y offre trop peu d'appât à l'ambition, les ressources des particuliers y sont trop bornées, pour que le souverain pouvoir s'y concentre aisément dans les mains d'un seul. Le cas arrivant, il n'est pas difficile aux gouvernés de s'unir, et, par un effort commun, de renverser en même temps le tyran et la tyrannie.

Les petites nations ont donc été de tout temps le berceau de la liberté politique. Il est arrivé que la plupart d'entre elles ont perdu cette liberté en grandissant; ce qui fait bien voir qu'elle tenait à la petitesse du peuple et non au peuple lui-même.

L'histoire du monde ne fournit pas d'exemple d'une grande nation qui soit restée long-temps en république (1), ce qui a fait dire que la chose était impraticable. Pour moi, je pense qu'il est bien imprudent à l'homme de vouloir borner le possible, et juger l'avenir, lui auquel le réel et le présent échappent tous les jours, et qui se trouve sans cesse surpris à l'improviste dans les choses qu'il connaît le mieux.

(1) Je ne parle point ici d'une confédération de petites républiques, mais d'une grande république consolidée.

Ce qu'on peut dire avec certitude, c'est que l'existence d'une grande république sera toujours infiniment plus exposée que celle d'une petite.

Toutes les passions fatales aux républiques grandissent avec l'étendue du territoire, tandis que les vertus qui leur servent d'appui ne s'accroissent point suivant la même mesure.

L'ambition des particuliers augmente avec la puissance de l'État; la force des partis, avec l'importance du but qu'ils se proposent; mais l'amour de la patrie, qui doit lutter contre ces passions destructives, n'est pas plus fort dans une vaste république que dans une petite. Il serait même facile de prouver qu'il y est moins développé et moins puissant. Les grandes richesses et les profondes misères, les métropoles, la dépravation des mœurs, l'égoïsme individuel, la complication des intérêts, sont autant de périls qui naissent presque toujours de la grandeur de l'État. Plusieurs de ces choses ne nuisent point à l'existence d'une monarchie, quelques unes même peuvent concourir à sa durée. D'ailleurs, dans les monarchies, le gouvernement a une force qui lui est propre; il se sert du peuple et ne dépend pas de lui; plus le peuple est grand, plus le prince est fort; mais le gouvernement républicain ne peut opposer à ces dangers que l'appui de la majorité. Or, cet élément de force n'est pas plus puissant, proportion gardée, dans une vaste république que dans une petite. Ainsi, tandis que les moyens d'attaque augmentent sans cesse de nombre et de pouvoir, la force de résistance reste la même. On peut même dire qu'elle diminue, car plus le peuple est nombreux et plus la nature des esprits et des intérêts se diversifie, plus par conséquent il est difficile de former une majorité compacte.

On a pu remarquer d'ailleurs que les passions humaines acquéraient de l'intensité, non seulement par la grandeur du but qu'elles veulent atteindre, mais aussi par la multitude d'individus qui les ressentent en même temps. Il n'est personne qui ne se soit trouvé plus ému au milieu d'une foule agitée qui partageait son émotion, que s'il eût été seul à l'éprouver. Dans une grande république, les passions politiques deviennent irrésistibles, non seulement parce que l'objet qu'elles poursuivent est immense, mais encore parce que des millions d'hommes les ressentent de la même manière et dans le même moment.

Il est donc permis de dire d'une manière générale que rien n'est si contraire au bien-être et à la liberté des hommes que les grands empires.

Les grands États ont cependant des avantages qui leur sont particuliers et qu'il faut reconnaître.

De même que le désir du pouvoir y est plus ardent qu'ailleurs parmi les hommes vulgaires, l'amour de la gloire y est aussi plus développé chez certaines âmes qui trouvent dans les applaudissements d'un grand peuple un objet digne de leurs efforts et propre à les élever en quelque sorte au-dessus d'elles-mêmes. La pensée y reçoit en toute chose une impulsion plus rapide et plus puissante, les idées y circulent plus librement, les métropoles y sont comme de vastes centres intellectuels où viennent resplendir et se combiner tous les rayons de l'esprit humain : ce fait nous explique pourquoi les grandes nations font faire aux lumières et à la cause générale de la civilisation des progrès plus rapides que les petits. Il faut ajouter que les découvertes importantes exigent souvent un développement de force nationale dont le gouvernement d'un petit peuple est incapable; chez les grandes nations, le gouvernement a plus d'idées générales, il se dégage plus complétement de la routine des antécédents et de l'égoïsme des localités. Il y a plus de génie dans ses conceptions, plus de hardiesse dans ses allures.

Le bien-être intérieur est plus complet et plus répandu chez les petites nations, tant qu'elles se maintiennent en paix; mais l'état de guerre leur est plus nuisible qu'aux grandes. Chez celles-ci l'éloignement des frontières permet quelquefois à la masse du peuple de rester pendant des siècles éloignée du danger. Pour elle, la guerre est plutôt une cause de malaise que de ruine.

Il se présente d'ailleurs, en cette matière comme en beaucoup d'autres, une considération qui domine tout le reste : c'est celle de la nécessité.

S'il n'y avait que de petites nations et point de grandes, l'humanité serait à coup sûr plus libre et plus heureuse; mais on ne peut faire qu'il n'y ait pas de grandes nations.

Ceci introduit dans le monde un nouvel élément de prospérité nationale, qui est la force. Qu'importe qu'un peuple présente l'image de l'aisance et de la liberté, s'il se voit exposé chaque jour à être ravagé ou conquis? qu'importe qu'il soit manufacturier et commerçant, si un autre domine les mers et fait la loi sur tous les marchés? Les petites nations sont souvent misérables, non point parce qu'elles sont petites, mais parce qu'elles sont faibles; les grandes prospèrent, non point parce qu'elles sont grandes, mais parce qu'elles sont fortes. La force est donc souvent pour les nations une des premières conditions du bonheur et même de l'existence. De là vient qu'à moins de circonstances particulières, les petits peuples finissent toujours par être réunis violemment aux grands ou par s'y réunir d'eux-mêmes. Je ne sache pas de condition plus déplorable que celle d'un peuple qui ne peut se défendre ni se suffire.

C'est pour unir les avantages divers qui résultent de la grandeur et de la petitesse des nations que le système fédératif a été créé.

Il suffit de jeter un regard sur les États-Unis d'Amérique pour apercevoir tous les biens qui découlent pour eux de l'adoption de ce système.

Chez les grandes nations centralisées, le législateur est obligé de donner aux lois un caractère uniforme que ne comporte pas la diversité des lieux et les mœurs; n'étant jamais instruit des cas particuliers, il ne peut procéder que par des règles générales; des hommes sont alors obligés de se plier aux nécessités de la législation, car la législation ne sait point s'accommoder aux besoins et aux mœurs des hommes; ce qui est une grande cause de troubles et de misères.

Cet inconvénient n'existe pas dans les confédérations : le congrès règle les principaux actes de l'existence sociale; tout le détail en est abandonné aux législations provinciales.

On ne saurait se figurer à quel point cette division de la souveraineté sert au bien-être de chacun des États dont l'Union se compose. Dans ces petites sociétés que ne préoccupe point le soin de se défendre ou de s'agrandir, toute la puissance publique et toute l'énergie individuelle sont tournées du côté des améliorations intérieures. Le gouvernement central de chaque État étant placé tout à côté des gouvernés, est journellement averti des besoins qui se font sentir : aussi voit-on présenter chaque année de nouveaux plans qui, discutés dans les assemblées communales ou devant la législature de l'État, et reproduits ensuite par la presse, excitent l'intérêt universel et le zèle des citoyens. Ce besoin d'améliorer agite sans cesse les républiques américaines et ne les trouble pas ; l'ambition du pouvoir y laisse la place à l'amour du bien-être, passion plus vulgaire, mais moins dangereuse. C'est une opinion généralement répandue en Amérique, que l'existence et la durée des formes républicaines dans le Nouveau-Monde dépendent de l'existence et de la durée du système fédératif. On attribue une grande partie des misères dans lesquelles sont plongés les nouveaux États de l'Amérique du Sud à ce qu'on a voulu y établir de grandes républiques, au lieu d'y fractionner la souveraineté.

Il est incontestable, en effet, qu'aux États-Unis le goût et l'usage du gouvernement républicain sont nés dans les communes et au sein des assemblées provinciales. Chez une petite nation, comme le Connecticut, par exemple, où la grande affaire politique est l'ouverture d'un canal et le tracé d'un chemin, où l'État n'a point d'armée à payer, ni de guerre à soutenir, et ne saurait donner à ceux qui le dirigent ni beaucoup de richesses, ni beaucoup de gloire, on ne peut rien imaginer de plus naturel et de mieux approprié à la nature des choses que la république. Or, c'est ce même esprit républicain, ce sont ces mœurs et ces habitudes d'un peuple libre qui, après avoir pris naissance et s'être développées dans les divers États, s'appliquent ensuite sans peine à l'ensemble du pays. L'esprit public de l'Union n'est en quelque sorte lui-même qu'un résumé du patriotisme provincial. Chaque citoyen des États-Unis transporte pour ainsi dire l'intérêt que lui inspire sa petite république dans l'amour de la patrie commune. En défendant l'Union, il défend la prospérité croissante de son canton, le droit d'en diriger les affaires, et l'espérance d'y faire prévaloir des plans d'amélioration qui doivent l'enrichir lui-même : toutes choses qui, pour l'ordinaire, touchent plus les hommes que les intérêts généraux du pays et la gloire de la nation.

D'un autre côté, si l'esprit et les mœurs des habitants les rendent plus propres que d'autres à faire prospérer une grande république, le système fédératif a rendu la tâche bien moins difficile. La confédération de tous les États américains ne présente pas les inconvénients ordinaires des nombreuses agglomérations d'hommes. L'Union est une grande république quant à l'étendue ; mais on pourrait en quelque sorte l'assimiler à une petite république, à cause du peu d'objets dont s'occupe son gouvernement. Ses actes sont importants, mais ils sont rares. Comme la souveraineté de l'Union est gênée et incomplète, l'usage de cette souveraineté n'est point dangereux pour la liberté. Il n'excite pas non plus ces désirs immodérés de pouvoir et de bruit qui sont si funestes aux grandes républiques. Comme tout n'y vient point aboutir nécessairement à un centre commun, on n'y voit ni vastes métropoles, ni richesses immenses, ni grandes misères, ni subites révolutions. Les passions politiques, au lieu de s'étendre en un instant, comme une nappe de feu, sur toute la surface du pays, vont se briser contre les intérêts et les passions individuelles de chaque État.

Dans l'Union cependant, comme chez un seul et même peuple, circulent librement les choses et les idées. Rien n'y arrête l'essor de l'esprit d'entreprise. Son gouvernement appelle à lui les talents et les lumières. En dedans des frontières de l'Union règne une paix profonde, comme dans l'intérieur d'un pays soumis au même empire; en dehors, elle prend rang parmi les plus puissantes nations de la terre; elle offre au commerce étranger plus de 800 lieues de rivages; et tenant dans ses mains les clefs de tout un monde, elle fait respecter son pavillon jusqu'aux extrémités des mers.

L'Union est libre et heureuse comme une petite nation, glorieuse et forte comme une grande.

CE QUI FAIT QUE LE SYSTÈME FÉDÉRAL N'EST PAS A LA PORTÉE DE TOUS LES PEUPLES, ET CE QUI A PERMIS AUX ANGLO-AMÉRICAINS DE L'ADOPTER.

Il y a dans tout système fédéral des vices inhérents que le législateur ne peut combattre. — Complication de tout système fédéral. — Il exige des gouvernés un usage journalier de leur intelligence. — Science pratique des Américains en matière de gouvernement. — Faiblesse relative du gouvernement de l'Union, autre vice inhérent au système fédéral. — Les Américains l'ont rendu moins grave, mais n'ont pu le détruire. — La souveraineté des États particuliers plus faible en apparence, plus forte en réalité que celle de l'Union. — Pourquoi. — Il faut donc qu'il existe, indépendamment des lois, des causes naturelles d'union chez les peuples confédérés. — Quelles sont ces causes parmi les Anglo-Américains. — Le Maine et la Géorgie, éloignés l'un de l'autre de 400 lieues, plus naturellement unis que la Normandie et la Bretagne. — Que la guerre est le principal écueil des confédérations. — Ceci prouvé par l'exemple même des États-Unis. — L'Union n'a pas de grandes guerres à craindre. — Pourquoi. — Dangers que courraient les peuples de l'Europe en adoptant le système fédéral des Américains.

Le législateur parvient quelquefois, après mille efforts, à exercer une influence indirecte sur la destinée des nations, et alors on célèbre son génie, tandis que souvent la position géographique du pays, sur laquelle il ne peut rien, un état social qui s'est créé sans son concours, des mœurs et des idées dont il ignore l'origine, un point de départ qu'il ne connaît pas, impriment à la société des mouvements irrésistibles contre lesquels il lutte en vain, et qui l'entraînent à son tour.

Le législateur ressemble à l'homme qui trace sa route au milieu des mers. Il peut aussi diriger le vaisseau qui le porte, mais il ne saurait en changer la structure, créer les vents, ni empêcher l'Océan de se soulever sous ses pieds.

J'ai montré quels avantages les Américains retirent du système fédéral. Il me reste à faire comprendre ce qui leur a permis d'adopter ce système ; car il n'est pas donné à tous les peuples de jouir de ses bienfaits.

On trouve dans le système fédéral des vices accidentels naissant des lois ; ceux-là peuvent être corrigés par les législateurs. On en rencontre d'autres qui, étant inhérents au système, ne sauraient être détruits par les peuples qui l'adoptent. Il faut donc que ces peuples trouvent en eux-mêmes la force nécessaire pour supporter les imperfections naturelles de leur gouvernement.

Parmi les vices inhérents à tout système fédéral, le plus visible de tous est la complication des moyens qu'il emploie. Ce système met nécessairement en présence deux souverainetés. Le législateur parvient à rendre les mouvements de ces deux souverainetés aussi simples et aussi égaux que possible, et peut les renfermer toutes les deux dans des sphères d'action nettement tracées ; mais il ne saurait faire qu'il n'y en ait qu'une, ni empêcher qu'elles ne se touchent en quelque endroit.

Le système fédératif repose donc, quoi qu'on fasse, sur une théorie compliquée, dont l'application exige, dans les gouvernés, un usage journalier des lumières de leur raison.

Il n'y a, en général, que les conceptions simples qui s'emparent de l'esprit du peuple. Une idée fausse, mais claire et précise, aura toujours plus de puissance dans le monde qu'une idée vraie, mais complexe. De là vient que les partis, qui sont comme de petites nations dans une grande, se hâtent toujours d'adopter pour symbole un nom ou un principe qui, souvent, ne représente que très incomplétement le but qu'ils se proposent et les moyens qu'ils emploient, mais sans lequel ils ne pourraient subsister ni se mouvoir. Les gouvernements qui ne reposent que sur une seule idée ou sur un seul sentiment facile à définir, ne sont peut-être pas les meilleurs, mais ils sont à coup sûr les plus forts et les plus durables.

Lorsqu'on examine la constitution des États-Unis, la plus parfaite de toutes les constitutions fédérales connues, on est effrayé au contraire de la multitude de connaissances diverses et du discernement qu'elle suppose chez ceux qu'elle doit régir. Le gouvernement de l'Union repose presque tout entier sur des fictions légales. L'Union est une nation idéale qui n'existe pour ainsi dire que dans les esprits, et dont l'intelligence seule découvre l'étendue et les bornes.

La théorie générale étant bien comprise, restent les difficultés d'application; elles sont sans nombre, car la souveraineté de l'Union est tellement engagée dans celle des États, qu'il est impossible, au premier coup d'œil, d'apercevoir leurs limites. Tout est conventionnel et artificiel dans un pareil gouvernement, et il ne saurait convenir qu'à un peuple habitué depuis long-temps à diriger lui-même ses affaires, et chez lequel la science politique est descendue jusque dans les derniers rangs de la société. Je n'ai jamais plus admiré le bon sens et l'intelligence pratique des Américains que dans la manière dont ils échappent aux difficultés sans nombre qui naissent de leur constitution fédérale. Je n'ai presque jamais rencontré d'homme du peuple, en Amérique, qui ne discernât avec une surprenante facilité les obligations nées des lois du Congrès et celles dont l'origine est dans les lois de son État, et qui, après avoir distingué les objets placés dans les attributions générales de l'Union de ceux que la législature locale doit régler, ne pût indiquer le point où commence la compétence des cours fédérales et la limite où s'arrête celle des tribunaux de l'Etat.

La constitution des États-Unis ressemble à ces belles créations de l'industrie humaine qui comblent de gloire et de biens ceux qui les inventent, mais qui restent stériles en d'autres mains.

C'est ce que le Mexique a fait voir de nos jours.

Les habitants du Mexique, voulant établir le système fédératif, prirent pour modèle et copièrent presque entièrement la constitution fédérale des Anglo-Américains leurs voisins (1). Mais en transportant chez eux la lettre de la loi, ils ne purent transporter en même temps l'esprit qui la vivifie. On les vit donc s'embarrasser sans cesse parmi les rouages de leur double gouvernement. La souveraineté des États et celle de l'Union, sortant du cercle que la constitution avait tracé, pénétrèrent chaque jour l'une dans l'autre. Actuellement encore, le Mexique est sans cesse entraîné de l'anarchie au despotisme militaire, et du despotisme militaire à l'anarchie.

Le second et le plus funeste de tous les vices, que je regarde comme inhérent au système fédéral lui-même, c'est la faiblesse relative du gouvernement de l'Union.

---

(1) Voyez la constitution mexicaine de 1824.

Le principe sur lequel reposent toutes les confédérations est le fractionnement de la souveraineté. Les législateurs rendent ce fractionnement peu sensible ; ils le dérobent même pour un temps aux regards, mais ils ne sauraient faire qu'il n'existe pas. Or, une souveraineté fractionnée sera toujours plus faible qu'une souveraineté complète.

On a vu, dans l'exposé de la constitution des États-Unis, avec quel art les Américains, tout en renfermant le pouvoir de l'Union dans le cercle restreint des gouvernements fédéraux, sont cependant parvenus à lui donner l'apparence et, jusqu'à un certain point, la force d'un gouvernement national.

En agissant ainsi, les législateurs de l'Union ont diminué le danger naturel des confédérations ; mais ils n'ont pu le faire disparaître entièrement.

Le gouvernement américain, dit-on, ne s'adresse point aux États : il fait parvenir immédiatement ses injonctions jusqu'aux citoyens, et les plie isolément sous l'effort de la volonté commune.

Mais si la loi fédérale heurtait violemment les intérêts et les préjugés d'un État, ne doit-on pas craindre que chacun des citoyens de cet État ne se crût intéressé dans la cause de l'homme qui refuse d'obéir ? Tous les citoyens de l'État, se trouvant ainsi lésés en même temps et de la même manière, par l'autorité de l'Union, en vain le gouvernement fédéral chercherait-il à les isoler pour les combattre : ils sentiraient instinctivement qu'ils doivent s'unir pour se défendre, et ils trouveraient une organisation toute préparée dans la portion de souveraineté dont on a laissé jouir leur État. La fiction disparaîtrait alors pour faire place à la réalité, et l'on pourrait voir la puissance organisée d'une partie du territoire en lutte avec l'autorité centrale.

J'en dirai autant de la justice fédérale. Si, dans un procès particulier, les tribunaux de l'Union violaient une loi importante d'un État, la lutte, sinon apparente, au moins réelle, serait entre l'État lésé représenté par un citoyen, et l'Union représentée par ses tribunaux (1).

Il faut avoir bien peu d'expérience des choses de ce monde pour s'imaginer qu'après avoir laissé aux passions des hommes un moyen de se satisfaire, on les empêchera toujours, à l'aide de fictions légales, de l'apercevoir et de s'en servir.

Les législateurs américains, en rendant moins probable la lutte entre les deux souverainetés, n'en ont donc pas détruit les causes.

On peut même aller plus loin, et dire qu'ils n'ont pu, en cas de lutte, assurer au pouvoir fédéral la prépondérance.

Ils donnèrent à l'Union de l'argent et des soldats, mais les États gardèrent l'amour et les préjugés des peuples.

(1) Exemple : La constitution a donné à l'Union le droit de faire vendre pour son compte les terres inoccupées. Je suppose que l'Ohio revendique ce même droit pour celles qui sont renfermées dans ses limites, sous le prétexte que la constitution n'a voulu parler que du territoire qui n'est encore soumis à aucune juridiction d'État, et qu'en conséquence il veuille lui-même les vendre. La question judiciaire se poserait, il est vrai, entre les acquéreurs qui tiennent leur titre de l'Union et les acquéreurs qui tiennent leur titre de l'État, et non pas entre l'Union et l'Ohio. Mais si la cour des États-Unis ordonnait que l'acquéreur fédéral fût mis en possession, et que les tribunaux de l'Ohio maintinssent dans ses biens son compétiteur, alors que deviendrait la fiction légale?

La souveraineté de l'Union est un être abstrait qui ne se rattache qu'à un petit nombre d'objets extérieurs. La souveraineté des États tombe sous tous les sens; on la comprend sans peine; on la voit agir à chaque instant. L'une est nouvelle, l'autre est née avec le peuple lui-même.

La souveraineté de l'Union est l'œuvre de l'art. La souveraineté des États est naturelle; elle existe par elle-même, sans efforts, comme l'autorité du père de famille.

La souveraineté de l'Union ne touche les hommes que par quelques grands intérêts; elle représente une partie immense, éloignée, un sentiment vague et indéfini. La souveraineté des États enveloppe chaque citoyen, en quelque sorte, et le prend chaque jour en détail. C'est elle qui se charge de garantir sa propriété, sa liberté, sa vie; elle influe à tout moment sur son bien-être ou sa misère. La souveraineté des États s'appuie sur les souvenirs, sur les habitudes, sur les préjugés locaux, sur l'égoïsme de province et de famille; en un mot, sur toutes les choses qui rendent l'instinct de la patrie si puissant dans le cœur de l'homme. Comment douter de ses avantages?

Puisque les législateurs ne peuvent empêcher qu'il ne survienne, entre les deux souverainetés que le système fédéral met en présence, des collisions dangereuses, il faut donc qu'à leurs efforts pour détourner les peuples confédérés de la guerre, il se joigne des dispositions particulières qui portent ceux-ci à la paix.

Il résulte de là que le pacte fédéral ne saurait avoir une longue existence, s'il ne rencontre, dans les peuples auxquels il s'applique, un certain nombre de conditions d'union qui leur rendent aisée cette vie commune, et facilitent la tâche du gouvernement.

Ainsi, le système fédéral, pour réussir, n'a pas seulement besoin de bonnes lois, il faut encore que les circonstances le favorisent.

Tous les peuples qu'on a vus se confédérer avaient un certain nombre d'intérêts communs, qui formaient comme les liens intellectuels de l'association.

Mais outre les intérêts matériels, l'homme a encore des idées et des sentiments. Pour qu'une confédération subsiste long-temps, il n'est pas moins nécessaire qu'il y ait homogénéité dans la civilisation que dans les besoins des divers peuples qui la composent. Entre la civilisation du canton de Vaud et celle du canton d'Uri, il y a comme du XIXe siècle au XVe : aussi la Suisse n'a-t-elle jamais eu, à vrai dire, de gouvernement fédéral. L'union entre ces différents cantons n'existe que sur la carte ; et l'on s'en apercevrait bien, si une autorité centrale voulait appliquer les mêmes lois à tout le territoire.

Il y a un fait qui facilite admirablement, aux États-Unis, l'existence du gouvernement fédéral. Les différents États ont non seulement les mêmes intérêts à peu près, la même origine et la même langue, mais encore le même degré de civilisation ; ce qui rend presque toujours l'accord entre eux chose facile. Je ne sais s'il y a si petite nation européenne qui ne présente un aspect moins homogène dans ses différentes parties que le peuple américain, dont le territoire est aussi grand que la moitié de l'Europe. De l'État du Maine à l'État de Géorgie on compte environ 400 lieues. Il existe cependant moins de différence entre la civilisation du Maine et celle de la Géorgie, qu'entre la civilisation de la Normandie et celle de la Bretagne. Le Maine et la Géorgie, placés aux deux extrémités d'un vaste empire, trouvent donc naturellement plus de facilités réelles à former une confédération que la Normandie et la Bretagne, qui ne sont séparées que par un ruisseau.

A ces facilités, que les mœurs et les habitudes du peuple offraient aux législateurs américains, s'en joignaient d'autres qui naissaient de la position géographique du pays. Il faut principalement attribuer à ces dernières l'adoption et le maintien du système fédéral.

Le plus important de tous les actes qui peuvent signaler la vie d'un peuple, c'est la guerre. Dans la guerre, un peuple agit comme un seul individu vis-à-vis des peuples étrangers : il lutte pour son existence même.

Tant qu'il n'est question que de maintenir la paix dans l'intérieur d'un pays et de favoriser sa prospérité, l'habileté dans le gouvernement, la raison dans les gouvernés, et un certain attachement naturel que les hommes ont presque toujours pour leur patrie, peuvent aisément suffire ; mais pour qu'une nation se trouve en état de faire une grande guerre, les citoyens doivent s'imposer des sacrifices nombreux et pénibles. Croire qu'un grand nombre d'hommes seront capables de se soumettre d'eux-mêmes à de pareilles exigences sociales, c'est bien mal connaître l'humanité.

De là vient que tous les peuples qui ont eu à faire

de grandes guerres ont été amenés, presque malgré eux, à accroître les forces du gouvernement. Ceux qui n'ont pas pu y réussir ont été conquis. Une longue guerre place presque toujours les nations dans cette triste alternative, que leur défaite les livre à la destruction, et leur triomphe au despotisme.

C'est donc, en général, dans la guerre que se révèle, d'une manière plus visible et plus dangereuse, la faiblesse d'un gouvernement; et j'ai montré que le vice inhérent des gouvernements fédéraux était d'être très faibles.

Dans le système fédératif, non seulement il n'y a point de centralisation administrative ni rien qui en approche, mais la centralisation gouvernementale elle-même n'existe qu'incomplétement, ce qui est toujours une grande cause de faiblesse, lorsqu'il faut se défendre contre des peuples chez lesquels elle est complète.

Dans la constitution fédérale des États-Unis, celle de toutes où le gouvernement central est revêtu de plus de forces réelles, ce mal se fait encore vivement sentir.

Un seul exemple permettra au lecteur d'en juger.

La constitution donne au congrès le droit d'appeler la milice des différents États au service actif, lorsqu'il s'agit d'étouffer une insurrection ou de repousser une invasion; un autre article dit que dans ce cas le président des États-Unis est le commandant en chef de la milice.

Lors de la guerre de 1812, le président donna l'ordre aux milices du Nord de se porter vers les frontières; le Connecticut et le Massachusetts, dont la guerre lésait les intérêts, refusèrent d'envoyer leur contingent.

La constitution, dirent-ils, autorise le gouvernement fédéral à se servir des milices en cas d'*insurrection* et d'*invasion;* or il n'y a, quant à présent, ni insurrection ni invasion. Ils ajoutèrent que la même constitution qui donnait à l'Union le droit d'appeler les milices en service actif, laissait aux États le droit de nommer les officiers; il s'ensuivait, selon eux, que, même à la guerre, aucun officier de l'Union n'avait le droit de commander les milices, excepté le président en personne. Or, il s'agissait de servir dans une armée commandée par un autre que lui.

Ces absurdes et destructives doctrines reçurent non seulement la sanction des gouverneurs et de la législature, mais encore celle des cours de justice de ces deux États; et le gouvernement fédéral fut contraint de chercher ailleurs les troupes dont il manquait (1).

D'où vient donc que l'Union américaine, toute protégée qu'elle est par la perfection relative de ses lois, ne se dissout pas au milieu d'une grande guerre? c'est qu'elle n'a point de grandes guerres à craindre.

(1) *Kent's commentaries*, vol. 1, p. 244. Remarquez que j'ai choisi l'exemple cité plus haut dans des temps postérieurs à l'établissement de la constitution actuelle. Si j'avais voulu remonter à l'époque de la première confédération, j'aurais signalé des faits bien plus concluants encore. Alors il régnait un véritable enthousiasme dans la nation; la révolution était représentée par un homme éminemment populaire, et pourtant, à cette époque, le congrès ne disposait, à proprement parler, de rien. Les hommes et l'argent lui manquaient à tous moments; les plans les mieux combinés par lui échouaient dans l'exécution, et l'Union, toujours sur le point de périr, fut sauvée bien plus par la faiblesse de ses ennemis que par sa propre force.

Placée au centre d'un continent immense, où l'industrie humaine peut s'étendre sans bornes, l'Union est presque aussi isolée du monde que si elle se trouvait resserrée de tous côtés par l'Océan.

Le Canada ne compte qu'un million d'habitants; sa population est divisée en deux nations ennemies. Les rigueurs du climat limitent l'étendue de son territoire et ferment pendant six mois ses ports.

Du Canada au golfe du Mexique, on rencontre encore quelques tribus sauvages à moitié détruites que 6,000 soldats poussent devant eux.

Au sud, l'Union touche par un point à l'empire du Mexique; c'est de là probablement que viendront un jour les grandes guerres. Mais, pendant long-temps encore, l'état peu avancé de la civilisation, la corruption des mœurs et la misère, empêcheront le Mexique de prendre un rang élevé parmi les nations. Quant aux puissances de l'Europe, leur éloignement les rend peu redoutables (*O*).

Le grand bonheur des États-Unis n'est donc pas d'avoir trouvé une constitution fédérale qui leur permette de soutenir de grandes guerres, mais d'être tellement situés qu'il n'y en a pas pour eux à craindre.

Nul ne saurait apprécier plus que moi les avantages du système fédératif. J'y vois l'une des plus puissantes combinaisons en faveur de la prospérité et de la liberté humaine. J'envie le sort des nations auxquelles il a été permis de l'adopter. Mais je me refuse pourtant à croire que des peuples confédérés puissent lutter long-temps, à égalité de force, contre une nation où la puissance gouvernementale serait centralisée.

Le peuple qui, en présence des grandes monarchies militaires de l'Europe, viendrait à fractionner sa souveraineté, me semblerait abdiquer, par ce seul fait, son pouvoir, et peut-être son existence et son nom.

Admirable position du Nouveau-Monde, qui fait que l'homme n'y a encore d'ennemis que lui-même ! Pour être heureux et libre, il lui suffit de le vouloir.

NOTES.

NOTES.

(A) PAGE 31.

Voyez, sur tous les pays de l'ouest où les Européens n'ont pas encore pénétré, les deux voyages entrepris par le major Long, aux frais du congrès.

M. Long dit notamment, à propos du grand désert américain, qu'il faut tirer une ligne à peu près parallèle au 20° degré de longitude (méridien de Washington (1)), partant de la rivière Rouge et aboutissant à la rivière Plate. De cette ligne imaginaire jusqu'aux montagnes Rocheuses, qui bornent la vallée du Mississipi à l'ouest, s'étendent d'immenses plaines, couvertes en général de sable qui se refuse à la culture, ou parsemées de pierres granitiques. Elles sont privées d'eau en été. On n'y rencontre que de grands troupeaux de buffles et de chevaux sauvages. On y voit aussi quelques hordes d'Indiens, mais en petit nombre.

Le major Long a entendu dire qu'en s'élevant au-dessus de la rivière Plate dans la même direction, on rencontrait toujours à sa gauche le même désert; mais il n'a pas pu vérifier par lui-même l'exactitude de ce rapport. *Long's expedition*, vol. 2, p. 361.

Quelque confiance que mérite la relation du major Long, il ne faut pas cependant oublier qu'il n'a fait que traverser le pays dont il parle, sans tracer de grands zigzags au-dehors de la ligne qu'il suivait.

(B) PAGE 55.

L'Amérique du Sud, dans ses régions intertropicales, produit avec une incroyable profusion ces plantes grimpantes connues sous le nom

(1) Le 20e degré de longitude, suivant le méridien de Washington, se rapporte à peu près au 99e degré suivant le méridien de Paris.

générique de lianes. La flore des Antilles en présente à elle seule plus de quarante espèces différentes.

Parmi les plus gracieux d'entre ces arbustes se trouve la grenadille. Cette jolie plante, dit Descourtiz dans sa description du règne végétal aux Antilles, au moyen des vrilles dont elle est munie, s'attache aux arbres et y forme des arcades mobiles, des colonnades riches et élégantes par la beauté des fleurs pourpres variées de bleu qui les décorent, et qui flattent l'odorat par le parfum qu'elles exhalent; vol. 1, p. 265.

L'acacia à grandes gousses est une liane très grosse qui se développe rapidement, et, courant d'arbres en arbres, couvre quelquefois plus d'une demi-lieue; vol. 3, p. 227.

(C) PAGE 56.

Sur les langues américaines.

Les langues que parlent les Indiens de l'Amérique, depuis le pôle arctique jusqu'au cap Horn, sont toutes formées, dit-on, sur le même modèle, et soumises aux mêmes règles grammaticales; d'où on peut conclure avec une grande vraisemblance que toutes les nations indiennes sont sorties de la même souche.

Chaque peuplade du continent américain parle un dialecte différent; mais les langues proprement dites sont en très petit nombre, ce qui tendrait encore à prouver que les nations du Nouveau-Monde n'ont pas une origine fort ancienne.

Enfin les langues de l'Amérique sont d'une extrême régularité; il est donc probable que les peuples qui s'en servent n'ont pas encore été soumis à de grandes révolutions, et ne se sont pas mêlés forcément ou volontairement à des nations étrangères; car c'est en général l'union de plusieurs langues dans une seule qui produit les irrégularités de la grammaire.

Il n'y a pas long-temps que les langues américaines, et en particulier les langues de l'Amérique du Nord, ont attiré l'attention sérieuse des philologues. On a découvert alors, pour la première fois, que cet idiome d'un peuple barbare était le produit d'un système d'idées très compliquées et de combinaisons fort savantes. On s'est aperçu que ces langues étaient fort riches, et qu'en les formant on avait pris grand soin de ménager la délicatesse de l'oreille.

Le système grammatical des Américains diffère de tous les autres en plusieurs points, mais principalement en celui-ci.

Quelques peuples de l'Europe, entre autres les Allemands, ont la faculté de combiner au besoin différentes expressions, et de donner ainsi un sens complexe à certains mots. Les Indiens ont étendu de la manière la plus surprenante cette même faculté, et sont parvenus à fixer pour ainsi dire sur un seul point un très grand nombre d'idées. Ceci se comprendra sans peine à l'aide d'un exemple cité par M. Duponceau, dans les *Mémoires de la Société philosophique d'Amérique*.

Lorsqu'une femme delaware joue avec un chat ou avec un jeune chien, dit-il, on l'entend quelquefois prononcer le mot *kuligatschis*. Ce mot est ainsi composé : *K* est le signe de la seconde personne, et signifie *tu* ou *ton* ; *uli*, qu'on prononce *ouli*, est un fragment du mot *wulit*, qui signifie *beau, joli* ; *gat* est un autre fragment du mot *wichgat*, qui signifie *patte* ; enfin *schis*, qu'on prononce *chise*, est une terminaison diminutive qui apporte avec elle l'idée de la petitesse. Ainsi, dans un seul mot, la femme indienne a dit : Ta jolie petite patte.

Voici un autre exemple qui montre avec quel bonheur les sauvages de l'Amérique savaient composer leurs mots.

Un jeune homme en delaware se dit *pilapé*. Ce mot est formé de *pilsit*, chaste, innocent; et de *lénapé*, homme : c'est-à-dire l'homme dans sa pureté et son innocence.

Cette faculté de combiner entre eux les mots se fait surtout remarquer d'une manière fort étrange dans la formation des verbes. L'action la plus compliquée se rend souvent par un seul verbe; presque toutes les nuances de l'idée agissent sur le verbe et le modifient.

Ceux qui voudraient examiner plus en détail ce sujet, que je n'ai fait moi-même qu'effleurer très superficiellement, devront lire :

1° La Correspondance de M. Duponceau avec le révérend Hecwelder, relativement aux langues indiennes. Cette correspondance se trouve dans le 1ᵉʳ volume des *Mémoires de la Société philosophique d'Amérique*, publiés à Philadelphie, en 1819, chez Abraham Small, p. 356-464.

2° La grammaire de la langue delaware ou lenape, par Geiberger, et la préface de M. Duponceau, qui y est jointe. Le tout se trouve dans les mêmes collections, vol. 3.

3° Un résumé fort bien fait de ces travaux, contenu à la fin du volume 6 de l'*Encyclopédie américaine*.

(D) PAGE 58.

On trouve dans Charlevoix, tome I, p. 235, l'histoire de la première guerre que les Français du Canada eurent à soutenir, en 1610, contre les Iroquois. Ces derniers, quoique armés de flèches et d'arcs, opposèrent une résistance désespérée aux Français et à leurs alliés. Charlevoix, qui n'est cependant pas un grand peintre, fait très bien voir dans ce morceau le contraste qu'offraient les mœurs des Européens et celles des sauvages, ainsi que les différentes manières dont ces deux races entendaient l'honneur.

« Les Français, dit-il, se saisirent des peaux de castor dont les Iroquois, qu'ils voyaient étendus sur la place, étaient couverts. Les Hurons, leurs alliés, furent scandalisés à ce spectacle. Ceux-ci, de leur côté, commencèrent à exercer leurs cruautés ordinaires sur les prisonniers, et dévorèrent un de ceux qui avaient été tués, ce qui fit horreur aux Français. Ainsi, ajoute Charlevoix, ces barbares faisaient gloire d'un désintéressement qu'ils étaient surpris de ne pas trouver dans notre nation, et ne comprenaient pas qu'il y eût bien moins de mal à dépouiller les morts qu'à se repaître de leurs chairs comme des bêtes féroces. »

Le même Charlevoix, dans un autre endroit, vol. I, p. 230, peint de cette manière le premier supplice dont Champlain fut le témoin, et le retour des Hurons dans leur village.

« Après avoir fait huit lieues, dit-il, nos alliés s'arrêtèrent, et, prenant un de leurs captifs, ils lui reprochèrent toutes les cruautés qu'il avait exercées sur des guerriers de leur nation qui étaient tombés dans ses mains, et lui déclarèrent qu'il devait s'attendre à être traité de la même manière, ajoutant que, s'il avait du cœur, il le témoignerait en chantant : il entonna aussitôt sa chanson de guerre, et toutes celles qu'il savait, mais sur un ton fort triste, dit Champlain, qui n'avait pas encore eu le temps de connaître que toute la musique des sauvages a quelque chose de lugubre. Son supplice, accompagné de toutes les horreurs dont nous parlerons dans la suite, effraya les Français, qui firent en vain tous leurs efforts pour y mettre fin. La nuit suivante, un Huron ayant rêvé qu'on était poursuivi, la retraite se changea en une véritable fuite, et les sauvages ne s'arrêtèrent plus dans aucun endroit qu'ils ne fussent hors de tout danger.

» Du moment qu'ils eurent aperçu les cabanes de leur village, ils coupèrent de longs bâtons auxquels ils attachèrent les chevelures qu'ils avaient eues en partage, et les portèrent comme en triomphe. A cette vue les femmes accoururent, se jetèrent à la nage, et, ayant joint les canots, elles prirent ces chevelures toutes sanglantes des mains de leurs maris, et se les attachèrent au cou.

» Les guerriers offrirent un de ces horribles trophées à Champlain, et lui firent en outre présent de quelques arcs et de quelques flèches, seules dépouilles des Iroquois dont ils eussent voulu s'emparer, le priant de les montrer au roi de France. »

Champlain vécut seul tout un hiver au milieu de ces barbares, sans que sa personne ou ses propriétés fussent un instant compromises.

(E) PAGE 61.

Quoique le rigorisme puritain qui a présidé à la naissance des colonies anglaises d'Amérique se soit déjà fort affaibli, on en trouve encore dans les habitudes et dans les lois des traces extraordinaires.

En 1792, à l'époque même où la république antichrétienne de France commençait son existence éphémère, le corps législatif du Massachusetts promulguait la loi qu'on va lire, pour forcer les citoyens à l'observation du dimanche. Voici le préambule et les principales dispositions de cette loi, qui mérite d'attirer toute l'attention du lecteur :

« Attendu, dit le législateur, que l'observation du dimanche est d'un intérêt public, qu'elle produit une suspension utile dans les travaux ; qu'elle porte les hommes à réfléchir sur les devoirs de la vie et sur les erreurs auxquelles l'humanité est si sujette ; qu'elle permet d'honorer en particulier et en public le Dieu créateur et gouverneur de l'univers, et de se livrer à ces actes de charité qui font l'ornement et le soulagement des sociétés chrétiennes ;

» Attendu que les personnes irréligieuses ou légères, oubliant les devoirs que le dimanche impose et l'avantage que la société en retire, en profanent la sainteté en se livrant à leurs plaisirs ou à leurs travaux ; que cette manière d'agir est contraire à leurs propres intérêts comme chrétiens ; que, de plus, elle est de nature à troubler ceux qui ne suivent pas leur exemple, et porte un préjudice réel à la société tout entière en introduisant dans son sein le goût de la dissipation et les habitudes dissolues ;

» Le sénat et la chambre des représentants ordonnent ce qui suit :

» 1° Nul ne pourra, le jour du dimanche, tenir ouvert sa boutique ou son atelier. Nul ne pourra, le même jour, s'occuper d'aucun travail ou affaires quelconques, assister à aucun concert, bal ou spectacle d'aucun genre, ni se livrer à aucune espèce de chasse, jeu, récréation, sous peine d'amende. L'amende ne sera pas moindre de 10 shellings, et n'excédera pas 20 shellings pour chaque contravention.

» 2° Aucun voyageur, conducteur, charretier, excepté en cas de nécessité, ne pourra voyager le dimanche, sous peine de la même amende.

» 3° Les cabaretiers, détaillants, aubergistes, empêcheront qu'aucun habitant domicilié dans leur commune ne vienne chez eux le dimanche, pour y passer le temps en plaisirs ou en affaires. En cas de contravention, l'aubergiste et son hôte paieront l'amende. De plus, l'aubergiste pourra perdre sa licence.

» 4° Celui qui, étant en bonne santé et sans raison suffisante, omettra pendant trois mois de rendre à Dieu un culte public, sera condamné à 10 shellings d'amende.

» 5° Celui qui, dans l'enceinte d'un temple, tiendra une conduite inconvenante, paiera une amende de 5 shellings à 40.

» 6° Sont chargés de tenir la main à l'exécution de la présente loi, les tythingmen des communes (1). Ils ont le droit de visiter le dimanche tous les appartements des hôtelleries ou lieux publics. L'aubergiste qui leur refuserait l'entrée de sa maison sera condamné pour ce seul fait à 40 shellings d'amende.

» Les tythingmen devront arrêter les voyageurs, et s'enquérir de la raison qui les a obligés de se mettre en route le dimanche. Celui qui refusera de répondre sera condamné à une amende qui pourra être de 5 livres sterling.

» Si la raison donnée par le voyageur ne paraît pas suffisante au tythingman, il poursuivra ledit voyageur devant le juge de paix du canton. » *Loi du 8 mars 1792. General Laws of Massachusetts*, vol. 1, p. 410.

Le 11 mars 1797, une nouvelle loi vint augmenter le taux des amendes, dont moitié dut appartenir à celui qui poursuivait le délinquant. *Même collection*, vol. 1, p. 525.

(1) Ce sont des officiers élus chaque année, et qui, par leurs fonctions, se rapprochent tout à la fois du garde champêtre et de l'officier de police judiciaire en France.

Le 16 février 1816, une nouvelle loi confirma ces mêmes mesures. *Même collection*, vol. 2, p. 405.

Des dispositions analogues existent dans les lois de l'État de New-York, révisées en 1827 et 1828. (Voyez *Revised statutes*, partie 1, chapitre 20, p. 675.) Il y est dit que le dimanche nul ne pourra chasser, pêcher, jouer, ni fréquenter les maisons où l'on donne à boire. Nul ne pourra voyager, si ce n'est en cas de nécessité.

Ce n'est pas la seule trace que l'esprit religieux et les mœurs austères des premiers émigrants aient laissée dans les lois.

On lit dans les statuts révisés de l'État de New-York, vol. 1, p. 662, l'article suivant :

« Quiconque gagnera ou perdra dans l'espace de vingt-quatre heures, en jouant ou en pariant, la somme de 25 dollars (environ 132 francs), sera réputé coupable d'un délit (*misdemeanor*), et sur la preuve du fait, sera condamné à une amende égale au moins à cinq fois la valeur de la somme perdue ou gagnée ; laquelle amende sera versée dans les mains de l'inspecteur des pauvres de la commune.

» Celui qui perd 25 dollars ou plus peut les réclamer en justice. S'il omet de le faire, l'inspecteur des pauvres peut actionner le gagnant, et lui faire donner, au profit des pauvres, la somme gagnée et une somme triple de celle-là. »

Les lois que nous venons de citer sont très récentes ; mais qui pourrait les comprendre sans remonter jusqu'à l'origine même des colonies ? Je ne doute point que de nos jours la partie pénale de cette législation ne soit que fort rarement appliquée ; les lois conservent leur inflexibilité quand déjà les mœurs se sont pliées au mouvement du temps. Cependant l'observation du dimanche en Amérique est encore ce qui frappe le plus vivement l'étranger.

Il y a notamment une grande ville américaine dans laquelle, à partir du samedi soir, le mouvement social est comme suspendu. Vous parcourez ses murs à l'heure qui semble convier l'âge mûr aux affaires et la jeunesse aux plaisirs, et vous vous trouvez dans une profonde solitude. Non seulement personne ne travaille, mais personne ne paraît vivre. On n'entend ni le mouvement de l'industrie, ni les accents de la joie, ni même le murmure confus qui s'élève sans cesse du sein d'une grande cité. Des chaines sont tendues aux environs des églises ; les volets des maisons à demi fermés ne laissent qu'à regret pénétrer un rayon du soleil dans la demeure des citoyens. A peine de loin en loin apercevez-vous un homme isolé qui se coule sans bruit à travers les carrefours déserts et le long des rues abandonnées.

Le lendemain à la pointe du jour, le roulement des voitures, le bruit des marteaux, les cris de la population recommencent à se faire entendre ; la cité se réveille ; une foule inquiète se précipite vers les foyers du commerce et de l'industrie ; tout se remue, tout s'agite, tout se presse autour de vous. A une sorte d'engourdissement léthargique succède une activité fébrile ; on dirait que chacun n'a qu'un seul jour à sa disposition pour acquérir la richesse et pour en jouir.

(F) PAGE 69.

Il est inutile de dire que, dans le chapitre qu'on vient de lire, je n'ai point prétendu faire une histoire de l'Amérique. Mon seul but a été de mettre le lecteur à même d'apprécier l'influence qu'avaient exercée les opinions et les mœurs des premiers émigrants sur le sort des différentes colonies et de l'Union en général. J'ai donc dû me borner à citer quelques fragments détachés.

Je ne sais si je me trompe, mais il me semble qu'en marchant dans la route que je ne fais ici qu'indiquer, on pourrait présenter sur le premier âge des républiques américaines des tableaux qui ne seraient pas indignes d'attirer les regards du public, et qui donneraient sans doute matière à réfléchir aux hommes d'État. Ne pouvant me livrer moi-même à ce travail, j'ai voulu du moins le faciliter à d'autres. J'ai donc cru devoir présenter ici une courte nomenclature et une analyse abrégée des ouvrages dans lesquels il me paraîtrait le plus utile de puiser.

Au nombre des documents généraux qu'on pourrait consulter avec fruit, je placerai d'abord l'ouvrage intitulé *Historical collection of state-papers and other authentic documents, intended as materials for an history of the United States of America; by Ebenezer Hazard.*

Le premier volume de cette compilation, qui fut imprimé à Philadelphie en 1792, contient la copie textuelle de toutes les chartes accordées par la couronne d'Angleterre aux émigrants, ainsi que les principaux actes des gouvernements coloniaux durant les premiers temps de leur existence. On y trouve entre autres un grand nombre de documents authentiques sur les affaires de la Nouvelle-Angleterre et de la Virginie pendant cette période.

Le second volume est consacré presque tout entier aux actes de la confédération de 1643. Ce pacte fédéral, qui eut lieu entre les colonies de la Nouvelle-Angleterre, dans le but de résister aux Indiens, fut le premier exemple d'union que donnèrent les Anglo-Américains. Il y eut encore plusieurs autres confédérations de la même nature, jusqu'à celle de 1776, qui amena l'indépendance des colonies.

La collection historique de Philadelphie se trouve à la Bibliothèque Royale.

Chaque colonie a de plus ses monuments historiques, dont plusieurs sont très précieux. Je commence mon examen par la Virginie, qui est l'État le plus anciennement peuplé.

Le premier de tous les historiens de la Virginie est son fondateur, le capitaine Jean Smith. Le capitaine Smith nous a laissé un volume in-4° intitulé : *The general history of Virginia and New-England, by Captain John Smith, some time governor in those countryes and admiral of New-England*, imprimé à Londres en 1627. (Ce volume se trouve à la Bibliothèque Royale.) L'ouvrage de Smith est orné de cartes et de gravures très curieuses, qui datent du temps où il a été imprimé. Le récit de l'historien s'étend depuis l'année 1584 jusqu'en 1626. Le livre de Smith est estimé et mérite de l'être. L'auteur est un des plus célèbres aventuriers qui aient paru dans le siècle plein d'aventures à la fin duquel il a vécu : le livre lui-même respire cette ardeur de découvertes, cet esprit d'entreprise, qui caractérisait les hommes d'alors; on y retrouve ces mœurs chevaleresques qu'on mêlait au négoce, et qu'on faisait servir à l'acquisition des richesses.

Mais ce qui est surtout remarquable dans le capitaine Smith, c'est qu'il mêle aux vertus de ses contemporains des qualités qui sont restées étrangères à la plupart d'entre eux; son style est simple et net, ses récits ont tous le cachet de la vérité, ses descriptions ne sont point ornées.

Cet auteur jette sur l'état des Indiens à l'époque de la découverte de l'Amérique du Nord des lumières précieuses.

Le second historien à consulter est Beverley. L'ouvrage de Beverley, qui forme un volume in-12, a été traduit en français, et imprimé à Amsterdam en 1707. L'auteur commence ses récits à l'année 1585, et les termine à l'année 1700. La première partie de son livre contient des documents historiques proprement dits, relatifs à l'enfance de la colonie. La seconde renferme une peinture curieuse de l'état des Indiens à cette époque reculée. La troisième donne des idées très claires sur les mœurs, l'état social, les lois et les habitudes politiques des Virginiens du temps de l'auteur.

Beverley était originaire de la Virginie, ce qui lui fait dire en commençant, « qu'il supplie les lecteurs de ne point examiner son ouvrage » en critiques trop rigides, attendu qu'étant né aux Indes il n'aspire » point à la pureté du langage. » Malgré cette modestie de colon, l'auteur témoigne, dans tout le cours de son livre, qu'il supporte impatiemment la suprématie de la mère-patrie. On trouve également dans l'ouvrage de Beverley des traces nombreuses de cet esprit de liberté civile qui animait dès lors les colonies anglaises d'Amérique. On y rencontre aussi la trace des divisions qui ont si long-temps existé au milieu d'elles, et qui ont retardé leur indépendance. Beverley déteste ses voisins catholiques du Maryland plus encore que le gouvernement anglais. Le style de cet auteur est simple; ses récits sont souvent pleins d'intérêt et inspirent la confiance. La traduction française de l'histoire de Beverley se trouve dans la Bibliothèque Royale.

J'ai vu en Amérique, mais je n'ai pu retrouver en France, un ouvrage qui mériterait aussi d'être consulté; il est intitulé: *History of Virginia, by William Stith*. Ce livre offre des détails curieux; mais il m'a paru long et diffus.

Le plus ancien et le meilleur document qu'on puisse consulter sur l'histoire des Carolines est un livre petit in-4° intitulé: *The History of Carolina by John Lawson*, imprimé à Londres en 1718.

L'ouvrage de Lawson contient d'abord un voyage de découvertes, dans l'ouest de la Caroline. Ce voyage est écrit en forme de journal; les récits de l'auteur sont confus; ses observations sont très superficielles; on y trouve seulement une peinture assez frappante des ravages que causaient la petite-vérole et l'eau-de-vie parmi les sauvages de cette époque, et un tableau curieux de la corruption des mœurs qui régnait parmi eux, et que la présence des Européens favorisait.

La deuxième partie de l'ouvrage de Lawson est consacrée à retracer l'état physique de la Caroline, et à faire connaître ses productions.

Dans la troisième partie, l'auteur fait une description intéressante des mœurs, des usages et du gouvernement des Indiens de cette époque. Il y a souvent de l'esprit et de l'originalité dans cette portion du livre.

L'histoire de Lawson est terminée par la charte accordée à la Caroline du temps de Charles II.

Le ton général de cet ouvrage est léger, souvent licencieux, et forme un parfait contraste avec le style profondément grave des ouvrages publiés à cette même époque dans la Nouvelle-Angleterre.

L'histoire de Lawson est un document extrêmement rare en Amérique, et qu'on ne peut se procurer en Europe. Il y en a cependant un exemplaire à la Bibliothèque Royale.

De l'extrémité sud des États-Unis, je passe immédiatement à l'extrémité nord. L'espace intermédiaire n'a été peuplé que plus tard.

Je dois indiquer d'abord une compilation fort curieuse intitulée *Collection of the Massachusetts historical society*, imprimé pour la première fois à Boston en 1792, réimprimée en 1806. Cet ouvrage n'existe pas à la Bibliothèque Royale, ni, je crois, dans aucune autre.

Cette collection (qui se continue) renferme une foule de documents très précieux relativement à l'histoire des différents États de la Nouvelle-Angleterre. On y trouve des correspondances inédites et des pièces authentiques qui étaient enfouies dans les archives provinciales. L'ouvrage tout entier de Gookin relatif aux Indiens y a été inséré.

J'ai indiqué plusieurs fois dans le cours du chapitre auquel se rapporte cette note, l'ouvrage de Nathaniel Morton intitulé *New England's Memorial*. Ce que j'en ai dit suffit pour prouver qu'il mérite d'attirer l'attention de ceux qui voudraient connaître l'histoire de la Nouvelle-Angleterre. Le livre de Nathaniel Morton forme un vol. in-8°, réimprimé à Boston en 1826. Il n'existe pas à la Bibliothèque Royale.

Le document le plus estimé et le plus important que l'on possède sur l'histoire de la Nouvelle-Angleterre est l'ouvrage de R. Cotton Mather intitulé *Magnalia Christi Americana, or the ecclesiastical history of New-England*, 1620-1698, 2 vol. in-8°, réimprimés à Hartford en 1820. Je ne crois pas qu'on le trouve à la Bibliothèque Royale.

L'auteur a divisé son ouvrage en sept livres.

Le premier présente l'histoire de ce qui a préparé et amené la fondation de la Nouvelle-Angleterre.

Le second contient la vie des premiers gouverneurs et des principaux magistrats qui ont administré ce pays.

Le troisième est consacré à la vie et aux travaux des ministres évangéliques qui, pendant la même période, y ont dirigé les âmes.

Dans le quatrième, l'auteur fait connaître la fondation et le développement de l'Université de Cambridge (Massachusetts).

Au cinquième, il expose les principes et la discipline de l'Église de la Nouvelle-Angleterre.

Le sixième est consacré à retracer certains faits qui dénotent, suivant Mather, l'action bienfaisante de la Providence sur les habitants de la Nouvelle-Angleterre.

Dans le septième, enfin, l'auteur nous apprend les hérésies et les troubles auxquels a été exposée l'Église de la Nouvelle-Angleterre.

Cotton Mather était un ministre évangélique qui, après être né à Boston, y a passé sa vie.

Toute l'ardeur et toutes les passions religieuses qui ont amené la fondation de la Nouvelle-Angleterre animent et vivifient ses récits. On découvre fréquemment des traces de mauvais goût dans sa manière d'écrire : mais il attache, parce qu'il est plein d'un enthousiasme qui finit par se communiquer au lecteur. Il est souvent intolérant, plus souvent crédule ; mais on n'aperçoit jamais en lui envie de tromper ; quelquefois même son ouvrage présente de beaux passages et des pensées vraies et profondes, telles que celles-ci :

« Avant l'arrivée des puritains, dit-il, vol. I, chap. IV, p. 61, les » Anglais avaient plusieurs fois essayé de peupler le pays que nous ha-» bitons ; mais comme ils ne visaient pas plus haut qu'au succès de leurs » intérêts matériels, ils furent bientôt abattus par les obstacles ; il n'en » a pas été ainsi des hommes qui arrivèrent en Amérique, poussés et » soutenus par une haute pensée religieuse. Quoique ceux-ci aient » trouvé plus d'ennemis que n'en rencontrèrent peut-être jamais les fon-» dateurs d'aucune colonie, ils persistèrent dans leur dessein, et l'éta-» blissement qu'ils ont formé subsiste encore de nos jours. »

Mather mêle parfois à l'austérité de ses tableaux des images pleines de douceur et de tendresse : après avoir parlé d'une dame anglaise que l'ardeur religieuse avait entraînée avec son mari en Amérique, et qui bientôt après succomba aux fatigues et aux misères de l'exil, il ajoute :

« Quant à son vertueux époux, Isaac Johnson, il essaya de vivre sans » elle, et ne l'ayant pas pu, il mourut. » (V. I, p. 71.)

Le livre de Mather fait admirablement connaître le temps et le pays qu'il cherche à décrire.

Veut-il nous apprendre quels motifs portèrent les puritains à chercher un asile au-delà des mers, il dit :

« Le Dieu du ciel fit un appel à ceux d'entre son peuple qui habi» taient l'Angleterre. Parlant en même temps à des milliers d'hommes
» qui ne s'étaient jamais vus les uns les autres, il les remplit du désir
» de quitter les commodités de la vie qu'ils trouvaient dans leur patrie,
» de traverser un terrible océan pour aller s'établir au milieu de déserts
» plus formidables encore, dans l'unique but de s'y soumettre sans obs» tacle à ses lois. »

« Avant d'aller plus loin, ajoute-t-il, il est bon de faire connaître
» quels ont été les motifs de cette entreprise, afin qu'ils soient bien
» compris de la postérité ; il est surtout important d'en rappeler le sou» venir aux hommes de nos jours, de peur que, perdant de vue l'objet
» que poursuivaient leurs pères, ils ne négligent les vrais intérêts de la
» Nouvelle-Angleterre. Je placerai donc ici ce qui se trouve dans un
» manuscrit où quelques uns de ces motifs furent alors exposés.

» Premier motif : Ce serait rendre un très grand service à l'Eglise
» que de porter l'Évangile dans cette partie du monde (l'Amérique du
» Nord), et d'élever un rempart qui puisse défendre les fidèles contre
» l'Antechrist, dont on travaille à fonder l'empire dans le reste de
» l'univers.

» Second motif : Toutes les autres Églises d'Europe ont été frappées
» de désolation, et il est à craindre que Dieu n'ait porté le même arrêt
» contre la nôtre. Qui sait s'il n'a pas eu soin de préparer cette place
» (la Nouvelle-Angleterre) pour servir de refuge à ceux qu'il veut
» sauver de la destruction générale?

» Troisième motif : Le pays où nous vivons semble fatigué d'habi» tants ; l'homme, qui est la plus précieuse des créatures, a ici moins
» de valeur que le sol qu'il foule sous ses pas. On regarde comme un
» pesant fardeau d'avoir des enfants, des voisins, des amis ; on fuit le
» pauvre ; les hommes repoussent ce qui devrait causer les plus grandes
» jouissances de ce monde, si les choses étaient suivant l'ordre naturel.

» Quatrième motif : Nos passions sont arrivées à ce point qu'il n'y a
» pas de fortune qui puisse mettre un homme en état de maintenir son
» rang parmi ses égaux. Et cependant celui qui ne peut y réussir est en
» butte au mépris : d'où il résulte que dans toutes les professions on

» cherche à s'enrichir par des moyens illicites, et il devient difficile aux
» gens de bien d'y vivre à leur aise et sans déshonneur.

» Cinquième motif: Les écoles où l'on enseigne les sciences et la re-
» ligion sont si corrompues, que la plupart des enfants, et souvent les
» meilleurs, les plus distingués d'entre eux, et ceux qui faisaient naître
» les plus légitimes espérances, se trouvent entièrement pervertis par la
» multitude des mauvais exemples dont ils sont témoins, et par la li-
» cence qui les environne.

» Sixième motif: La terre entière n'est-elle pas le jardin du Seigneur?
» Dieu ne l'a-t-il pas livrée aux fils d'Adam pour qu'ils la cultivent et
» l'embellissent? Pourquoi nous laissons-nous mourir de faim faute de
» place, tandis que de vastes contrées également propres à l'usage de
» l'homme restent inhabitées et sans culture?

» Septième motif: Élever une Église réformée et la soutenir dans son
» enfance; unir nos forces avec celles d'un peuple fidèle pour la forti-
» fier, la faire prospérer, et la sauver des hasards, et peut-être de la
» misère complète à laquelle elle serait exposée sans cet appui, quelle
» œuvre plus noble et plus belle, quelle entreprise plus digne d'un
» chrétien?

» Huitième motif: Si les hommes dont la piété est connue, et qui vi-
» vent ici (en Angleterre) au milieu de la richesse et du bonheur aban-
» donnaient ces avantages pour travailler à l'établissement de cette
» Église réformée, et consentaient à partager avec elle un sort obscur et
» pénible, ce serait un grand et utile exemple qui ranimerait la foi des
» fidèles dans les prières qu'ils adressent à Dieu en faveur de la colonie,
» et qui porterait beaucoup d'autres hommes à se joindre à eux. »

Plus loin, exposant les principes de l'Église de la Nouvelle-Angleterre
en matière de morale, Mather s'élève avec violence contre l'usage de
porter des santés à table, ce qu'il nomme une habitude païenne et
abominable.

Il proscrit avec la même rigueur tous les ornements que les femmes
peuvent mêler à leurs cheveux, et condamne sans pitié la mode qui
s'établit, dit-il, parmi elles, de se découvrir le cou et les bras.

Dans une autre partie de son ouvrage, il nous raconte fort au long
plusieurs faits de sorcellerie qui ont effrayé la Nouvelle-Angleterre. On
voit que l'action visible du démon dans les affaires de ce monde lui
semble une vérité incontestable et démontrée.

Dans un grand nombre d'endroits de ce même livre se révèle l'esprit de liberté civile et d'indépendance politique qui caractérisait les contemporains de l'auteur. Leurs principes en matière de gouvernement se montrent à chaque pas. C'est ainsi, par exemple, qu'on voit les habitants du Massachusetts, dès l'année 1630, dix ans après la fondation de Plymouth, consacrer 400 livres sterling à l'établissement de l'Université de Cambridge.

Si je passe des documents généraux relatifs à l'histoire de la Nouvelle-Angleterre à ceux qui se rapportent aux divers États compris dans ses limites, j'aurai d'abord à indiquer l'ouvrage intitulé : *The History of the colony of Massachusetts, by Hutchinson, lieutenant-governor of the Massachusetts province*, 2 vol. in-8°. Il se trouve à la Bibliothèque Royale un exemplaire de ce livre : c'est une seconde édition imprimée à Londres en 1765.

L'histoire de Hutchinson, que j'ai plusieurs fois citée dans le chapitre auquel cette note se rapporte, commence à l'année 1628 et finit en 1750. Il règne dans tout l'ouvrage un grand air de véracité ; le style en est simple et sans apprêt. Cette histoire est très détaillée.

Le meilleur document à consulter, quant au Connecticut, est l'histoire de Benjamin Trumbull, intitulée : *A complete History of Connecticut, civil and ecclesiastical*, 1630-1764, 2 vol. in-8°, imprimés en 1818 à New-Haven. Je ne crois pas que l'ouvrage de Trumbull se trouve à la Bibliothèque Royale.

Cette histoire contient un exposé clair et froid de tous les événements survenus dans le Connecticut durant la période indiquée au titre. L'auteur a puisé aux meilleures sources, et ses récits conservent le cachet de la vérité. Tout ce qu'il dit des premiers temps du Connecticut est extrêmement curieux. Voyez notamment dans son ouvrage la *Constitution de 1639*, vol. 1, chap. VI, p. 100 ; et aussi les *Lois pénales du Connecticut*, vol. 1, chap. VII, p. 123.

On estime avec raison l'ouvrage de Jérémie Belknap intitulé : *History of New-Hampshire*, 2 vol. in-8°, imprimés à Boston en 1792. Voyez particulièrement, dans l'ouvrage de Belknap, le chap. III du premier volume. Dans ce chapitre, l'auteur donne sur les principes politiques et religieux des puritains, sur les causes de leur émigration, et sur leurs lois, des détails extrêmement précieux. On y trouve cette citation curieuse d'un sermon prononcé en 1663 : « Il faut que la Nouvelle-Angleterre se

» rappelle sans cesse qu'elle a été fondée dans un but de religion et non
» dans un but de commerce. On lit sur son front qu'elle a fait profes-
» sion de pureté en matière de doctrine et de discipline. Que les com-
» merçants et tous ceux qui sont occupés à placer denier sur denier se
» souviennent donc que c'est la religion et non le gain qui a été l'objet
» de la fondation de ces colonies. S'il est quelqu'un parmi nous qui,
» dans l'estimation qu'il fait du monde et de la religion, regarde le pre-
» mier comme 13 et prend la seconde seulement pour 12, celui-là
» n'est pas animé des sentiments d'un véritable fils de la Nouvelle-An-
» gleterre. » Les lecteurs rencontreront dans Belknap plus d'idées générales et plus de force de pensée que n'en présentent jusqu'à présent les
autres historiens américains.

J'ignore si ce livre se trouve à la Bibliothèque Royale.

Parmi les États du centre dont l'existence est déjà ancienne, et qui
méritent de nous occuper, se distinguent surtout l'État de New-York et
la Pensylvanie. La meilleure histoire que nous ayons de l'État de New-
York est intitulée : *History of New-York,* par William Smith, imprimée
à Londres en 1757. Il en existe une traduction française, également
imprimée à Londres en 1767, 1 vol. in-12. Smith nous fournit d'utiles
détails sur les guerres des Français et des Anglais en Amérique. C'est de
tous les historiens américains celui qui fait le mieux connaître la fameuse
confédération des Iroquois.

Quant à la Pensylvanie, je ne saurais mieux faire qu'indiquer l'ouvrage de Proud intitulé : *The history of Pensylvania, from the original
institution and settlement of that province, under the first proprietor
and governor William Penn, in 1681 till after the year* 1742, par Ro-
bert Proud, 2 vol. in-8°, imprimés à Philadelphie en 1797.

Ce livre mérite particulièrement d'attirer l'attention du lecteur; il
contient une foule de documents très curieux sur Penn, la doctrine des
quakers, le caractère, les mœurs, les usages des premiers habitants de la
Pensylvanie. Il n'existe pas, à ce que je crois, à la Bibliothèque.

Je n'ai pas besoin d'ajouter que parmi les documents les plus importants relatifs à la Pensylvanie se placent les œuvres de Penn lui-même
et celles de Franklin. Ces ouvrages sont connus d'un grand nombre de
lecteurs.

La plupart des livres que je viens de citer avaient déjà été consultés
par moi durant mon séjour en Amérique. La Bibliothèque Royale a bien

voulu m'en confier quelques uns; les autres m'ont été prêtés par M. Varden, ancien consul-général des États-Unis à Paris, auteur d'un excellent ouvrage sur l'Amérique. Je ne veux point terminer cette note sans prier M. Varden d'agréer ici l'expression de ma reconnaissance.

(G) PAGE 79.

On trouve ce qui suit dans les *Mémoires de Jefferson* : « Dans les » premiers temps de l'établissement des Anglais en Virginie, quand on » obtenait des terres pour peu de chose, ou même pour rien, quelques » individus prévoyants avaient acquis de grandes concessions, et dési- » rant maintenir la splendeur de leur famille, ils avaient substitué leurs » biens à leurs descendants. La transmission de ces propriétés de géné- » ration en génération, à des hommes qui portaient le même nom, » avait fini par élever une classe distincte de familles qui, tenant de la » loi le privilége de perpétuer leurs richesses, formaient de cette ma- » nière une espèce d'ordre de patriciens distingués par la grandeur et » le luxe de leurs établissements. C'est parmi cet ordre que le roi choi- » sissait d'ordinaire ses conseillers d'État. » (*Jefferson's Memoirs*.)

Aux États-Unis, les principales dispositions de la loi anglaise relative aux successions ont été universellement rejetées.

« La première règle que nous suivons en matière de succession, dit » M. Kent, est celle-ci : Lorsqu'un homme meurt intestat, son bien » passe à ses héritiers en ligne directe; s'il n'y a qu'un héritier ou une » héritière, il ou elle recueille seul toute la succession. S'il existe plu- » sieurs héritiers du même degré, ils partagent également entre eux la » succession, sans distinction de sexe. »

Cette règle fut prescrite pour la première fois dans l'État de New-York par un statut du 23 février 1786 (voyez *Revised Statutes*, vol. 3; *Appendice*, p. 48); elle a été adoptée depuis dans les statuts révisés du même État. Elle prévaut maintenant dans toute l'étendue des États-Unis, avec cette seule exception que dans l'État de Vermont l'héritier mâle prend double portion.

Kent's commentaries, vol. 4, p. 370.

M. Kent, dans le même ouvrage, vol. 4, p. 1-22, fait l'historique de la législation américaine relative aux substitutions. Il en résulte qu'avant la révolution d'Amérique les lois anglaises sur les substitutions for- maient le droit commun dans les colonies. Les substitutions proprement dites (*Estates' tail*) furent abolies en Virginie dès 1776 (cette abolition eut lieu sur la motion de Jefferson; voyez *Jefferson's Memoirs*), dans l'Etat de New-York en 1786. La même abolition a eu lieu depuis dans la Caroline du Nord, le Kentucky, le Tennessee, la Géorgie, le Missouri. Dans le Vermont, l'Etat d'Indiana, d'Illinois, de la Caroline du Sud et de la Louisiane, les substitutions ont toujours été inusitées. Les Etats qui ont cru devoir conserver la législation anglaise relative aux substitutions, l'ont modifiée de manière à lui ôter ses principaux caractères aristocratiques. « Nos principes généraux en matière de gouvernement, dit M. Kent, tendent à favoriser la libre circulation de la propriété. »

Ce qui frappe singulièrement le lecteur français qui étudie la législation américaine relative aux successions, c'est que nos lois sur la même matière sont infiniment plus démocratiques encore que les leurs.

Les lois américaines partagent également les biens du père, mais dans le cas seulement où sa volonté n'est pas connue : « car chaque homme, dit la loi, dans l'Etat de New-York (*Revised Statutes*, vol. 3; *Appendix*, p. 51), a pleine liberté, pouvoir et autorité, de disposer de ses biens par testament, de léguer, diviser, en faveur de quelque personne que ce puisse être, pourvu qu'il ne teste pas en faveur d'un corps politique ou d'une société organisée. »

La loi française fait du partage égal ou presque égal la règle du testateur.

La plupart des républiques américaines admettent encore les substitutions, et se bornent à en restreindre les effets.

La loi française ne permet les substitutions dans aucun cas.

Si l'état social des Américains est encore plus démocratique que le nôtre, nos lois sont donc plus démocratiques que les leurs. Ceci s'explique mieux qu'on ne le pense : en France, la démocratie est encore occupée à démolir; en Amérique, elle règne tranquillement sur des ruines.

(H) PAGE 90.

Résumé des conditions électorales aux Etats-Unis.

Tous les Etats accordent la jouissance des droits électoraux à vingt-un ans. Dans tous les Etats, il faut avoir résidé un certain temps dans le district où l'on vote. Ce temps varie depuis trois mois jusqu'à deux ans.

Quant au cens : dans l'Etat de Massachusetts, il faut, pour être électeur, avoir 3 livres sterling de revenu, ou 60 de capital.

Dans le Rhode-Island, il faut posséder une propriété foncière valant 133 dollars (704 francs).

Dans le Connecticut, il faut avoir une propriété dont le revenu soit de 17 dollars (90 francs environ). Un an de service dans la milice donne également le droit électoral.

Dans le New-Jersey, l'électeur doit avoir 50 livres sterling de fortune.

Dans la Caroline du Sud et le Maryland, l'électeur doit posséder 50 acres de terre.

Dans le Tennessee, il doit posséder une propriété quelconque.

Dans les Etats de Mississipi, Ohio, Géorgie, Virginie, Pensylvanie, Delaware, New-York, il suffit, pour être électeur, de payer des taxes : dans la plupart de ces Etats, le service de la milice équivaut au paiement de la taxe.

Dans le Maine et dans le New-Hampshire, il suffit de n'être pas porté sur la liste des indigents.

Enfin, dans les Etats de Missouri, Alabama, Illinois, Louisiana, Indiana, Kentucky, Vermont, on n'exige aucune condition qui ait rapport à la fortune de l'électeur.

Il n'y a, je pense, que la Caroline du Nord qui impose aux électeurs du sénat d'autres conditions qu'aux électeurs de la chambre des représentants. Les premiers doivent posséder en propriété 50 acres de terre. Il suffit, pour pouvoir élire les représentants, de payer une taxe.

(*I*) PAGE 152.

Il existe aux Etats-Unis un système prohibitif. Le petit nombre des douaniers et la grande étendue des côtes rendent la contrebande très facile; cependant on l'y fait infiniment moins qu'ailleurs, parce que chacun travaille à la réprimer.

Comme il n'y a pas de police préventive aux États-Unis, on y voit plus d'incendies qu'en Europe; mais en général ils y sont éteints plus tôt, parce que la population environnante ne manque pas de se porter avec rapidité sur le lieu du danger.

(*K*) PAGE 155.

Il n'est pas juste de dire que la centralisation soit née de la révolution française; la révolution française l'a perfectionnée, mais ne l'a point créée. Le goût de la centralisation et la manie réglementaire remontent, en France, à l'époque où les légistes sont entrés dans le gouvernement; ce qui nous reporte au temps de Philippe-le-Bel. Depuis lors, ces deux choses n'ont jamais cessé de croître. Voici ce que M. de Malhesherbes, parlant au nom de la cour des Aides, disait au roi Louis XVI, en 1775 (1):

« ....Il restait à chaque corps, à chaque communauté de citoyens
» le droit d'administrer ses propres affaires; droit que nous ne disons
» pas qui fasse partie de la constitution primitive du royaume, car il
» remonte bien plus haut: c'est le droit naturel, c'est le droit de la rai-
» son. Cependant il a été enlevé à vos sujets, sire, et nous ne crain-
» drons pas de dire que l'administration est tombée à cet égard dans des
» excès qu'on peut nommer puérils.

» Depuis que des ministres puissants se sont fait un principe poli-
» tique de ne point laisser convoquer d'assemblée nationale, on en est
» venu de conséquences en conséquences jusqu'à déclarer nulles les dé-
» libérations des habitants d'un village quand elles ne sont pas autori-
» sées par un intendant; en sorte que, si cette communauté a une dé-
» pense à faire, il faut prendre l'attache du subdélégué de l'intendant,
» par conséquent suivre le plan qu'il a adopté, employer les ouvriers
» qu'il favorise, les payer suivant son arbitraire; et si la communauté
» a un procès à soutenir, il faut aussi qu'elle se fasse autoriser par l'in-
» tendant. Il faut que la cause soit plaidée à ce premier tribunal avant
» d'être portée devant la justice. Et si l'avis de l'intendant est contraire
» aux habitants, ou si leur adversaire a du crédit à l'intendance, la com-
» munauté est déchue de la faculté de défendre ses droits. Voilà, sire,
» par quels moyens on a travaillé à étouffer en France tout esprit mu-
» nicipal, à éteindre, si on le pouvait, jusqu'aux sentiments de citoyens;
» on a pour ainsi dire *interdit* la nation entière, et on lui a donné des
» tuteurs. »

Que pourrait-on dire de mieux aujourd'hui, que la révolution française a fait ce qu'on appelle *ses conquêtes* en matière de centralisation?

En 1789, Jefferson écrivait de Paris à un de ses amis : « Il n'est pas

(1) Voyez *Mémoires pour servir à l'histoire du droit public de la France en matière d'impôts*, p. 654, imprimés à Bruxelles, en 1779.

de pays où la manie de trop gouverner ait pris de plus profondes racines qu'en France, et où elle cause plus de mal. » *Lettres à Madisson*, 28 août 1789.

La vérité est qu'en France, depuis plusieurs siècles, le pouvoir central a toujours fait tout ce qu'il a pu pour étendre la centralisation administrative ; il n'a jamais eu dans cette carrière d'autres limites que ses forces.

Le pouvoir central né de la révolution française a marché plus avant en ceci qu'aucun de ses prédécesseurs, parce qu'il a été plus fort et plus savant qu'aucun d'eux. Louis XIV soumettait les détails de l'existence communale aux bons plaisirs d'un intendant ; Napoléon les a soumis à ceux du ministre. C'est toujours le même principe, étendu à des conséquences plus ou moins reculées.

(L) PAGE 160.

Cette immutabilité de la constitution en France est une conséquence forcée de nos lois.

Et pour parler d'abord de la plus importante de toutes les lois, celle qui règle l'ordre de succession au trône, qu'y a-t-il de plus immuable dans son principe qu'un ordre politique fondé sur l'ordre naturel de succession de père en fils ? En 1814, Louis XVIII avait fait reconnaître cette perpétuité de la loi de succession politique en faveur de sa famille ; ceux qui ont réglé les conséquences de la révolution de 1830 ont suivi son exemple : seulement ils ont établi la perpétuité de la loi au profit d'une autre famille ; ils ont imité en ceci le chancelier Meaupou, qui, en instituant le nouveau parlement sur les ruines de l'ancien, eut soin de déclarer dans la même ordonnance que les nouveaux magistrats seraient inamovibles, ainsi que l'étaient leurs prédécesseurs.

Les lois de 1830, non plus que celles de 1814, n'indiquent aucun moyen de changer la constitution. Or, il est évident que les moyens ordinaires de la législation ne sauraient suffire à cela.

De qui le roi tient-il ses pouvoirs ? de la constitution. De qui les pairs ? de la constitution. De qui les députés ? de la constitution. Comment donc le roi, les pairs et les députés, en se réunissant, pourraient-ils changer quelque chose à une loi en vertu de laquelle seule ils gouvernent ? Hors de la constitution ils ne sont rien : sur quel terrain se placeraient-ils donc pour changer la constitution ? De deux choses l'une : ou leurs efforts sont impuissants contre la Charte, qui continue à exister en dépit d'eux, et alors ils continuent à régner en son nom; ou ils parviennent à changer la Charte, et alors la loi par laquelle ils existaient n'existant plus, ils ne sont plus rien eux-mêmes. En détruisant la Charte, ils se sont détruits.

Cela est bien plus visible encore dans les lois de 1830 que dans celles de 1814. En 1814, le pouvoir royal se plaçait en quelque sorte en dehors et au-dessus de la constitution; mais en 1830, il est, de son aveu, créé par elle, et n'est absolument rien sans elle.

Ainsi donc une partie de notre constitution est immuable, parce qu'on l'a jointe à la destinée d'une famille; et l'ensemble de la constitution est également immuable, parce qu'on n'aperçoit point de moyens légaux de la changer.

Tout ceci n'est point applicable à l'Angleterre. L'Angleterre n'ayant point de constitution écrite, qui peut dire qu'on change sa constitution?

(*M*) PAGE 160.

Les auteurs les plus estimés qui ont écrit sur la constitution anglaise établissent comme à l'envi cette omnipotence du parlement.

Delolme dit, chap. x, p. 77 : *It is a fundamental principle with the English lawyers, that parliament can do every thing; except making a woman a man or a man a woman.*

Blakstone s'explique plus catégoriquement encore, sinon plus énergiquement, que Delolme; voici en quels termes :

« La puissance et la juridiction du parlement sont si étendues et si
» absolues, suivant sir Edouard Coke (4 Hist. 36), soit sur les personnes,
» soit sur les affaires, qu'aucunes limites ne peuvent lui être assignées...
» On peut, ajoute-t-il, dire avec vérité de cette cour : *Si antiquitatem*
» *species, est vetustissima; si dignitatem, est honoratissima; si jurisdictio-*
» *nem, est capacissima.* Son autorité, souveraine et sans contrôle, peut
» faire confirmer, étendre, restreindre, abroger, révoquer, renouveler et
» interpréter les lois sur les matières de toutes dénominations ecclésias-
» tiques, temporelles, civiles, militaires, maritimes, criminelles. C'est
» au parlement que la constitution de ce royaume a confié ce pouvoir
» despotique et absolu qui, dans tout gouvernement, doit résider quel-
» que part. Les griefs, les remèdes à apporter, les déterminations hors
» du cours ordinaire des lois, tout est atteint par ce tribunal extraordi-
» naire. Il peut régler ou changer la succession au trône, comme il l'a

» fait sous les règnes de Henri VIII et de Guillaume III ; il peut altérer
» la religion nationale établie, comme il l'a fait en diverses circonstances
» sous les règnes de Henri VIII et de ses enfants ; il peut *changer et
» créer de nouveau la constitution du royaume* et des parlements eux-
» mêmes, comme il l'a fait par l'acte d'union de l'Angleterre et de l'É-
» cosse, et par divers statuts pour les élections triennales et septennales.
» En un mot, il peut faire tout ce qui n'est pas naturellement impos-
» sible : aussi n'a-t-on pas fait scrupule d'appeler son pouvoir, par une
» figure peut-être trop hardie, la *toute-puissance* du parlement. »

(N) PAGE 178.

Il n'y a pas de matière sur laquelle les constitutions américaines s'accordent mieux que sur le jugement politique.

Toutes les constitutions qui s'occupent de cet objet donnent à la chambre des représentants le droit exclusif d'accuser ; excepté la seule constitution de la Caroline du Nord, qui accorde ce même droit aux grands jurys (article 23).

Presque toutes les constitutions donnent au sénat, ou à l'assemblée qui en tient la place, le droit exclusif de juger.

Les seules peines que puissent prononcer les tribunaux politiques sont : la destitution ou l'interdiction des fonctions publiques à l'avenir. Il n'y a que la constitution de Virginie qui permette de prononcer toute espèce de peines.

Les crimes qui peuvent donner lieu au jugement politique sont : dans la constitution fédérale (sect. IV, art. 1), dans celle d'Indiana (art. 3, p. 23 et 24), de New-York (art. 5), de Delaware (art. 5), la haute trahison, la corruption, et autres grands crimes ou délits ;

Dans la constitution de Massachusetts (chap. 1, sect. 2), de la Caroline du Nord (art. 23) et de Virginie (p. 252), la mauvaise conduite et la mauvaise administration ;

Dans la constitution de New-Hampshire (p. 105), la corruption, les manœuvres coupables et la mauvaise administration ;

Dans le Vermont (chap. II, art. 24), la mauvaise administration ;

Dans la Caroline du Sud (art. 5), le Kentucky (art. 5), le Tennessee (art. 4), l'Ohio (art. 1, § 23, 24), la Louisiane (art. 5), le Mississipi (art. 5), l'Alabama (art. 6), la Pensylvanie (art. 4), les délits commis dans les fonctions.

Dans les États d'Illinois, de Géorgie, du Maine et du Connecticut, on ne spécifie aucun crime.

(O) PAGE 277.

Il est vrai que les puissances de l'Europe peuvent faire à l'Union de grandes guerres maritimes; mais il y a toujours plus de facilité et moins de danger à soutenir une guerre maritime qu'une guerre continentale. La guerre maritime n'exige qu'une seule espèce d'efforts. Un peuple commerçant qui consentira à donner à son gouvernement l'argent nécessaire, est toujours sûr d'avoir des flottes. Or, on peut beaucoup plus aisément déguiser aux nations les sacrifices d'argent que les sacrifices d'hommes et les efforts personnels. D'ailleurs des défaites sur mer compromettent rarement l'existence ou l'indépendance du peuple qui les éprouve.

Quant aux guerres continentales, il est évident que les peuples de l'Europe ne peuvent en faire de dangereuses à l'Union américaine.

Il est bien difficile de transporter ou d'entretenir en Amérique plus de 25,000 soldats; ce qui représente une nation de 2,000,000 d'hommes à peu près. La plus grande nation européenne luttant de cette manière contre l'Union est dans la même position où serait une nation de 2,000,000 d'habitants en guerre contre une de 12,000,000. Ajoutez à cela que l'Américain est à portée de toutes ses ressources et l'Européen à 1,500 lieues des siennes, et que l'immensité du territoire des États-Unis présenterait seule un obstacle insurmontable à la conquête.

CONSTITUTIONS
DES ÉTATS-UNIS
ET DE
L'ÉTAT DE NEW-YORK.

CONSTITUTION
DES ÉTATS-UNIS [1].

Nous, le peuple des États-Unis, afin de former une union plus parfaite, d'établir la justice, d'assurer la tranquillité intérieure, de pourvoir à la défense commune, d'accroître le bien-être général, et de rendre durable pour nous comme pour notre postérité les bienfaits de la liberté, nous faisons, nous décrétons et nous établissons cette Constitution pour les États-Unis d'Amérique.

[1] La traduction qu'on va lire se trouve dans l'ouvrage de M. L.-P. Conseil, intitulé : *Mélanges politiques et philosophiques de Jefferson*. On sait la grande influence qu'a exercée ce dernier sur la destinée de son pays. Le but de M. Conseil a été de faire connaître la vie et les principales opinions de Jefferson. Le livre de M. Conseil forme assurément le document le plus précieux qu'on ait publié en France sur l'histoire et la législation des États-Unis.

ARTICLE PREMIER.

SECTION PREMIÈRE.

Un congrès des États-Unis, composé d'un sénat et d'une chambre de représentants, sera investi de tous les pouvoirs législatifs déterminés par les représentants.

SECTION DEUXIÈME.

1. La chambre des représentants sera composée de membres élus tous les deux ans par le peuple des divers États, et les électeurs de chaque État devront avoir les qualifications exigées des électeurs de la branche la plus nombreuse de la législature de l'État.

2. Personne ne pourra être représentant, à moins d'avoir atteint l'âge de vingt-cinq ans, d'avoir été pendant sept ans citoyen des États-Unis, et d'être, au moment de son élection, habitant de l'État qui l'aura élu.

3. Les représentants et les taxes directes seront répartis entre les divers États qui pourront faire partie de l'Union, selon le nombre respectif de leurs habitants, nombre qui sera déterminé en ajoutant au nombre total des personnes libres, y compris ceux servant pour un terme limité, et non compris les Indiens non taxés, trois cinquièmes de toutes autres personnes. L'énumération pour l'époque actuelle sera faite trois ans après la première réunion du congrès des États-Unis, et ensuite de dix ans en dix ans, d'après le mode qui sera réglé par une loi. Le nombre des représentants n'excédera pas celui d'un par trente

mille habitants; mais chaque État aura au moins un représentant. Jusqu'à ce que l'énumération ait été faite, l'État de New-Hampshire en enverra trois, Massachusetts huit, Rhode-Island et les plantations de Providence un, Connecticut cinq, New-York six, New-Jersey quatre, la Pensylvanie huit, le Delaware un, le Maryland six, la Virginie dix, la Caroline septentrionale cinq, la Caroline méridionale cinq, et la Géorgie trois.

4. Quand des places viendront à vaquer dans la représentation d'un État au congrès, l'autorité exécutive de l'État convoquera le corps électoral pour les remplir.

5. La chambre des représentants élira ses orateurs et autres officiers; elle exercera seule le pouvoir de mise en accusation pour cause politique (*impeachments*).

SECTION TROISIÈME.

1. Le sénat des États-Unis sera composé de deux sénateurs de chaque État, élus par sa législature, et chaque sénateur aura un vote.

2. Immédiatement après leur réunion, en conséquence de leur première élection, ils seront divisés, aussi également que possible, en trois classes. Les siéges des sénateurs de la première classe seront vacants au bout de la seconde année; ceux de la seconde classe, au bout de la quatrième année, et ceux de la troisième, à l'expiration de la sixième année, de manière à ce que tous les deux ans un tiers du sénat soit réélu. Si des places deviennent vacantes par démission ou par toute autre cause, pendant l'inter-

valle entre les sessions de la législature de chaque État, le pouvoir exécutif de cet État fera une nomination provisoire, jusqu'à ce que la législature puisse remplir le siége vacant.

3. Personne ne pourra être sénateur, à moins d'avoir atteint l'âge de trente ans, d'avoir été pendant neuf ans citoyen des États-Unis, et d'être, au moment de son élection, habitant de l'État qui l'aura choisi.

4. Le vice-président des États-Unis sera président du sénat, mais il n'aura point le droit de voter, à moins que les voix ne soient partagées également.

5. Le sénat nommera ses autres officiers, ainsi qu'un président *pro tempore*, qui présidera dans l'absence du vice-président, ou quand celui-ci exercera les fonctions de président des États-Unis.

6. Le sénat aura seul le pouvoir de juger les accusations intentées par la chambre des représentants (*impeachments*). Quand il agira dans cette fonction, ses membres prêteront serment ou affirmation. Si c'est le président des États-Unis qui est mis en jugement, le chef de la justice présidera. Aucun accusé ne peut être déclaré coupable qu'à la majorité des deux tiers des membres présents.

7. Les jugements rendus en cas de mise en accusation n'auront d'autre effet que de priver l'accusé de la place qu'il occupe, de le déclarer incapable de posséder quelque office d'honneur, de confiance, ou de profit que ce soit, dans les États-Unis; mais la partie convaincue pourra être mise en jugement, jugée et punie, selon les lois, par les tribunaux ordinaires.

SECTION QUATRIÈME.

1. Le temps, le lieu et le mode de procéder aux élections des sénateurs et des représentants seront réglés dans chaque État par la législature; mais le congrès peut, par une loi, changer ces règlements ou en faire de nouveaux, excepté pourtant en ce qui concerne le lieu où les sénateurs doivent être élus.

2. Le congrès s'assemblera au moins une fois l'année, et cette réunion sera fixée pour le premier lundi de décembre, à moins qu'une loi ne la fixe à un autre jour.

SECTION CINQUIÈME.

1. Chaque chambre sera juge des élections et des droits et titres de ses membres. Une majorité de chacune suffira pour traiter les affaires; mais un nombre moindre que la majorité peut s'ajourner de jour en jour, et est autorisé à forcer les membres absents à se rendre aux séances, par telle pénalité que chaque chambre pourra établir.

2. Chaque chambre fera son règlement, punira ses membres pour conduite inconvenante, et pourra, à la majorité des deux tiers, exclure un membre.

3. Chaque chambre tiendra un journal de ses délibérations et le publiera d'époque en époque, à l'exception de ce qui lui paraîtra devoir rester secret; et les votes négatifs ou approbatifs des membres de chaque chambre sur une question quelconque, seront, sur la demande d'un cinquième des membres présents, consignés sur le journal.

4. Aucune des deux chambres ne pourra, pendant

la session du congrès, et sans le consentement de l'autre chambre, s'ajourner à plus de trois jours, ni transférer ses séances dans un autre lieu que celui où siègent les deux chambres.

SECTION SIXIÈME.

1. Les sénateurs et les représentants recevront pour leurs services une indemnité qui sera fixée par une loi et payée par le trésor des États-Unis. Dans tous les cas, excepté ceux de trahison, de félonie et de trouble à la paix publique, ils ne pourront être arrêtés, soit pendant leur présence à la session, soit en s'y rendant ou en retournant dans leurs foyers; dans aucun autre lieu ils ne pourront être inquiétés, ni interrogés en raison de discours ou opinions prononcés dans leurs chambres respectives.

2. Aucun sénateur ou représentant ne pourra, pendant le temps pour lequel il a été élu, être nommé à une place dans l'ordre civil sous l'autorité des États-Unis, lorsque cette place aura été créée ou que les émoluments en auront été augmentés pendant cette époque. Aucun individu occupant une place sous l'autorité des États-Unis ne pourra être membre d'une des deux chambres, tant qu'il conservera cette place.

SECTION SEPTIÈME.

1. Tous les bills établissant des impôts doivent prendre naissance dans la chambre des représentants; mais le sénat peut y concourir par des amendements comme aux autres bills.

2. Tout bill qui aura reçu l'approbation du sénat

et de la chambre des représentants sera, avant de devenir loi, présenté au président des États-Unis; s'il l'approuve, il y apposera sa signature, sinon il le renverra avec ses objections à la chambre dans laquelle il aura été proposé; elle consignera les objections intégralement dans son journal, et discutera de nouveau le bill. Si, après cette seconde discussion, deux tiers de la chambre se prononcent en faveur du bill, il sera envoyé, avec les objections du président, à l'autre chambre, qui le discutera également; et si la même majorité l'approuve, il deviendra loi : mais en pareil cas, les votes des chambres doivent être donnés par oui et par non, et les noms des personnes votant pour ou contre seront inscrits sur le journal de leurs chambres respectives. Si dans les dix jours (les dimanches non compris) le président ne renvoie point un bill qui lui aura été présenté, ce bill aura force de loi, comme s'il l'avait signé, à moins cependant que le congrès, en s'ajournant, ne prévienne le renvoi; alors le bill ne fera point loi.

3. Tout ordre, toute résolution ou vote pour lequel le concours des deux chambres est nécessaire (excepté pourtant pour la question d'ajournement), doit être présenté au président des États-Unis, et approuvé par lui avant de recevoir son exécution; s'il le rejette, il doit être de nouveau adopté par les deux tiers des deux chambres, suivant les règles prescrites pour les bills.

SECTION HUITIÈME.

Le congrès aura le pouvoir :
1° D'établir et de faire percevoir des taxes, droits

impôts et excises; de payer les dettes publiques, et de pourvoir à la défense commune et au bien général des États-Unis; mais les droits, impôts et excises devront être les mêmes dans tous les États-Unis;

2° D'emprunter de l'argent sur le crédit des États-Unis;

3° De régler le commerce avec les nations étrangères, entre les divers États, et avec les tribus indiennes;

4° D'établir une règle générale pour les naturalisations, et des lois générales sur les banqueroutes dans les États-Unis;

5° De battre la monnaie, d'en régler la valeur, ainsi que celle des monnaies étrangères, et de fixer la base des poids et mesures;

6° D'assurer la punition de la contrefaçon de la monnaie courante et du papier public des États-Unis;

7° D'établir des bureaux de poste et des routes de poste;

8° D'encourager les progrès des sciences et des arts utiles, en assurant, pour des périodes limitées, aux auteurs et inventeurs, le droit exclusif de leurs écrits et de leurs découvertes;

9° De constituer des tribunaux subordonnés à la cour suprême;

10° De définir et punir les pirateries et les félonies commises en haute mer, et les offenses contre la loi des nations;

11° De déclarer la guerre, d'accorder des lettres de marque et de représailles, et de faire des règlements concernant les captures sur terre et sur mer;

12° De lever et d'entretenir des armées; mais aucun argent pour cet objet ne pourra être voté pour plus de deux ans;

13° De créer et d'entretenir un force maritime;

14° D'établir des règles pour l'administration et l'organisation des forces de terre et de mer;

15° De pourvoir à ce que la milice soit convoquée pour exécuter les lois de l'Union, pour réprimer les insurrections et repousser les invasions;

16° De pourvoir à ce que la milice soit organisée, armée et disciplinée, et de disposer de cette partie de la milice qui peut se trouver employée au service des États-Unis, en laissant aux États respectifs la nomination des officiers, et le soin d'établir dans la milice la discipline prescrite par le congrès;

17° D'exercer la législation exclusive dans tous les cas quelconques, sur tel district (ne dépassant pas dix milles carrés) qui pourra, par la cession des États particuliers et par l'acceptation du congrès, devenir le siége du gouvernement des États-Unis, et d'exercer une pareille autorité sur tous les lieux acquis par achat, d'après le consentement de la législature de l'État où ils seront situés, et qui serviront à l'établissement de forteresses, de magasins, d'arsenaux, de chantiers et autres établissements d'utilité publique;

18° Enfin, le congrès aura le pouvoir de faire toutes les lois nécessaires ou convenables pour mettre à exécution les pouvoirs qui lui ont été accordés, et tous les autres pouvoirs dont cette constitution a investi le gouvernement des États-Unis, ou une de ses branches.

SECTION NEUVIÈME.

1. La migration ou l'importation de telles personnes dont l'admission peut paraître convenable aux États actuellement existants, ne sera point prohibée par le congrès avant l'année 1808; mais une taxe ou droit n'excédant point dix dollars par personne, peut être imposée sur cette importation.

2. Le privilége de l'*habeas corpus* ne sera suspendu qu'en cas de rébellion ou d'invasion, et lorsque la sûreté publique l'exigera.

3. Aucun *bill d'attainder* ni loi rétroactive *ex post facto* ne pourront être décrétés.

4. Aucune capitation ou autre taxe directe ne sera établie, si ce n'est en proportion du dénombrement prescrit dans une section précédente.

5. Aucune taxe ou droit ne sera établi sur des articles exportés d'un État quelconque, aucune préférence ne sera donnée par des règlements commerciaux ou fiscaux aux ports d'un État sur ceux d'un autre; les vaisseaux destinés pour un État ou sortant de ses ports, ne pourront être forcés d'entrer dans ceux d'un autre ou d'y payer des droits.

6. Aucun argent ne sera tiré de la trésorerie qu'en conséquence de dispositions prises par une loi, et de temps en temps on publiera un tableau régulier des recettes et des dépenses publiques.

7. Aucun titre de noblesse ne sera accordé par les États-Unis, et aucune personne tenant une place de profit ou de confiance sous leur autorité, ne pourra, sans le consentement du congrès, accepter quelque

présent, émolument, place ou titre quelconque, d'un roi, prince ou État étranger.

SECTION DIXIÈME.

1. Aucun État ne pourra contracter ni traité, ni alliance, ni confédération, ni accorder des lettres de marque ou de représailles, ni battre monnaie, ni émettre des bills de crédit, ni déclarer qu'autre chose que la monnaie d'or et d'argent doive être acceptée en paiement de dettes, ni passer quelque bill d'*attainder*, ou loi rétroactive *ex post facto*, ou affaiblissement des obligations des contrats, ni accorder aucun titre de noblesse.

2. Aucun État ne pourra, sans le consentement du congrès, établir quelque impôt ou droit sur les importations ou exportations, à l'exception de ce qui lui sera absolument nécessaire pour l'exécution de ses lois d'inspection; et le produit net de tous droits et impôts établis par quelque État sur les importations et exportations, sera à la disposition de la trésorerie des États-Unis, et toute loi pareille sera sujette à la révision et au contrôle du congrès. Aucun État ne pourra, sans le consentement du congrès, établir aucun droit sur le tonnage, entretenir des troupes ou des vaisseaux de guerre en temps de paix, contracter quelque traité ou union avec un autre État ou avec une puissance étrangère, ou s'engager dans une guerre, si ce n'est dans les cas d'invasion ou d'un danger assez imminent pour n'admettre aucun délai.

ARTICLE DEUXIÈME.

SECTION PREMIÈRE.

1. Le président des États-Unis sera investi du pouvoir exécutif; il occupera sa place pendant le terme de quatre ans; son élection et celle du vice-président, nommé pour le même terme, auront lieu ainsi qu'il suit :

2. Chaque État nommera, de la manière qui sera prescrite par sa législature, un nombre d'électeurs égal au nombre total de sénateurs et de représentants que l'État envoie au congrès; mais aucun sénateur ou représentant, ni aucune personne possédant une place de profit ou de confiance sous l'autorité des États-Unis, ne peut être nommé électeur.

3. Les électeurs s'assembleront dans leurs États respectifs, et ils voteront au scrutin pour deux individus, dont un au moins ne sera point habitant du même État qu'eux. Ils feront une liste de toutes les personnes qui ont obtenu des suffrages, et du nombre de suffrages que chacune d'elles aura obtenu; ils signeront et certifieront cette liste, et la transmettront scellée au siége du gouvernement des États-Unis, sous l'adresse du président du sénat, qui, en présence du sénat et de la chambre des représentants, ouvrira tous les certificats, et comptera les votes. Celui qui aura obtenu le plus grand nombre de votes sera président. Si ce nombre forme la majorité des électeurs, si plusieurs ont obtenu cette majorité, et que deux ou un plus grand nombre réunissent la même quantité de suffrages, alors la chambre des

représentants choisira l'un d'entre eux pour président par la voie du scrutin. Si nul n'a réuni cette majorité, la chambre prendra les cinq personnes qui en ont approché davantage, et choisira parmi elles le président de la même manière. Mais en choisissant ainsi le président, les votes seront pris par État, la représentation de chaque État ayant un vote : un membre ou des membres des deux tiers des États devront être présents, et la majorité de tous ces États sera indispensable pour que le choix soit valide. Dans tous les cas, après le choix du président, celui qui réunira le plus de voix sera vice-président. Si deux ou plusieurs candidats ont obtenu un nombre égal de voix, le sénat choisira parmi ces candidats le vice-président par voie de scrutin.

4. Le congrès peut déterminer l'époque de la réunion des électeurs, et le jour auquel ils donneront leurs suffrages, lequel jour sera le même pour tous les États-Unis.

5. Aucun individu autre qu'un citoyen né dans les États-Unis, ou étant citoyen lors de l'adoption de cette constitution, ne peut être éligible à la place de président; aucune personne ne sera éligible à cette place, à moins d'avoir atteint l'âge de trente-cinq ans, et d'avoir résidé quatorze ans aux États-Unis.

6. En cas que le président soit privé de sa place, ou en cas de mort, de démission ou d'inhabileté à remplir les fonctions et les devoirs de cette place, elle sera confiée au vice-président, et le congrès peut par une loi pourvoir au cas du renvoi, de la mort, de la démission ou de l'inhabileté, tant du président que du vice-président, et indiquer quel fonctionnaire public

remplira en pareils cas la présidence, jusqu'à ce que la cause de l'inhabileté n'existe plus, ou qu'un nouveau président ait été élu.

7. Le président recevra pour ses services, à des époques fixées, une indemnité qui ne pourra être augmentée ni diminuée pendant la période pour laquelle il aura été élu, et pendant le même temps il ne pourra recevoir aucun autre émolument des États-Unis ou de l'un des Etats.

8. Avant son entrée en fonctions, il prêtera le serment ou affirmation qui suit :

9. « Je jure (ou j'affirme) solennellement que je
» remplirai fidèlement la place de président des Etats-
» Unis, et que j'emploierai tous mes soins à conser-
» ver, protéger et défendre la constitution des Etats-
» Unis. »

SECTION DEUXIÈME.

1. Le président sera commandant en chef de l'armée et des flottes des Etats-Unis et de la milice des divers Etats, quand elle sera appelée au service actif des Etats-Unis ; il peut requérir l'opinion écrite du principal fonctionnaire dans chacun des départements exécutifs, sur tout objet relatif aux devoirs de leurs offices respectifs, et il aura le pouvoir d'accorder diminution de peine et pardon pour délits envers les Etats-Unis, excepté en cas de mise en accusation par la chambre des représentants.

2. Il aura le pouvoir de faire des traités, de l'avis et du consentement du sénat, pourvu que les deux tiers des sénateurs présents y donnent leur appro-

bation; il nommera, de l'avis et du consentement du sénat, et désignera les ambassadeurs, les autres ministres publics et les consuls, les juges des Cours suprêmes, et tous autres fonctionnaires des États-Unis aux nominations desquels il n'aura point été pourvu d'une autre manière dans cette constitution, et qui seront institués par une loi. Mais le congrès peut par une loi attribuer les nominations de ces employés subalternes au président seul, aux Cours de justice, ou aux chefs des départements.

3. Le président aura le pouvoir de remplir toutes les places vacantes pendant l'intervalle des sessions du sénat, en accordant des commissions qui expireront à la fin de la session prochaine.

SECTION TROISIÈME.

1. De temps en temps le président donnera au congrès des informations sur l'État de l'Union, et il recommandera à sa considération les mesures qu'il jugera nécessaires et convenables; il peut, dans des occasions extraordinaires, convoquer les deux chambres, ou l'une d'elles, et en cas de dissentiments entre elles sur le temps de leur ajournement, il peut les ajourner à telle époque qui lui paraîtra convenable. Il recevra les ambassadeurs et les autres ministres publics; il veillera à ce que les lois soient fidèlement exécutées, et il commissionnera tous les fonctionnaires des États-Unis.

SECTION QUATRIÈME.

Les président, vice-président et tous les fonctionnaires civils pourront être renvoyés de leurs places, si à la suite d'une accusation ils sont convaincus de trahison, de dilapidation du trésor public ou d'autres grands crimes et d'inconduite (*misdemeanors*).

ARTICLE TROISIÈME.

SECTION PREMIÈRE.

Le pouvoir judiciaire des États-Unis sera confié à une Cour suprême et aux autres Cours inférieures que le congrès peut de temps à autre former et établir. Les juges, tant des Cours suprêmes que des Cours inférieures, conserveront leurs places tant que leur conduite sera bonne, et ils recevront pour leurs services, à des époques fixées, une indemnité qui ne pourra être diminuée tant qu'ils conserveront leur place.

SECTION DEUXIÈME.

1. Le pouvoir judiciaire s'étendra à toutes les causes en matière de lois et d'équité qui s'élèveront sous l'empire de cette constitution, des lois des États-Unis, et des traités faits ou qui seront faits sous leur autorité; à toutes les causes concernant des ambassadeurs, d'autres ministres publics ou des consuls; à toutes les causes de l'amirauté ou de la juridiction maritime; aux contestations dans lesquelles les États-Unis seront partie ; aux contestations entre deux ou plusieurs États, entre un État et des citoyens d'un autre Etat, entre des citoyens d'États différents, entre des citoyens du même État réclamant des terres en vertu de concessions émanées de différents Etats, et entre un État ou les citoyens de cet État, et des Etats, citoyens ou sujets étrangers.

2. Dans tous les cas concernant les ambassadeurs, d'autres ministres publics ou des consuls, et dans les causes dans lesquelles un État sera partie, la Cour suprême exercera la juridiction originelle. Dans tous les autres cas susmentionnés, la Cour suprême aura la juridiction d'appel, tant sous le rapport de la loi que du fait, avec telles exceptions et tels règlements que le congrès pourra faire.

3. Le jugement de tous crimes, excepté en cas de mise en accusation par la chambre des représentants, sera fait par jury : ce jugement aura lieu dans l'état où le crime aura été commis; mais si le crime n'a point été commis dans un des États, le jugement sera rendu dans tel ou tel lieu que le congrès aura désigné à cet effet par une loi.

SECTION TROISIÈME.

1. La trahison contre les États-Unis consistera uniquement à prendre les armes contre eux ou à se réunir à leurs ennemis en leur donnant aide et secours. Aucune personne ne sera convaincue de trahison si ce n'est sur le témoignage de deux témoins déposant sur le même acte patent, ou lorsqu'elle se sera reconnue coupable devant la Cour.

2. Le congrès aura le pouvoir de fixer la peine de la trahison; mais ce crime n'entraînera point la corruption du sang, ni la confiscation, si ce n'est pendant la vie de la personne convaincue.

ARTICLE QUATRIÈME.

SECTION PREMIÈRE.

Pleine confiance et crédit seront donnés en chaque

État aux actes publics et aux procédures judiciaires de tout autre État, et le congrès peut, par des lois générales, déterminer quelle sera la forme probante de ces actes et procédures, et les effets qui y seront attachés.

SECTION DEUXIÈME.

1. Les citoyens de chaque État auront droit à tous les priviléges et immunités attachés au titre de citoyen dans les autres États.

2. Un individu accusé dans un État de trahison, félonie ou autre crime, qui se sauvera de la justice et qui sera trouvé dans un autre État, sera, sur la demande de l'autorité exécutive de l'État dont il s'est enfui, livré et conduit vers l'État ayant juridiction sur ce crime.

3. Aucune personne tenue au service ou au travail dans un État, sous les lois de cet État, et qui se sauverait dans un autre, ne pourra, en conséquence d'une loi ou d'un règlement de l'État où elle s'est réfugiée, être dispensée de ce service ou travail, mais sera livrée sur la réclamation de la partie à laquelle ce service et ce travail sont dus.

SECTION TROISIÈME.

1. Le congrès pourra admettre de nouveaux États dans cette union; mais aucun nouvel État ne sera érigé ou formé dans la juridiction d'un autre État, aucun État ne sera formé non plus de la réunion de deux ou de plusieurs États, ni de quelques parties d'État, sans le consentement de la législature des États intéressés, et sans celui du congrès.

2. Le congrès aura le pouvoir de disposer du territoire et des autres propriétés appartenant aux États-Unis, et d'adopter à ce sujet tous les règlements et mesures convenables ; et rien dans cette constitution ne sera interprété dans un sens préjudiciable aux droits que peuvent faire valoir les États-Unis, ou quelques États particuliers.

SECTION QUATRIÈME.

Les États-Unis garantissent à tous les États de l'Union une forme de gouvernement républicain, et protégeront chacun d'eux contre toute invasion, et aussi contre toute violence intérieure, sur la demande de la législature ou du pouvoir exécutif, si la législature ne peut être convoquée.

ARTICLE CINQUIÈME.

Le congrès, toutes les fois que les deux tiers des deux chambres le jugeront nécessaire, proposera des amendements à cette constitution ; ou, sur la demande de deux tiers des législatures des divers États, il convoquera une convention pour proposer des amendements, lesquels, dans les deux cas, seront valables à toutes fins, comme partie de cette constitution ; quand ils auront été ratifiés par les législatures des trois quarts des divers États, ou par les trois quarts des conventions formées dans le sein de chacun d'eux ; selon que l'un ou l'autre mode de ratification aura été prescrit par le congrès, pourvu qu'aucun amendement fait avant l'année 1808 n'affecte d'une manière quelconque la première et la quatrième clause de la 9ᵉ section du 1ᵉʳ article, et qu'aucun État ne soit privé, sans son consentement, de son suffrage dans le sénat.

ARTICLE SIXIÈME.

1. Toutes les dettes contractées et les engagements pris avant la présente constitution seront aussi valides à l'égard des Etats-Unis, sous la présente constitution, que sous la confédération.

2. Cette constitution et les lois des États-Unis qui seront faites en conséquence, et tous les traités faits ou qui seront faits sous l'autorité desdits Etats-Unis, composeront la loi suprême du pays; les juges de chaque État seront tenus de s'y conformer, nonobstant toute disposition qui, dans les lois ou la constitution d'un État quelconque, serait en opposition avec cette loi suprême.

3. Les sénateurs et les représentants sus-mentionnés et les membres des législatures des États et tous les officiers du pouvoir exécutif et judiciaire, tant des États-Unis que des divers États, seront tenus, par serment ou par affirmation, de soutenir cette constitution; mais aucun serment religieux ne sera jamais requis comme condition pour remplir une fonction ou charge publique, sous l'autorité des Etats-Unis.

ARTICLE SEPTIÈME.

1. La ratification donnée par les conventions de neuf États sera suffisante pour l'établissement de cette constitution entre les États qui l'auront ainsi ratifiée.

2. Fait en convention, par le consentement unanime des États présents, le 17ᵉ jour de septembre, l'an du Seigneur 1787, et de l'indépendance des États-Unis, le 12ᵉ; en témoignage de quoi, nous avons apposé ci-dessous nos noms.

Signé GEORGES WASHINGTON,
Président et député de Virginie.

AMENDEMENTS.

ARTICLE PREMIER.

Le congrès ne pourra faire aucune loi relative à l'établissement d'une religion, ou pour en prohiber une; il ne pourra point non plus restreindre la liberté de la parole ou de la presse, ni attaquer le droit qu'a le peuple de s'assembler paisiblement et d'adresser des pétitions au gouvernement pour obtenir le redressement de ses griefs.

ARTICLE DEUXIÈME.

Une milice bien réglée étant nécessaire à la sécurité d'un État libre, on ne pourra restreindre le droit qu'a le peuple de garder et de porter des armes.

ARTICLE TROISIÈME.

Aucun soldat ne sera, en temps de paix, logé dans une maison sans le consentement du propriétaire; ni en temps de guerre, si ce n'est de la manière qui sera prescrite par une loi.

ARTICLE QUATRIÈME.

Le droit qu'ont les citoyens de jouir de la sûreté de leurs personnes, de leur domicile, de leurs papiers et effets, à l'abri des recherches et saisies déraisonnables, ne pourra être violé; aucun mandat ne sera émis, si ce n'est dans des présomptions fondées, corroborées par le serment ou l'affirmation; et ces mandats devront contenir la désignation spéciale du lieu où les perquisitions devront être faites et des personnes ou objets à saisir.

ARTICLE CINQUIÈME.

Aucune personne ne sera tenue de répondre à une accusation capitale ou infamante, à moins d'une mise en accusation émanant d'un grand jury, à l'exception des délits commis par des individus appartenant aux troupes de terre ou de mer, ou à la milice, quand elle est en service actif en temps de guerre ou de danger public : la même personne ne pourra être soumise deux fois pour le même délit à une procédure qui compromettrait sa vie ou un de ses membres. Dans aucune cause criminelle, l'accusé ne pourra être forcé à rendre témoignage contre lui-même; il ne pourra être privé de la vie, de la liberté ou de sa propriété, que par suite d'une procédure légale. Aucune propriété privée ne pourra être appliquée à un usage public sans juste compensation.

ARTICLE SIXIÈME.

Dans toute procédure criminelle, l'accusé jouira du droit d'être jugé promptement et publiquement par un jury impartial de l'État et du district dans lequel le crime aura été commis, district dont les limites auront été tracées par une loi préalable ; il sera informé de la nature et du motif de l'accusation ; il sera confronté avec les témoins à charge ; il aura la faculté de faire comparaître des témoins en sa faveur, et il aura l'assistance d'un conseil pour sa défense.

ARTICLE SEPTIÈME.

Dans les causes qui devront être décidées selon la loi commune (*in suits at common law*), le jugement par jury sera conservé dès que la valeur des objets en litige excédera vingt dollars ; et aucun fait jugé par un jury ne pourra être soumis à l'examen d'une autre cour dans les États-Unis, que conformément à la loi commune.

ARTICLE HUITIÈME.

On ne pourra exiger des cautionnements exagérés, ni imposer des amendes excessives, ni infliger des punitions cruelles et inaccoutumées.

ARTICLE NEUVIÈME.

L'énumération faite, dans cette constitution, de certains droits, ne pourra être interprétée de manière à exclure ou affaiblir d'autres droits conservés par le peuple.

ARTICLE DIXIÈME.

Les pouvoirs non délégués aux États-Unis par la constitution, ou à ceux qu'elle ne défend pas aux États d'exercer, sont réservés aux États respectifs ou au peuple.

ARTICLE ONZIÈME.

Le pouvoir judiciaire des États-Unis ne sera point organisé de manière à pouvoir s'étendre par interprétation à une procédure quelconque, commencée contre un des États par les citoyens d'un autre État, ou par les citoyens ou sujets d'un État étranger.

ARTICLE DOUZIÈME.

1. Les électeurs se rassembleront dans leurs États respectifs, et ils voteront au scrutin pour la nomination du président et du vice-président, dont un au moins ne sera point habitant du même État qu'eux; dans leurs bulletins ils nommeront la personne pour laquelle ils votent comme président, et dans les bulletins distincts celle qu'ils portent à la vice-présidence: ils feront des listes distinctes de toutes les personnes portées à la présidence, et de toutes celles désignées pour la vice-présidence, et du nombre des votes pour chacune d'elles; ces listes seront par eux signées et certifiées, et transmises, scellées, au siége du gouvernement des États-Unis, à l'adresse du président du sénat. Le président du sénat, en présence des deux chambres, ouvrira tous les procès-verbaux, et les votes seront comptés. La personne réunissant le plus grand nombre de suffrages pour la présidence sera président, si ce nombre forme la majorité de tous les électeurs réunis; et si aucune personne n'avait cette majorité, alors, parmi les trois candidats ayant réuni le plus de voix pour la présidence, la chambre des

représentants choisira immédiatement le président par la voix du scrutin. Mais dans ce choix du président les votes seront comptés par État, la représentation de chaque État n'ayant qu'un vote ; un membre ou des membres de deux tiers des États devront être présents pour cet objet, et la majorité de tous les États sera nécessaire pour le choix. Et si la chambre des représentants ne choisit point le président, quand ce choix lui sera dévolu, avant le quatrième jour du mois de mars suivant, le vice-président sera président, comme dans le cas de mort ou d'autre inhabileté constitutionnelle du président.

2. La personne réunissant le plus de suffrages pour la vice-présidence sera vice-président, si ce nombre forme la majorité du nombre total des électeurs réunis ; et si personne n'a obtenu cette majorité, alors le sénat choisira le vice-président parmi les deux candidats ayant le plus de voix ; la présence des deux tiers des sénateurs et la majorité du nombre total sont nécessaires pour ce choix.

3. Aucune personne constitutionnellement inéligible à la place de président ne sera éligible à celle de vice-président des États-Unis.

CONSTITUTION

DE

L'ÉTAT DE NEW-YORK.

Pénétré de reconnaissance envers la bonté divine qui nous a permis de choisir la forme de notre gouvernement, nous, le peuple de l'État de New-York, nous avons établi la présente constitution :

ARTICLE PREMIER.

1. Le pouvoir législatif de l'État sera confié à un sénat et à une chambre des représentants.

2. Le sénat se composera de trente-deux membres.

Les sénateurs seront choisis parmi les propriétaires fonciers et seront nommés pour quatre ans.

L'assemblée des représentants aura cent vingt-huit membres, qui seront soumis tous les ans à une nouvelle élection.

3. Dans l'une et l'autre chambre, la majorité absolue décidera.

Chacune formera ses règlements intérieurs, et vérifiera les pouvoirs de ses membres.

Chacune nommera ses officiers.

Le sénat se choisira un président temporaire, quand le lieutenant gouverneur ne présidera pas, ou qu'il remplira les fonctions de gouverneur.

4. Chaque chambre tiendra un procès-verbal de ses séances. Ces procès-verbaux seront publiés en entier, à moins qu'il ne devienne nécessaire d'en tenir secrète une partie.

Les séances seront publiques; elles peuvent cependant avoir lieu à huis clos, si l'intérêt général l'exige.

Une chambre ne pourra s'ajourner plus de deux jours sans le consentement de l'autre.

5. L'État sera divisé en huit districts, qui prendront le nom de districts sénatoriaux. Dans chacun, il sera choisi quatre sénateurs.

Aussitôt que le sénat sera assemblé, après les premières élections qui auront lieu en conséquence de la présente constitution, il se divisera en quatre classes. Chacune de ces classes se composera de huit sénateurs, de sorte que, dans chaque classe, il y ait un sénateur de chaque district. Ces classes seront numérotées par première, deuxième, troisième et quatrième.

Les siéges de la première classe seront vacants à la fin de la première année, ceux de la deuxième à la fin de la deuxième, ceux de la troisième à la fin de la troisième, et ceux de la quatrième à la fin de la quatrième année. De cette manière, un sénateur sera nommé annuellement dans chaque district sénatorial.

6. Le dénombrement des habitants de l'État se fera en 1825, sous la direction du pouvoir législatif; et ensuite il aura lieu tous les dix ans.

A chaque session qui suivra un dénombrement, la législature fixera de nouveau la circonscription des districts, afin qu'il se trouve toujours, s'il est possible, un nombre égal d'habitants dans chacun d'eux. Les étrangers, les indigents et les hommes de couleur qui ne sont point imposés ne seront point comptés dans ces calculs. La circonscription des districts ne pourra être changée qu'aux époques fixées plus haut. Chaque district sénatorial aura un territoire compacte; et, pour le former, on ne divisera point les comtés.

7. Les représentants seront élus par les comtés, chaque comté nommant un nombre de députés proportionné au nombre de ses habitants. Les étrangers, les pauvres et les hommes de couleur qui ne paient point de taxes ne seront point compris dans ce calcul. A la session qui suivra un recensement, la législature fixera le nombre de députés que doit envoyer chaque comté, et ce nombre restera le même jusqu'au recensement suivant.

Chacun des comtés anciennement formés et organisés séparément enverra un membre à l'assemblée des représentants. On ne formera point de nouveaux comtés, à moins que leur population ne leur donne le droit d'élire au moins un représentant.

8. Les deux chambres possèdent également le droit d'initiative pour tous les bills.

Un bill adopté par une chambre peut être amendé par l'autre.

9. Il sera alloué aux membres de la législature, comme indemnité, une somme qui sera fixée par une loi et payée par le trésor public.

La loi qui augmenterait le montant de cette indemnité ne pourrait être exécutée que l'année qui suivrait celle où elle aurait été rendue. On ne pourra augmenter le montant de l'indemnité accordée aux membres du corps législatif que jusqu'à la concurrence de la somme de 3 dollars (16 francs 5 centimes).

10. Aucun membre des deux chambres, tant que durera son mandat, ne pourra être nommé à des fonctions de l'ordre civil par le gouverneur, le sénat ou la législature.

11. Ne pourra siéger dans les deux chambres aucun membre du congrès, ni autre personne remplissant une fonction judiciaire ou militaire pour les États-Unis.

Si un membre de la législature était appelé au congrès, ou était nommé à un emploi civil ou militaire pour le service des États-Unis, son option pour ces nouvelles fonctions rendra son siége vacant.

12. Tout bill qui aura reçu la sanction du sénat et de la chambre des représentants devra être présenté au gouverneur, avant de devenir loi de l'État.

Si le gouverneur sanctionne le bill, il le signera; si, au contraire, il le désapprouve, il le renverra, en expliquant les motifs de son refus, à la chambre qui l'avait en premier lieu proposé. Celle-ci insérera en entier les motifs du gouverneur dans le procès verbal des séances, et procédera à un nouvel examen.

Si, après avoir discuté une seconde fois le bill, les deux tiers des membres présents se prononcent de nouveau en sa faveur, le bill sera alors renvoyé, avec les objections du gouverneur, à l'autre chambre; celle-ci lui fera de même subir un nouvel examen; et si les deux tiers des membres présents l'approuvent, ce bill aura force de loi; mais dans ces derniers cas, les votes seront exprimés par oui ou non, et on insérera le vote de chaque membre dans le procès-verbal.

Tout bill qui, après avoir été présenté au gouverneur, ne sera pas renvoyé par lui dans les dix jours (le dimanche excepté), aura force de loi comme si le gouverneur l'avait signé, à moins que, dans l'intervalle des dix jours, le corps législatif ne s'ajourne. Dans ce cas, le bill restera comme non avenu.

13. Les magistrats dont les fonctions ne sont pas temporaires (*holding their offices during good behaviour*) peuvent cependant être révoqués par le vote simultané des deux chambres. Mais il faut que les deux tiers de tous les représentants élus et la majorité des membres du sénat consentent à la révocation.

14. L'année politique commencera le 1er janvier, et le corps législatif devra être assemblé annuellement le premier mardi de janvier, à moins qu'un autre jour ne soit désigné par une loi.

15. Les élections pour la nomination du gouverneur, du lieutenant-gouverneur, des sénateurs et des représentants, commenceront le premier lundi de novembre 1822.

Toutes les élections subséquentes auront toujours

lieu à peu près dans le même temps, c'est-à-dire en octobre ou en novembre, ainsi que la législature le fixera par une loi.

16. Le gouverneur, le lieutenant-gouverneur, les sénateurs et les représentants qui seront les premiers élus en vertu de la présente constitution, entreront dans l'exercice de leurs fonctions respectives le 1ᵉʳ janvier 1823.

Le gouverneur, le lieutenant-gouverneur, les sénateurs et les membres de la chambre des représentants maintenant en fonctions, continueront de les remplir jusqu'au 1ᵉʳ janvier 1823.

ARTICLE DEUXIÈME.

1. Aura le droit de voter dans la ville ou dans le quartier où il fait sa résidence, et non ailleurs, pour la nomination de tous fonctionnaires qui maintenant ou à l'avenir seront élus par le peuple, tout citoyen âgé de vingt et un ans qui aura résidé dans cet État un an avant l'élection à laquelle il veut concourir, qui en outre aura résidé pendant les six derniers mois dans la ville ou dans le comté où il peut donner son vote, et qui dans l'année précédant les élections aura payé à l'État ou au comté une taxe foncière ou personnelle; ou qui, étant armé et équipé, aura durant l'année rempli un service militaire dans la milice. Ces dernières conditions ne seront pas exigées de ceux que la loi exempte de toute imposition, ou qui ne font pas partie de la milice, parce qu'ils servent comme pompiers.

Auront également le droit de voter, les citoyens de l'âge de vingt et un ans qui résideront dans l'État pendant les trois ans qui précéderont une élection, et pendant la dernière année dans la ville ou dans le comté où ils peuvent donner leur vote, et qui en outre auront pendant le cours de la même année contribué de leur personne à la réparation des routes, ou auront payé l'équivalent de leur travail, suivant qu'il est réglé par la loi.

Aucun homme de couleur n'aura le droit de voter, à moins qu'il ne soit depuis trois ans citoyen de l'État, qu'il ne possède un an avant les élections une propriété foncière de la valeur de 250 dollars (1,337 fr. 50 c.) libre de toutes dettes et hypothèques. L'homme de couleur qui aura été imposé pour cette propriété, et qui aura payé la taxe, sera admis à voter à toute élection.

Si les hommes de couleur ne possèdent pas un bien foncier tel qu'il a été désigné plus haut, ils ne paieront aucune contribution directe.

2. Des lois ultérieures pourront exclure du droit de suffrage toute personne qui a été ou qui serait frappée d'une peine infamante.

3. Des lois régleront la manière dont les citoyens doivent établir le droit électoral dont les conditions viennent d'être fixées.

4. Toutes les élections auront lieu par bulletins écrits, à l'exception de celles relatives aux fonctionnaires municipaux. La manière dont ces dernières doivent être faites sera déterminée par une loi.

ARTICLE TROISIÈME.

1. Le pouvoir exécutif sera confié à un gouverneur, dont les fonctions dureront deux années.

Un lieutenant-gouverneur sera choisi en même temps et pour la même période.

2. Pour être éligible aux fonctions de gouverneur il faut être citoyen né des États-Unis, être franc-tenancier, avoir atteint l'âge de trente ans, et avoir résidé cinq ans dans l'État, à moins que, pendant ce temps, l'absence n'ait été motivée par un service public pour l'État ou pour les États-Unis.

3. Le gouverneur et le lieutenant-gouverneur seront élus en même temps et aux mêmes lieux que les membres de la législature, et à la pluralité des suffrages. En cas d'égalité de suffrages entre deux ou plusieurs candidats pour les fonctions de gouverneur ou lieutenant-gouverneur, les deux chambres de la législature choisiront parmi ces candidats, par un scrutin de ballottage commun et à la pluralité des voix, le gouverneur et le lieutenant-gouverneur.

4. Le gouverneur sera commandant en chef de la milice et amiral de la marine de l'État; il pourra, dans les circonstances extraordinaires, convoquer la législature ou seulement le sénat. Il devra, à l'ouverture de chaque session, communiquer par un message, à la législature, l'exposé de la situation de l'État et lui recommander les mesures qu'il croira nécessaires; il dirigera les affaires administratives, civiles ou militaires avec les fonctionnaires du gouvernement, promulguera les décisions de la législature, et veillera soigneusement à la fidèle exécution des lois.

En rémunération de ses services, il recevra, à des époques déterminées, une somme qui ne pourra être ni augmentée ni diminuée pendant le temps pour lequel il aura été élu.

5. Le gouverneur aura le droit de faire grâce, ou de suspendre l'exécution après condamnation, excepté en cas de trahison ou d'accusation par les représentants; dans ce dernier cas, la suspension ne peut aller que jusqu'à la plus prochaine session de la législature, qui peut ou faire grâce, ou ordonner l'exécution de la sentence, ou prolonger le répit.

6. En cas d'accusation du gouverneur, ou de sa destitution, de sa démission, de sa mort, ou de son absence de l'État, les droits et les devoirs de sa place seront remis au lieutenant-gouverneur, qui les conservera pendant le reste du temps déterminé, ou si la vacance est occasionnée par une accusation ou une absence, jusqu'à l'acquittement ou le retour du gouverneur.

Cependant le gouverneur continuera d'être commandant en chef de toutes les forces militaires de l'État lorsque son absence sera motivée par la guerre et autorisée par la législature, pour commander la force armée de l'Etat.

7. Le lieutenant-gouverneur sera président du sénat, mais il n'aura voix délibérative qu'en cas d'égalité de votes. Si, pendant l'absence du gouverneur, le lieutenant-gouverneur s'absente, abdique, meurt, ou s'il est accusé ou destitué, le président du sénat (1) remplira les fonctions du gouverneur jusqu'à ce que l'on ait pourvu au remplacement, ou que l'incapacité ait cessé.

---

(1) Il s'agit du président temporaire nommé conformément au paragraphe 3 de l'article premier de la constitution.

ARTICLE QUATRIÈME.

1. Les officiers de la milice seront élus et nommés de la manière suivante :

Les sous-officiers et officiers jusqu'aux capitaines inclusivement, par les votes écrits des membres de leurs compagnies respectives.

Les chefs de bataillon et officiers supérieurs des régiments, par les votes écrits des officiers de leurs bataillons et de leurs régiments.

Les brigadiers-généraux, par les officiers supérieurs de leurs brigades respectives.

Enfin les majors-généraux, les brigadiers-généraux et les colonels des régiments ou chefs de bataillon nommeront les officiers d'état-major de leurs divisions, brigades, régiments ou bataillons respectifs.

2. Le gouverneur nommera, et, avec l'autorisation du sénat, installera les majors-généraux, les inspecteurs de brigades et les chefs d'état-major, excepté le commissaire-général et l'adjudant-général. Ce dernier sera installé par le gouverneur seul.

3. La législature déterminera par une loi l'époque et le mode des élections des officiers de milice et la manière de les notifier au gouverneur.

4. Les officiers recevront leurs brevets du gouverneur. Aucun officier breveté ne pourra être privé de son emploi que par le sénat et sur une demande du gouverneur, indiquant les motifs pour lesquels on réclame la destitution, ou par décision d'une cour martiale, conformément à la loi.

Les officiers actuels de la milice conserveront leurs brevets et leurs emplois aux conditions ci-dessus.

5. Dans le cas où le mode d'élection et de nomination ci-dessus ne produirait pas d'amélioration dans la milice, la législature pourra l'abroger et lui en substituer une autre par une loi, pourvu que ce soit avec l'assentiment des deux tiers des membres présents dans chaque chambre.

6. Le secrétaire d'État, le contrôleur, le trésorier, l'avocat-général, l'inspecteur-général et le commissaire-général seront nommés de la manière suivante :

Le sénat et l'assemblée présenteront chacun un candidat pour chacune de ces fonctions, puis se réuniront. Si ces choix tombent sur les mêmes candidats, les personnes ainsi choisies seront installées dans les fonctions auxquelles on les aura nommées. S'il y a divergence dans les présentations, le choix sera fait par un scrutin commun, et à la majorité des suffrages du sénat et de l'assemblée réunis.

Le trésorier sera élu chaque année. Le secrétaire d'État, le contrôleur, l'avocat-général, l'inspecteur-général et le commissaire-général conserveront leurs fonctions pendant trois ans, à moins qu'ils ne soient révoqués par une décision commune du sénat et de l'assemblée.

7. Le gouverneur nommera par message écrit, et, avec l'assentiment du sénat, instituera tous les officiers judiciaires, excepté les juges de paix, qui seront nommés ainsi qu'il suit :

La commission des *surveillants (supervisors)* (1) de chacun des comtés de l'État s'assemblera au jour fixé

---

(1) Les supervisors sont des magistrats chargés en partie de l'administration des communes, et qui, en outre, forment, en se réunissant, le pouvoir législatif de chaque comté.

par la législature, et désignera, à la majorité des voix, un nombre de personnes égal au nombre des juges de paix à établir dans les villes du comté ; les juges des cours de comté s'assembleront aussi et nommeront de même un égal nombre de candidats ; puis, à l'époque et au lieu indiqués par la législature, les surveillants et les juges de paix du comté se réunissent et examinent leurs choix respectifs. Lorsqu'il y a unanimité pour certains choix, ils la constatent par un certificat qu'ils déposent aux archives du secrétaire du comté, et la personne ou les personnes nommées dans ces certificats sont juges de paix.

S'il y a dissentiment total ou partiel dans les choix, la commission des surveillants et les juges devront transmettre leurs choix différents au gouverneur, qui prendra et instituera parmi ces candidats autant de juges de paix qu'il en faudra pour remplir les places vacantes.

Les juges de paix resteront en place pendant quatre ans, à moins qu'ils ne soient révoqués par les cours des comtés, lesquelles devront spécifier les motifs de la révocation ; mais cette révocation ne peut avoir lieu sans que, préalablement, le juge de paix ait reçu signification des faits imputés, et qu'il ait pu présenter sa défense.

8. Les shérifs, les greffiers des comtés et les archivistes, aussi bien que le greffier de la cité-comté de New-York, seront choisis tous les trois ans, ou lorsqu'il y aura une vacance, par les électeurs de ces comtés respectifs. Les shérifs ne pourront exercer aucune autre fonction, et ne pourront être réélus que trois ans après leur sortie de service. On peut

exiger d'eux, conformément à la loi, de renouveler de temps en temps leurs cautionnements, et faute par eux de les fournir, leur emploi sera considéré comme vacant.

Le comté ne sera jamais responsable des actes du shérif. Le gouverneur peut destituer ce magistrat aussi bien que les greffiers et les archivistes des comtés, mais jamais sans leur avoir communiqué les accusations portées contre eux, et sans leur avoir donné la faculté de se défendre.

9. Les greffiers des cours, excepté ceux dont il est question dans la section précédente, seront nommés par les cours auprès desquelles ils exerceront, et les procureurs de districts par les cours de comté. Ces greffiers et ces procureurs resteront en place pendant trois ans, à moins de révocation par les cours qui les auront nommés.

10. Les maires de toutes les cités de cet État seront nommés par les conseils communaux de ces cités respectives.

11. Les coroners seront élus de la même manière que les shérifs, et pour le même temps; leur révocation n'aura lieu que dans les mêmes formes. La législature en déterminera le nombre, qui pourtant ne pourra être de plus de quatre par comté.

12. Le gouverneur nommera, et, avec l'assentiment du sénat, installera les maîtres et auditeurs en chancellerie, qui conserveront leurs fonctions pendant trois ans, à moins de révocation par le sénat, sur la demande du gouverneur. Les greffiers et sous-greffiers seront nommés et remplacés à volonté par le chancelier.

13. Le greffier de la cour d'*oyer* et *terminer*, et des sessions générales de paix, pour la ville et comté de New-York, sera nommé par la cour des sessions générales de la ville, et exercera tant qu'il plaira à la cour. Les autres commis et employés des cours, dont la nomination n'est pas déterminée ici, seront au choix des différentes cours, ou du gouverneur, avec l'assentiment du sénat, suivant que l'indiquera la loi.

14. Les juges spéciaux et leurs adjoints, ainsi que leurs greffiers dans la cité de New-York, seront nommés par le conseil communal de cette cité. Leurs fonctions auront la même durée que celles des juges de paix des autres comtés, et ils ne pourront être révoqués que dans les mêmes formes.

15. Tous les fonctionnaires qui aujourd'hui sont nommés par le peuple continueront à être nommés par lui. Les fonctions à la nomination desquelles il n'est pas pourvu par cette constitution, ou qui pourront être créées à l'avenir, seront de même à la nomination du peuple, à moins que la loi ne dispose autrement.

16. La durée des fonctions non fixée par la présente constitution pourra être déterminée par une loi, sinon elle dépendra du bon plaisir de l'autorité qui nommera à ces fonctions.

ARTICLE CINQUIÈME.

1. Le tribunal auquel doivent être déférées les accusations politiques (*trials by impeachment*) (1)

---

(1) Il s'agit ici du cas où la chambre des représentants accuse un fonctionnaire public devant le sénat.

et les procès relatifs à la correction des erreurs (*correction of errors*), se composera du président du sénat, des sénateurs, du chancelier, des juges de la cour suprême ou de la majeure partie d'entre eux. Lorsque cette accusation sera intentée contre le chancelier ou un juge de la cour suprême, la personne accusée sera suspendue de ses fonctions jusqu'à son acquittement.

Dans les appels contre les arrêts de chancellerie, le chancelier informera le tribunal des motifs de sa première décision, mais n'aura pas voix délibérative; et si l'appel a lieu pour erreur dans un jugement de la cour suprême, les juges de cette cour exposeront de même les motifs de leur arrêt, mais ne pourront prendre part à la délibération.

2. La chambre des représentants a droit de mettre en accusation tous les employés civils de l'État, pour corruption ou malversation dans l'exercice de leurs fonctions, pour crimes ou pour délits; mais il faut pour cela l'assentiment de la majorité de tous les membres élus.

Les membres de la cour chargés de prononcer sur cette accusation s'engageront par serment ou par affirmation, au commencement du procès, à juger et prononcer suivant les preuves. La condamnation ne pourra être prononcée qu'aux deux tiers des voix des membres présents. La peine à prononcer ne peut être que la révocation des fonctions et une déclaration d'incapacité, pour le condamné de remplir aucune fonction et de jouir d'aucun honneur ou avantage dans l'État; mais le condamné peut alors être accusé de nouveau, suivant les formes ordinaires, et puni conformément à la loi.

3. Le chancelier et les juges de la cour suprême conserveront leurs fonctions tant qu'ils les rempliront bien (*during good behaviour*)(1), mais pas au-delà de l'âge de soixante ans.

4. La cour suprême se composera d'un président et de deux juges; mais un seul des trois peut tenir l'audience.

5. L'État sera, par une loi, divisé en un nombre proportionné de circuits. Il n'y en aura pas moins de quatre et pas plus de huit. La législature pourra de temps en temps, suivant le besoin, changer cette division. Chaque circuit aura un juge qui sera nommé de la même manière et pour le même temps que les juges de la cour suprême. Ces juges de circuit auront le même pouvoir que les juges de la cour suprême jugeant seuls, et dans les jugements de causes portées en première instance à la cour suprême, et dans les cours d'*oyer* et *terminer* et des assises. La législature pourra, en outre, suivant le besoin, accorder à ces juges ou aux cours de comté, ou aux tribunaux inférieurs, une juridiction d'équité (*equity powers*), mais en la subordonnant toujours à l'appel du chancelier.

6. Les juges des cours de comté, et les *recorders* des cités seront nommés pour cinq ans; mais ils peuvent être destitués par le sénat sur la demande motivée du gouverneur.

7. Le chancelier, les juges de la cour suprême et les juges de circuit ne pourront exercer aucune autre

---

(1) C'est la forme dont on se sert pour indiquer que les juges ne sont pas révocables, et ne peuvent perdre leur place qu'en vertu d'un arrêt.

fonction publique; tout suffrage qui leur serait donné pour des fonctions électives, par la législature ou par le peuple, est nul.

ARTICLE SIXIÈME.

1. Les membres de la législature et tous les fonctionnaires administratifs ou judiciaires, excepté les employés subalternes exemptés par la loi, devront, avant d'entrer en exercice, prononcer et souscrire la formule de serment ou d'affirmation suivante :

« Je jure solennellement (ou, suivant le cas, j'af-
» firme) que je maintiendrai la constitution des États-
» Unis et la constitution de l'État de New-York, et que
» je remplirai fidèlement, et aussi bien qu'il me sera
» possible, les fonctions de... »

Aucun autre serment, déclaration ou épreuve ne pourront être exigés pour aucune fonction ou service public.

ARTICLE SEPTIÈME.

1. Aucun membre de l'État de New-York ne pourra être privé des droits et priviléges assurés à tous les citoyens de l'État, si ce n'est par les lois du pays et par les jugements de ses pairs.

2. Le jugement par jury sera inviolablement et à toujours conservé dans toutes les affaires où il a été appliqué jusqu'à aujourd'hui. Aucun nouveau tribunal ne sera établi, si ce n'est pour procéder suivant la loi commune, excepté les cours d'équité, que la législature est autorisée à établir par la présente constitution.

3. La profession et l'exercice libre de toutes les croyances religieuses et de tous les cultes, sans aucune

prééminence, sont permis à chacun, et le seront toujours; mais la liberté de conscience garantie par cet article ne peut s'étendre jusqu'à excuser des actes licencieux et des pratiques incompatibles avec la paix et la sécurité de l'État.

4. Attendu que les ministres de l'Évangile sont, par leur profession, dévoués au service de Dieu et au soin des âmes, et qu'ils ne doivent pas être distraits des grands devoirs de leur état, aucun ministre de l'Évangile ou prêtre d'aucune dénomination ne pourra, dans quelque circonstance et pour quelque motif que ce soit, être appelé, par élection ou autrement, à aucune fonction civile ou militaire.

5. La milice de l'État devra être toujours armée, disciplinée et prête au service; mais tout habitant de l'État appartenant à une religion quelconque, où des scrupules de conscience font condamner l'usage des armes, sera exempté, en payant en argent une compensation que la législature déterminera par une loi, et qui sera estimée d'après la dépense de temps et d'argent que fait un bon milicien.

6. Le privilége de l'acte d'*habeas corpus* ne pourra être suspendu qu'en cas de rébellion ou d'invasion, lorsque le salut public requiert cette suspension.

7. Personne ne pourra être traduit en jugement pour une accusation capitale ou infamante, si ce n'est sur l'accusation ou le rapport d'un grand jury. Il est fait plusieurs exceptions à ce principe : la première, lorsqu'il s'agit d'un cas d'accusation par les représentants; la seconde, quand on poursuit un milicien en service actif et un soldat en temps de guerre (ou en temps de paix, si le congrès a permis à l'État

d'entretenir des troupes); la troisième, quand il n'est question que de petits vols (*little larceny*) : la législature fixera lesquels.

Dans tout jugement par accusation des représentants ou du grand jury, l'accusé pourra toujours être assisté d'un conseil, comme dans les causes civiles.

Personne ne pourra être mis en jugement deux fois pour le même fait sur une accusation capitale, ni être forcé à donner témoignage contre lui-même dans une affaire criminelle, ni être privé de sa liberté, de sa propriété ou de sa vie, que conformément à la loi.

L'expropriation pour cause d'utilité publique ne pourra avoir lieu qu'après une juste compensation.

8. Tout citoyen peut librement exprimer, écrire et publier son opinion sur tout sujet, et il demeure responsable de l'abus qu'il peut faire de ce droit. Aucune loi ne pourra être faite pour restreindre la liberté de la parole ou de la presse. Dans toutes les poursuites ou accusations pour libelle, on sera admis à la preuve des faits; et si le jury pense que les faits sont vrais, qu'ils ont été publiés dans de bons motifs et pour un but utile, l'accusé sera acquitté. Le jury, dans ces causes, décidera en droit comme en fait.

7. L'assentiment de deux tiers des membres élus de chaque branche de la législature est nécessaire pour l'application des revenus et la disposition des propriétés de l'État, pour les lois d'intérêt particulier ou local, pour créer, prolonger, renouveler ou modifier les associations politiques ou privées.

10. Le produit de la vente ou cession de toutes les terres appartenant à l'État, excepté de celles réservées ou appropriées à un usage public, ou cédées aux

États-Unis, et le fonds appelé des écoles communales, formeront et resteront un fonds perpétuel, dont l'intérêt sera inviolablement appliqué à l'entretien des écoles communales de l'Etat.

Un droit de barrières sera perçu sur toutes les parties navigables du canal, entre les grands lacs de l'Ouest et du Nord et l'océan Atlantique, qui sont établies ou qu'on établira par la suite. Ces droits ne seront pas inférieurs à ceux agréés par les commissaires des canaux, et spécifiés dans leur rapport à la législature du 12 mars 1831.

Ce droit, ainsi que celui sur toutes les salines, établi par la loi du 15 avril 1817, et les droits sur les ventes à l'enchère (excepté une somme de 33,500 dollars dont il est disposé par cette même loi), et enfin le montant du revenu établi par décision de la législature du 13 mars 1820 (au lieu de la taxe sur les passagers des bâtiments à vapeur), sont et resteront inviolablement appliqués à l'achèvement des communications par eau, au paiement de l'intérêt et au remboursement du capital des sommes empruntées déjà, ou qu'on emprunterait par la suite, pour terminer ces travaux.

Ces droits de barrières sur les communications navigables, ceux sur les salines, ceux sur les ventes à l'enchère, établis par la loi du 15 avril 1817, non plus que le montant du revenu fixé par la loi du 13 mars 1820, ne pourront être réduits ou appliqués autrement, jusqu'à entier et parfait paiement des intérêts et du capital des sommes empruntées ou qu'on emprunterait encore pour ces travaux.

La législature ne pourra jamais vendre, ni aliéner

les sources salines appartenant à l'Etat, ni les terres contiguës qui peuvent être nécessaires à leur exploitation, ni en tout, ni en partie, les communications navigables, tout cela étant et devant rester toujours la propriété de l'État.

11. Aucune loterie ne sera désormais autorisée; et la législature prohibera par une loi la vente dans cet État des billets de loteries autres que celles déjà autorisées par la loi.

12. Aucun contrat, pour l'acquisition de terrains avec les Indiens, qui aurait été ou qui serait fait dans l'État, à dater du 14 octobre 1775, ne sera valide que par le consentement et avec l'autorisation de la législature.

13. Continueront d'être lois de l'État, avec les changements que la législature jugera convenable de faire, les parties du droit coutumier (*common law*) et des actes de la législature de la colonie de New-York, qui composaient la loi de cette colonie, le 19 avril 1775, et les résolutions du congrès de cette colonie et de la convention de l'État de New-York, en vigueur le 20 avril 1777, qui ne sont pas périmées, ou qui n'ont pas été révoquées ou modifiées, ainsi que les décrets de la législature de cet État, en vigueur aujourd'hui; mais toutes les parties de ce droit coutumier et des actes ci-dessus mentionnés qui ne sont pas en accord avec la présente constitution, sont abrogées.

14. Toute concession de terre faite dans l'État par le roi de la Grande-Bretagne, ou par les personnes exerçant son autorité, après le 14 octobre 1775, est nulle et non avenue; mais rien, dans la présente con-

stitution, n'invalidera les concessions de terre faites antérieurement par ce roi et ses prédécesseurs, ou n'annulera les chartes concédées, avant cette époque, par lui ou eux, ni les concessions et chartes faites depuis par l'Etat ou par des personnes exerçant son autorité, ni n'infirmera les obligations ou dettes contractées par l'État, par les individus et par les corporations, ni les droits de propriété, les droits éventuels, les revendications ou aucune procédure dans les cours de justice.

ARTICLE HUITIÈME.

1. Il est permis au sénat ou à la chambre des représentants de proposer un ou plusieurs amendements à la présente constitution. Si la proposition d'amendement est appuyée par la majorité des membres élus des deux chambres, l'amendement ou les amendements proposés seront transcrits sur leurs registres, avec les votes pour et contre, et remis à la décision de la législature suivante.

Trois mois avant l'élection de cette législature, ces amendements seront publiés; et si, lorsque cette nouvelle législature entrera en fonctions, les amendements proposés sont adoptés par les deux tiers de tous les membres élus dans chaque chambre, la législature devra les soumettre au peuple, à l'époque et de la même manière qu'elle prescrira.

Si le peuple, c'est-à-dire si la majorité de tous les citoyens ayant droit de voter pour l'élection des membres de la législature, approuve et ratifie ces amendements, ils deviendront partie intégrante de la constitution.

ARTICLE NEUVIÈME.

1. La présente constitution deviendra exécutoire à dater du 31 décembre 1822. Tout ce qui y a rapport au c'''' suffrage, à la division de l'Etat en districts sénatoriaux, au nombre des membres à élire à la chambre des représentants et à la convocation des électeurs pour le premier lundi de novembre 1822, à la prolongation des fonctions de la législature actuelle jusqu'au 1ᵉʳ janvier 1823, à la prohibition des loteries ou à la défense d'appliquer des propriétés et des revenus publics à des intérêts locaux ou privés, à la création, au changement, renouvellement ou à la prorogation des chartes des corporations politiques, sera exécutoire à dater du dernier jour de février prochain.

Le premier lundi de mars prochain, les membres de la présente législature prêteront et signeront le serment ou l'obligation de maintenir la constitution alors en vigueur.

Les shérifs, greffiers de comté et les coroners seront élus dans les élections fixées par la présente constitution au premier lundi de novembre 1822; mais ils n'entreront en fonctions que le 1ᵉʳ janvier suivant. Les brevets de toutes les personnes occupant des emplois civils le 31 décembre 1822 expireront ce jour-là; mais les titulaires pourront continuer leurs fonctions jusqu'à ce que les nouvelles nominations ou élections prescrites par la présente constitution aient été faites.

2. Les lois maintenant existantes sur la convocation aux élections, sur leur ordre, le mode de voter, de

recueillir les suffrages et de proclamer le résultat, seront observées aux élections fixées par la présente constitution au premier lundi de novembre 1822, en tout ce qui sera applicable, et la législature actuelle fera les lois qui pourraient encore être nécessaires pour ces élections, conformément à la présente constitution.

Fait en Convention, au capitole de la ville d'Albany, le dix novembre mil huit cent vingt et un, et le quarante-sixième de l'indépendance des États-Unis de l'Amérique.

En foi de quoi nous avons signé.

    Daniel D. TOMPKINS, Président.
  John F. Bacon,
  Samuel S. Gardiner, Secrétaires.

FIN DU PREMIER VOLUME.

TABLE DES MATIÈRES

CONTENUES DANS LE PREMIER VOLUME.

Introduction..	1
Chapitre I. — Configuration extérieure de l'Amérique du Nord.	27
Chap. II. — Du point de départ et de son importance pour l'avenir des Anglo-Américains.	41
Raisons de quelques singularités que présentent les lois et les coutumes des Anglo-Américains.	69
Chap. III. — État social des Anglo-Américains.	72
Que le point saillant de l'état social des Anglo-Américains est essentiellement d'être démocratique.	Ib.
Conséquences politiques de l'état social des Anglo-Américains.	84
Chap. IV. — Du principe de la souveraineté du peuple en Amérique.	86
Chap. V. — Nécessité d'étudier ce qui se passe dans les États particuliers avant de parler du gouvernement de l'Union.	91
Du système communal en Amérique.	92
Circonscription de la commune.	95
Pouvoirs communaux dans la Nouvelle-Angleterre.	96
De l'existence communale.	100
De l'esprit communal dans la Nouvelle-Angleterre.	104
Du comté dans la Nouvelle-Angleterre.	108
De l'administration dans la Nouvelle-Angleterre.	110
Idées générales sur l'administration aux États-Unis.	126
De l'État.	132
Pouvoir législatif de l'État.	133
Du pouvoir exécutif de l'État.	135
Des effets politiques de la décentralisation administrative aux États-Unis.	137
Chap. VI. — Du pouvoir judiciaire aux États-Unis, et de son action sur la société politique.	157
Autres pouvoirs accordés aux juges américains.	166
Chap. VII. — Du jugement politique aux États-Unis.	170
Chap. VIII. — De la constitution fédérale.	179
Historique de la constitution fédérale.	Ib.
Tableau sommaire de la constitution fédérale.	183

TABLE DES MATIÈRES.

Attributions du gouvernement fédéral.	185
Pouvoirs fédéraux.	188
Pouvoirs législatifs.	Ib.
Autre différence entre le sénat et la chambre des représentants..	192
Du pouvoir exécutif.	194
En quoi la position du président aux États-Unis diffère de celle d'un roi constitutionnel en France.	197
Causes accidentelles qui peuvent accroître l'influence du pouvoir exécutif.	202
Pourquoi le président des États-Unis n'a pas besoin, pour diriger les affaires, d'avoir la majorité dans les chambres.	203
De l'élection du président.	205
Mode de l'élection.	212
Crise de l'élection.	217
De la réélection du président.	219
Des tribunaux fédéraux.	223
Manière de fixer la compétence des tribunaux fédéraux.	229
Différents cas de juridiction.	231
Manière de procéder des tribunaux fédéraux.	238
Rang élevé qu'occupe la cour suprême parmi les grands pouvoirs de l'État.	241
En quoi la constitution fédérale est supérieure à la constitution des États.	245
Ce qui distingue la constitution fédérale des États-Unis d'Amérique de toutes les autres constitutions fédérales.	251
Des avantages du système fédératif en général, et de son utilité spéciale pour l'Amérique.	257
Ce qui fait que le système fédéral n'est pas à la portée de tous les peuples, et ce qui a permis aux Anglo-Américains de l'adopter.	266
Notes.	279
Constitutions des États-Unis et de l'État de New-York.	305

FIN DE LA TABLE DU PREMIER VOLUME.